Hannah Arendt · Was ist Politik?

Hannah Arendt

Was ist Politik?

Fragmente aus dem Nachlaß

Herausgegeben von Ursula Ludz
Vorwort von Kurt Sontheimer

Piper

München Zürich

ISBN 3-492-03618-X

Gesetzt aus der Garamond-Antiqua
Gesamtherstellung: Jos. C. Huber KG, Dießen
Printed in Germany

Inhalt

Dritter Teil: Anhang

Vorwort

Die hier erstmals gedruckten Fragmente aus dem Nachlaß von Hannah Arendt ändern unsere bisherige Kenntnis des politischen Denkens der deutsch-jüdischen Philosophin zwar nicht grundsätzlich, aber sie stellen hinsichtlich der Erörterung einiger Grundpositionen ihrer politischen Philosophie eine Verdeutlichung und Vertiefung dar. Dem Leser eröffnen diese Texte die Begegnung mit einem ursprünglichen Philosophieren über Politik, dessen gedanklicher und sprachlicher Suggestion man sich auch dann kaum entziehen kann, wenn man die Frage »Was ist Politik?« theoretisch in anderer Weise in den Blick zu fassen gewöhnt ist. Auch wenn die abgedruckten Stücke nur Teile der Bemühung Hannah Arendts darstellen, die existentielle Frage nach der Natur des Politischen für unsere Zeit umfassend zu beantworten, so vermitteln sie doch ganz wesentliche Einblicke in ihr politisches Philosophieren, in ihre Weltsicht, in die unverwechselbare Eigenständigkeit und Originalität ihres Denkens und Schreibens. Wer bereit ist, sich der geistigen Welt einer unabhängigen, der Wahrheit verpflichteten großen Denkerin zu öffnen, der wird auch in diesen nicht zu einem systematischen Ganzen gefügten Beiträgen reichlich fündig werden. Es ist die Begegnung mit einem Denken, das Weltorientierung vermittelt, doch ungeachtet der düsteren Befunde und Perspektiven, die eine solche Orientierung in der Mitte des 20. Jahrhunderts enthält, zugleich Mut macht zu neuen

Anfängen und zu einem verantwortlichen Handeln in Freiheit.

* * *

Hannah Arendts Frage nach dem positiven Sinn des Politischen geht von zwei Grunderfahrungen unseres Jahrhunderts aus, die diesen Sinn verdunkelt, ja in sein Gegenteil verkehrt haben: der Entstehung totalitärer Systeme in Gestalt des Nationalsozialismus und Kommunismus und der Tatsache, daß die Politik heute, in der Gestalt der Atombombe, über das technische Mittel verfügt, die Menschheit und damit jede Art von Politik auszulöschen. Die Erfahrungen, die wir in unserem Zeitalter mit der Politik gemacht haben, waren und sind so unheilvoll, daß sie einen am Sinn von Politik überhaupt zweifeln, ja verzweifeln lassen. »Kriege und Revolutionen, nicht das Funktionieren parlamentarischer Regierungen und Parteiapparate, bilden die politischen Grunderfahrungen unseres Jahrhunderts.« Totalitäre Systeme, deren Entstehung Hannah Arendt in ihrem großen Buch über den Totalitarismus untersucht hat, sind die äußerste Form der Denaturierung des Politischen, weil sie die menschliche Freiheit total abschaffen, sie dem Fluß einer ideologisch begründeten geschichtlichen Bestimmung unterwerfen, gegen die mittels Terror und Herrschaft der Ideologie jeder freie, individuelle Widerstand unmöglich gemacht wird. Vor diesem Hintergrund erinnert Hannah Arendt in immer neuen Anläufen an die erstmals in der griechischen Polis historisch zutage getretene Idee des Politischen, die mit Freiheit identisch ist. Ferner konstatiert sie: »Politik beruht auf der Tatsache der Pluralität der Menschen«, also darauf, daß sie das Zusammensein von Verschiedenen, nicht von Gleichen zu organisieren und zu regeln hat. In Abhebung von der allgemein üblichen Interpretation des Menschen als eines »zoon politikon« (Aristoteles), derzufolge das Politische im Menschen selbst angelegt sei, betont Frau Arendt, daß Politik nicht *im* Menschen, sondern *zwischen* den Menschen entsteht, daß Freiheit und Spontaneität der unterschiedlichen Menschen notwendige Voraussetzungen für die Entstehung eines zwischenmenschlichen Raumes sind, in dem Politik, wahre Politik, erst möglich wird. »Der Sinn von Politik ist Freiheit.«

Trotz der Unheil-Erfahrungen, die der moderne Mensch mit dem Politischen gemacht hat, glaubt Frau Arendt daran, daß »der Mensch selbst offenbar auf eine höchst wunderbare und geheimnisvolle Weise dazu begabt ist, Wunder zu tun«, nämlich: Er kann handeln, Initiativen ergreifen, »einen neuen Anfang« setzen. »Das Wunder der Freiheit liegt in diesem Anfangen-Können beschlossen, das seinerseits wiederum in dem Faktum beschlossen liegt, daß jeder Mensch, sofern er durch Geburt in die Welt gekommen ist, die vor ihm da war und nach ihm weitergeht, selber ein neuer Anfang ist.«

Das Politikverständnis, für das Hannah Arendt uns die Augen öffnen will und das sie mit den Ideen der menschlichen Freiheit und Spontaneität verbindet, für die ein Raum der Entfaltung, also ein Ort für Politik, da sein muß, steht also hoch über dem landläufigen, eher bürokratischen Verständnis des Politischen, das allein auf die Organisation und Sicherung des Lebens der Menschen abhebt. Ihre Idee des Politischen ist zwar geboren aus der Erinnerung an die vergangene griechische Polis, doch gleichwohl immer wieder neu realisierbar. Politik in diesem wahren Sinne ist historisch selten anzutreffen, sie erscheint »in wenigen großen Glücksfällen der Geschichte«, die aber deshalb entscheidend sind, weil in ihnen der Sinn von Politik voll in Erscheinung tritt und in der Geschichte fortwirkt. Auch die heutige

Politik ist auf diese Erinnerung und Vergegenwärtigung ihres wahren Sinnes angewiesen, wenn sie frei und menschlich bleiben soll.

Das Unheil der Politik im zwanzigsten Jahrhundert liegt nicht nur darin, daß schreckliche totalitäre Regime aufgetreten sind, welche die Freiheit als Wesensmerkmal des Politischen ganz ausgelöscht haben, sondern ihr Auftreten hat dazu geführt, daß auch die politischen Systeme, die beanspruchen, freiheitlich zu sein, in der Gefahr stehen, vom totalitären Bazillus infiziert zu werden. »Ist ein Prinzip von solcher Tragweite ... aber erst einmal in die Welt gekommen, so ist es nahezu unmöglich, es zu begrenzen.« Darum kann man sich heute mit dem historischen Verschwinden des Faschismus und Kommunismus nicht einfach beruhigen, sondern muß sich bewußt bleiben, daß die Einschränkung der Freiheit und die Unterdrückung menschlicher Spontaneität und die Korrumpierung der Macht durch Gewalt auch für die Politik sogenannter freiheitlicher Systeme eine ständige Bedrohung sind. Hannah Arendts hohes Politikverständnis bleibt darum auch nach dem Untergang der einst mächtigen totalitären Systeme aktuell und bedenkenswert.

* * *

Hannah Arendts politisches Denken ist eigenwillig und originell; es läßt sich in die überkommenen Schemata Politischer Theorie schwer einordnen. Auch in den die öffentlich-politische Debatte bestimmenden Kategorien von Rechts oder Links ist Arendt nicht unterzubringen. Sie ist Realistin und Idealistin zugleich. Sie macht sich keine Illusionen über den Zustand der Welt und hält doch unbeirrt daran fest, daß es so, wie es ist, nicht sein und bleiben muß, wenn man sich auf das Wesentliche besinnt. Solches Nachdenken hat sie dazu geführt, angesichts des in der Politik vorherrschenden

Primats der Notwendigkeit und der Daseinsvorsorge an Politik als Chance und Raum der Freiheit zu erinnern, gegenüber der Fixierung auf das bloße Herstellen von Produkten die Bedeutung des persönlichen Handelns und Vollbringens zu betonen, der Jagd nach dem privaten Interesse und Wohlleben die Höherwertigkeit des öffentlichen Glücks entgegenzuhalten. In politisch dürftiger Zeit suchte sie nach den Ursprüngen von Politik im Sinne eines erfüllten und freien Lebens im Verein mit anderen unter Anerkennung ihres Verschiedenseins. »Theoretisieren wird von Hannah Arendt begriffen als ein Akt des Wiederfindens, des Wiedergewinns verlorenen Sinnes, des Erinnerns« (Sheldon S. Wolin). Indem sie, in Erinnerung an die griechische Polis und die Einsichten des Aristoteles, davon erzählt, was der wahre Sinn von Politik ist, möchte sie uns Heutige, inmitten der alltäglichen Kalamitäten und Unzulänglichkeiten der praktischen Politik, darauf hinweisen, daß wir uns damit nicht einfach abfinden müssen und dürfen. Trotz aller gegenteiligen Erfahrungen hat sie ihr Grundvertrauen in die Möglichkeit des handelnden Menschen, ein Neues zu beginnen, die Dinge anders zu machen, nie verloren. Solange Menschen handeln können, schrieb sie in einem dieser Texte, seien sie imstande, das Unwahrscheinliche und Unerrechenbare zu leisten.

So hat dieselbe Hannah Arendt, die in ihren konkreten Untersuchungen des Totalitarismus und des politischen Sinnverlustes in unserer Welt so viel Wichtiges und Deprimierendes zu unserer historischen Erkenntnis beigesteuert hat, nie dem Pessimismus, geschweige denn dem Zynismus gefrönt, sondern den Glauben an die Freiheit und Spontaneität des Menschen hochgehalten, ja ihn neu zu erwecken gesucht. Die reflektierende Erinnerung hatte ihr zur Gewißheit werden lassen, daß Menschen handeln und immer neu anfangen können, daß sie nicht die Marionetten eines außerhalb ihrer selbst liegenden Schicksals sein müssen. »Nur wenn man die Neu-Geborenen ihrer Spontaneität beraubt, ihres Rechts, etwas Neues zu beginnen, kann der Lauf der Welt deterministisch bestimmt und vorausgesagt werden.« Dies war die vernichtende Anklage, die sie dem Totalitarismus von rechts wie von links entgegenschleuderte; aber auch in den vermeintlich freien Systemen lauert die Gefahr, daß Zwang (auch sogenannte Sachzwänge) und Gewalt das freie Handeln des Menschen ersticken. Freies Handeln ist Handeln in der Öffentlichkeit, und Öffentlichkeit ist der eigentliche Raum des Politischen. In ihm muß der Mensch sich in seiner Freiheit und Spontaneität zeigen und im politischen Umgang mit anderen bewähren. Die opportunistische Anpassung, die Flucht ins Private, der Rückzug aus politischer Verantwortung, die bequeme, jedoch nichts Positives bewirkende Politikverdrossenheit, die bewußte Abgrenzung von den anderen, seien es Parteien, Gegeninteressen oder ausländische Mitbürger, die zu Fremden gestempelt werden – all diese heute so gängigen Verhaltensweisen sind einer wahren, menschenwürdigen Politik abträglich. Hannah Arendt stellt ihnen ihre hohe, gleichwohl nicht utopische Idee von Politik entgegen. Diese Idee hat auch für unsere Gegenwart nichts von ihrer Notwendigkeit und ihrer Leuchtkraft verloren. »Ihr (Hannah Arendts) Name bezeichnet eine ebenso radikale wie originale Erneuerung der politischen Philosophie, nämlich des Begriffs, der Vorstellung, des Ethos und des Pathos des Politischen.« (Dolf Sternberger)

* * *

Diese Ausgabe von Manuskripten, die Hannah Arendt überwiegend für eine mit dem Piper-Verlag verabredete »Einführung in die Politik« geschrieben hatte, wäre nicht möglich gewesen ohne die hingebungsvolle, wissenschaftlichen Editionsansprüchen gerecht werdende Tätigkeit der Herausgeberin Ursula Ludz. Die Frucht dieser Tätigkeit füllt das letzte Drittel des Bandes und gibt auf alle mit der vorliegenden Ausgabe zusammenhängenden Fragen verläßliche Auskunft.

Es sei abschließend noch dankbar vermerkt, daß die Deutsche Forschungsgemeinschaft meinem Antrag, Frau Ursula Ludz mit der Erstellung einer kommentierten Bibliographie Hannah Arendts zu betrauen und die vorliegende Ausgabe aus dem Nachlaß zusammenzustellen und zu bearbeiten – dafür waren mehrere Reisen nach New York und Washington erforderlich –, ohne Abstriche stattgegeben und die erforderlichen Mittel gerne bereitgestellt hat.

Es sei im übrigen auch nicht vergessen, daß ohne die ursprüngliche Anregung des Verlegers Klaus Piper dieses, wenn auch nur aus Fragmenten bestehende Buch nicht das Licht der Öffentlichkeit hätte erblicken können. Ich bin überzeugt, daß sein fragmentarischer Charakter kein Hindernis ist, die Züge einer großen und originellen politischen Denkerin zu erkennen, die an Aktualität und geistiger Kraft nichts eingebüßt hat.

München, im Dezember 1992 Kurt Sontheimer

Danksagung

Jeder Herausgeber ist an erster Stelle dem von ihm edierten Autor verpflichtet. So habe ich Hannah Arendt zu danken, weil die Arbeit an ihren Texten ein großartiges Bildungserlebnis gewesen ist. Nicht nur hat sie meinen wissenschaftlichen Horizont erweitert, sondern ich habe auch manche Erkenntnis über das, was sich zwischen Menschen im öffentlich-politischen Raum ereignet und ereignen kann, hinzugewonnen. Arendts oft einprägsame Worte, hier wie andernorts, sind für mich lebensbegleitend geworden. Für den vorliegenden Zusammenhang etwa fallen mir einige Sätze aus dem Interview mit Günter Gaus ein: »Wir fangen etwas an; wir schlagen unseren Faden in ein Netz der Beziehungen. ...« Tatsächlich habe ich mit diesem Buch etwas »angefangen«: ganz schlicht natürlich insofern, als ich, wie jeder Buchproduzent, etwas Neues in die Welt gesetzt habe; doch gleichermaßen, so wenigstens hoffe ich, in einem anspruchsvolleren Sinne. Diese Veröffentlichung aus dem Nachlaß könnte insofern zu einem Anfang werden, als sie der Arendt-Interpretation neuen Auftrieb gibt, nachdem die bisher begangenen Wege zum Teil schon recht ausgetreten sind und die Rezeption in Gefahr steht, nur noch Zitation – bestimmter Formeln wie der von der »Banalität des Bösen« oder einiger aus dem Zusammenhang gerissener Sätze – zu werden. Anders gesagt: Die hier zusammengestellten Manuskripte mögen dazu anregen, das, was Hannah Arendt geschrieben hat, wieder genauer zur Kenntnis zu nehmen.

Jedenfalls ist für mich eine Aufforderung dieser Art von ihnen ausgegangen. Ich wünsche mir, mit meinem Kommentar so darauf reagiert zu haben, daß die Diskussion um Arendts politische Philosophie und Theorie neu entflammt. Etwas anderes als ein Wunsch kann dies nicht sein; denn wie für jeden Anfang gilt auch hier: »... Was daraus wird, wissen wir nie.«

Der Chronologie der Entstehung dieses Buches folgend, ist an zweiter Stelle die im Piper-Verlag zuständige Lektorin, Frau Renate Dörner, zu nennen. In Gesprächen mit ihr haben die oben im Vorwort erwähnten Forschungsprojekte ihren Ursprung, und sie ist es gewesen, die Herrn Professor Kurt Sontheimer und mich für diese Aufgabe zusammengebracht hat. Damit bin ich bei der nächsten Dankesstation angelangt: Herr Sontheimer hat mir ungewöhnliches Vertrauen entgegengebracht und durch seine Befürwortung der jeweiligen Anträge an die Deutsche Forschungsgemeinschaft einen großzügig bemessenen Freiraum für meine Arbeit geschaffen. Sodann: Ohne die Unterstützung der Forschungsgemeinschaft wäre diese Veröffentlichung nicht zustande gekommen. Das wiederhole ich gerne und möchte hinzufügen, daß die guten Arbeitsbedingungen, die die Library of Congress in Washington den Nachlaßbearbeitern gewährt, in meinen Augen ebenso bedeutsam waren. Weiterhin sei erwähnt, daß mich zwei Referate (und deren Resonanz bei den Zuhörern) in der Arbeit an Text und Kommentar sehr viel weitergebracht haben: das eine in der Übung von Frau Dr. Gitta Gess (Universität München) im Sommersemester 1991 und das andere auf der Hannah-Arendt-Tagung der Katholischen Akademie Wiesbaden im Januar 1992. Schließlich habe ich eine Reihe mir nahestehender Personen »masculini et feminini generis« mit einer Vorfassung des Manuskriptes belästigen dürfen. Unter ihnen ragen zwei heraus, denen ich auch in der Öffentlichkeit danken möchte: Frau Dr. Lotte Köhler, die Verwalterin des Arendt-Nachlasses, von der ich viel Klärendes erfahren konnte, und Herr Erich Darchinger, der mich in die Anfangsgründe der griechischen Sprache eingeführt und weitergeholfen hat, wo die Altphilologin Hannah Arendt der herausgebenden Soziologin, in deren Ausbildung das klassische Altertum nur am Rande vorkam, Rätsel aufgegeben hat.

Feldafing, im Dezember 1992 Ursula Ludz

Erster Teil
Texte von Hannah Arendt

1. Was ist Politik?

Fragment 1

August 1950

Was ist Politik?

1. Politik beruht auf der Tatsache der Pluralität der Menschen. Gott hat *den* Menschen geschaffen, *die* Menschen sind ein menschliches, irdisches Produkt, das Produkt der menschlichen Natur. Da die Philosophie und die Theologie sich immer mit *dem* Menschen beschäftigen, da alle ihre Aussagen richtig wären, auch wenn es entweder nur Einen Menschen, oder nur Zwei Menschen, oder nur identische Menschen gäbe, haben sie keine philosophisch gültige Antwort auf die Frage: Was ist Politik? gefunden. Schlimmer noch: Für alles wissenschaftliche Denken gibt es nur *den* Menschen – in der Biologie oder der Psychologie wie in der Philosophie und der Theologie, so wie es für die Zoologie nur *den* Löwen gibt. Die Löwen wären eine Angelegenheit, die nur die Löwen etwas anginge.

Auffallend ist der Rangunterschied zwischen den politischen Philosophien und den übrigen Werken bei allen großen Denkern – selbst bei Plato. Die Politik erreicht nie die gleiche Tiefe. Der fehlende Tiefsinn ist ja nichts anderes als der fehlende Sinn für die Tiefe, in der Politik verankert ist.

2. Politik handelt von dem Zusammen- und Miteinander-Sein der *Verschiedenen*. Politisch organisieren sich die Men-

schen nach bestimmten wesentlichen Gemeinsamkeiten in einem absoluten Chaos, oder aus einem absoluten Chaos der Differenzen. Solange man politische Körper auf der Familie aufbaut und im Bild der Familie versteht, gilt Verwandtschaft in ihren Graden als das, einerseits, was die Verschiedensten verbinden kann, *und* als das, andererseits, wodurch wieder individuen-ähnliche Gebilde sich von- und gegeneinander absetzen.

In dieser Organisationsform ist die ursprüngliche Verschiedenheit ebenso wirksam ausgelöscht, wie die essentielle Gleichheit aller Menschen, sofern es sich um *den* Menschen handelt, zerstört ist. Der Ruin der Politik nach beiden Seiten entsteht aus der Entwicklung politischer Körper aus der Familie. Hier ist bereits angedeutet, was im Bild von der Heiligen Familie symbolhaft wird, daß man der Meinung ist, Gott habe nicht sowohl den Menschen als die Familie geschaffen.*

3. Insofern man in der Familie mehr sieht als die Teilnahme, das heißt die aktive Teilnahme, an der Pluralität, beginnt man, Gott zu spielen, nämlich so zu tun, als ob man naturaliter aus dem Prinzip der Verschiedenheit herauskommen könne. Anstatt einen Menschen zu zeugen, versucht man, im Ebenbilde seiner selbst *den* Menschen zu schaffen.

Praktisch-politisch gesprochen aber gewinnt die Familie ihre eingefleischte Bedeutung dadurch, daß die Welt so organisiert ist, daß in ihr für den Einzelnen, und das heißt für den Verschiedensten, kein Unterkommen ist. Familien werden gegründet als Unterkünfte und feste Burgen in einer unwirtlichen, fremdartigen Welt, in die man Verwandtschaft tragen möchte. Dies Begehren führt zu der grundsätzlichen

---

* Altertümlich für: Gott habe nicht so sehr den Menschen als vielmehr die Familie geschaffen.

Perversion des Politischen, weil es die Grundqualität der Pluralität aufhebt oder vielmehr verwirkt durch die Einführung des Begriffes Verwandtschaft.

4. *Der* Mensch, wie ihn Philosophie und Theologie kennen, existiert – oder wird realisiert – in der Politik nur in den gleichen Rechten, die die Verschiedensten sich garantieren. In dieser freiwilligen Garantie und Zubilligung eines juristisch gleichen Anspruchs wird anerkannt, daß die Pluralität der Menschen, die ihre Pluralität sich selber danken, ihre Existenz der Schöpfung *des* Menschen verdankt.

5. Die Philosophie hat zwei gute Gründe, niemals auch nur den Ort zu finden, an dem Politik entsteht. Der erste ist:
1) Zoon politikon*: als ob es *im* Menschen etwas Politisches gäbe, das zu seiner Essenz gehöre. Dies gerade stimmt nicht; *der* Mensch ist a-politisch. Politik entsteht in dem *Zwischen-den*-Menschen, also durchaus *außerhalb des* Menschen. Es gibt daher keine eigentlich politische Substanz. Politik entsteht im Zwischen und etabliert sich als der Bezug. Dies hat Hobbes verstanden.
2) Die monotheistische Gottesvorstellung – [des Gottes], in dessen Ebenbild der Mensch geschaffen sein soll. Von dorther kann es allerdings nur *den* Menschen geben, *die* Menschen werden zu einer mehr oder minder geglückten Wiederholung des Selben. Der im Ebenbild der Einsamkeit Gottes erschaffene Mensch liegt dem Hobbesschen »state of nature as a war of all against all« zugrunde. Es ist der Krieg der Rebellion eines jeden gegen alle andern, die gehaßt werden, weil sie sinnlos existieren – sinnlos für den im Ebenbilde der Einsamkeit Gottes erschaffenen Menschen.

Der abendländische Ausweg aus dieser Unmöglichkeit der Politik innerhalb des abendländischen Schöpfungsmythos

* Im Original griechisch.

ist die Verwandlung oder die Ersetzung der Politik durch Geschichte. Durch die Vorstellung einer Weltgeschichte wird die Vielheit der Menschen in *ein* Menschenindividuum zusammengeschmolzen, das man dann auch noch Menschheit nennt. Daher das Monströse und Unmenschliche der Geschichte, das sich erst an ihrem Ende voll und brutal in der Politik selbst durchsetzt.

6. Es ist so schwer zu realisieren*, daß wir in einem Bezirk wirklich frei sein sollen, nämlich weder getrieben von uns selbst noch abhängig von gegebenem Material. Freiheit gibt es nur in dem eigentümlichen Zwischen-Bereich der Politik. Vor dieser Freiheit retten wir uns in die »Notwendigkeit« der Geschichte. Eine abscheuliche Absurdität.

7. Es könnte sein, daß es die Aufgabe der Politik ist, eine Welt herzustellen, die für Wahrheit so transparent ist wie die Schöpfung Gottes. Im Sinne des jüdisch-christlichen Mythos würde das heißen: *Der* Mensch, geschaffen im Ebenbilde Gottes, hat Zeugungskraft erhalten, um *die* Menschen im Ebenbilde der göttlichen Schöpfung zu organisieren. Dies ist wahrscheinlich Unsinn. Aber es wäre die einzig mögliche Demonstration und Rechtfertigung des Naturgesetz-Denkens.

In der absoluten Verschiedenheit aller Menschen voneinander, die größer ist als die relative Verschiedenheit von Völkern, Nationen oder Rassen, ist in der Pluralität die Schöpfung *des* Menschen durch Gott enthalten. Hiermit aber hat Politik gerade nichts zu schaffen. Politik organisiert ja von vornherein die absolut Verschiedenen im Hinblick auf *relative* Gleichheit und im Unterschied zu *relativ* Verschiedenen.

---

* Gemeint ist wohl: sich vorzustellen (engl.: to realize).

2. Einführung in die Politik I

Fragment 2a

1. Kapitel: Die Vorurteile

§ 1 Das Vorurteil gegen Politik und was Politik in der Tat heute ist

Wenn man in unserer Zeit über Politik reden will, so muß man mit den Vorurteilen beginnen, die wir alle, wenn wir nicht gerade Berufspolitiker sind, gegen Politik hegen. Diese Vorurteile, die uns allen gemeinsam sind, stellen selbst etwas Politisches im weitesten Sinn des Wortes dar: Sie entspringen nicht dem Hochmut der Gebildeten und sind nicht dem Zynismus derer geschuldet, die zuviel erlebt und zuwenig verstanden haben. Wir können sie nicht ignorieren, weil sie sich in uns selbst zu Worte melden, und wir können sie nicht mit Argumenten beschwichtigen, weil sie sich auf unleugbare Realitäten berufen können und die wirklich bestehende gegenwärtige Situation getreulich widerspiegeln, und zwar gerade in ihren politischen Aspekten. Dennoch sind diese Vorurteile keine Urteile. Sie zeigen an, daß wir in eine Situation geraten sind, in der wir uns gerade politisch nicht oder noch nicht zu bewegen verstehen. Die Gefahr ist, daß das Politische überhaupt aus der Welt verschwindet. Aber die Vorurteile greifen vor; sie schütten das Kind mit dem Bade aus, verwechseln das, was der Politik ein Ende machen würde, mit Politik und stellen das, was eine Katastrophe wäre, hin, als wäre es in der Natur der Sache gelegen und daher unabwendbar.

›Hinter den Vorurteilen gegen Politik stehen heute, das heißt seit der Erfindung der Atombombe, die Furcht, die Menschheit könnte sich durch Politik und die ihr zur Verfügung stehenden Gewaltmittel selbst aus der Welt schaffen, und – eng mit dieser Furcht verbunden – die Hoffnung, die Menschheit werde ein Einsehen haben und, statt sich selbst, die Politik aus dem Wege räumen‹*, und zwar durch eine Weltregierung, die den Staat in eine Verwaltungsmaschine auflöst, politische Konflikte bürokratisch erledigt und die Armeen mit Polizeitruppen ersetzt. Nun ist zwar diese Hoffnung durchaus utopisch, wenn man unter Politik, wie es meist geschieht, ein Verhältnis zwischen Herrschern und Beherrschten versteht. Unter diesem Gesichtspunkt würden wir statt einer Abschaffung des Politischen eine ins Ungeheure vergrößerte despotische Herrschaftsform erhalten, in welcher die Kluft zwischen Herrschern und Beherrschten so gigantische Ausmaße angenommen hat, daß nicht einmal mehr Rebellionen, geschweige denn Kontrolle der Herrscher durch die Beherrschten in irgendeiner Form möglich wäre. Dieser despotische Charakter würde sich auch nicht dadurch ändern, daß es keine Person, keinen Despoten, mehr in diesem Weltregiment zu entdecken gäbe; denn die bürokratische Herrschaft, die Herrschaft durch die Anonymität der Büros, ist nicht weniger despotisch, weil »niemand« sie ausübt; im Gegenteil, sie ist eher noch furchtbarer, weil mit diesem Niemand niemand reden und vor ihm vorstellig werden kann. Versteht man aber unter dem Politi-

---

* Passage in spitzen Klammern im Original durchgestrichen und nicht ersetzt. Sie wurde fast wörtlich in Fragment 3b übernommen.

schen einen Weltbereich, in dem Menschen primär als Handelnde auftreten und menschlichen Angelegenheiten eine ihnen sonst nicht zukommende Dauerhaftigkeit verleihen, so ist die Hoffnung ganz und gar nicht utopisch. Die Menschen als Handelnde aus dem Wege zu räumen, ist oft in der Geschichte gelungen, nur nicht im Weltmaßstab – sei es in Form der uns heute altmodisch anmutenden Tyrannis, in welcher der Wille eines Mannes freie Bahn verlangte, sei es in der modernen Form der totalen Herrschaft, in welcher man die vermeintlich höheren unpersönlichen »historischen Kräfte« und Prozesse befreien und die Menschen für sie versklaven möchte. Das eigentlich im tieferen Sinne Unpolitische dieser Herrschaftsform zeigt sich gerade in der ihr eigentümlichen und von ihr entfesselten Dynamik, in welcher jegliches und jeglicher, der gestern noch als »groß« galt, heute der Vergessenheit überliefert werden kann und, soll die Bewegung in Schwung bleiben, überliefert werden muß. Wobei es nicht gerade zur Beruhigung unserer Sorge dienen kann, wenn wir feststellen müssen, daß in den Massendemokratien ohne allen Terror und gleichsam spontan eine ähnliche Ohnmacht der Menschen auf der einen Seite und ein ähnlicher, sich gleichsam dauernd überschlagender Prozeß des Verzehrens und Vergessens Platz greift, wenn auch diese Phänomene in der freien, nicht terrorisierten Welt auf das Politische im engeren Sinne und [das] Ökonomische eingeschränkt bleiben.

Die Vorurteile aber gegen Politik, die Vorstellung, daß Politik im Innern ein Gewebe aus dem Lug und Trug von schäbigen Interessen und schäbigerer Ideologie ist, während Außenpolitik zwischen leerer Propaganda und nackter Gewalt hin- und herschwankt, sind erheblich älteren Datums als die Erfindung von Instrumenten, mit denen man alles organische Leben auf der Erde zerstören kann. Was die

Innenpolitik anlangt, so sind sie zumindest so alt wie die Parteiendemokratie, also etwas mehr als hundert Jahre, welche vorgab, zum ersten Mal in der neueren Geschichte das Volk zu repräsentieren, wiewohl gerade das Volk dies nie geglaubt hat. Was das Außenpolitische betrifft, so dürfte ihre Entstehung in jene ersten Jahrzehnte imperialistischer Expansion um die Jahrhundertwende fallen, als der Nationalstaat nicht im Auftrag der Nation, wohl aber um nationaler ökonomischer Interessen willen begann, die europäische Herrschaft über die ganze Erde zu tragen. Aber was heute dem geläufigen Vorurteil gegen Politik seine eigentliche Pointe gibt: die Flucht in die Ohnmacht, der verzweifelte Wunsch, der Fähigkeit zum Handeln überhaupt ledig zu sein, war damals noch das Vorurteil und das Vorrecht einer kleinen Schicht, die mit Lord Acton meinte, daß Macht korrumpiert und der Besitz absoluter Macht absolut korrumpiert.[1] Daß diese Verurteilung der Macht den noch unartikulierten Wünschen der Massen durchaus entsprechen mußte, hat wohl niemand so klar gesehen wie Nietzsche in seinem Versuch, Macht zu rehabilitieren – wiewohl auch er, ganz im Sinne der Zeit, Macht, die niemals ein Einzelner haben kann, weil sie überhaupt nur aus dem Zusammenhandeln der Vielen entsteht, mit Gewalt, in deren Besitz sich allerdings Einer setzen kann, verwechselte beziehungsweise identifizierte.

Fragment 2b

Kapitel I: DIE VORURTEILE

§ 1 Vorurteil und Urteil*

Wenn man in unserer Zeit über Politik reden will, so muß man mit den Vorurteilen beginnen, die wir alle, wenn wir nicht gerade Berufspolitiker sind, gegen Politik hegen. Denn Vorurteile, die wir miteinander teilen, die uns selbstverständlich sind, die wir einander im Gespräch zuwerfen können, ohne uns erst umständlich über sie erklären zu müssen, stellen selbst etwas Politisches im weitesten Sinne des Wortes dar – nämlich etwas, was einen integralen Bestandteil der menschlichen Angelegenheiten bildet, in deren Raum wir uns tagtäglich bewegen. Daß Vorurteile eine so außerordentlich große Rolle im alltäglichen Leben und damit in der Politik spielen, braucht man an sich nicht zu beklagen, und man sollte auf keinen Fall versuchen, es zu ändern. Denn ohne Vorurteile kann kein Mensch leben, und zwar nicht nur, weil keines Menschen Klugheit oder Einsicht dazu ausreichen würde, all das neu zu beurteilen, worüber ihm ein Urteil im Laufe seines Lebens abverlangt wird, sondern weil eine solche Vorurteilslosigkeit eine übermenschliche Wachheit erfordern würde. Politik hat es daher auch immer und überall mit der Aufhellung und Zerstreuung von Vorurteilen zu tun, was aber nicht besagt, daß es in ihr überhaupt um eine Erziehung zur Vorurteilslosigkeit ginge, noch daß diejenigen, die sich um eine solche Aufklärung bemühen, selber von Vorurteilen frei wären. Das Ausmaß der Wachheit und Weltoffenheit bestimmt das politische Niveau und die allgemeine Physiognomie einer Epoche; aber

* Handschriftlich verbessert aus: Das Vorurteil gegen Politik.

keine Epoche ist denkbar, in der Menschen nicht für weite Bezirke von Urteil und Entscheidung auf ihre Vorurteile zurückfallen könnten und ihnen vertrauen.

Offenbar hat diese Berechtigung des Vorurteils als Maßstab des Urteilens innerhalb des alltäglichen Lebens ihre Grenzen. Sie gilt einmal nur für echte Vorurteile, das heißt solche, die nicht behaupten, Urteile zu sein. Echte Vorurteile kann man gemeinhin daran erkennen, daß sie sich durchaus unbefangen auf ein »man sagt«, »man meint« berufen, wobei eine solche Berufung natürlich nicht ausdrücklich beigefügt zu werden braucht. Vorurteile sind nicht persönliche Idiosynkrasien, die, wiewohl immer unbeweisbar, doch stets auf eine personale Erfahrung zurückgehen, innerhalb derer sie die Evidenz von Sinneswahrnehmungen haben. Vorurteile haben niemals eine solche Evidenz, auch nicht für denjenigen, der ihnen unterworfen ist, weil sie erfahrungslos sind. Dafür können sie, weil sie personal nicht gebunden sind, sehr leicht auf Zustimmung durch Andere rechnen, ohne daß sie die Anstrengung der Überzeugung auf sich nehmen müßten. Darin unterscheidet sich das Vorurteil vom Urteil, mit dem es andererseits gemein hat, daß an ihm Menschen sich erkennen und zugehörig fühlen, so daß der in Vorurteilen befangene Mensch eigentlich immer einer Wirkung gewiß sein kann, während das Idiosynkratische sich gerade im öffentlich-politischen Raum kaum je durchzusetzen vermag und nur im intim Privaten zur Geltung kommt. Das Vorurteil spielt infolgedessen eine große Rolle im rein Gesellschaftlichen; es gibt eigentlich gar keine Gesellschaftsbildung, die nicht mehr oder minder auf den Vorurteilen beruht, durch die bestimmte Arten von Menschen zugelassen und andere ausgeschlossen sind. Je freier ein Mensch von Vorurteilen überhaupt ist, desto weniger wird er sich für das rein Gesellschaftliche eignen. Innerhalb der Gesellschaft aber behaupten wir gar nicht zu urteilen, und dieser Verzicht, dieser Ersatz des Urteils durch Vorurteile wird gefährlich erst, wenn er in den politischen Bereich übergreift, wo wir uns ohne Urteilen überhaupt nicht bewegen können, weil, wie wir später sehen werden, politisches Denken im wesentlichen in der Urteilskraft gründet.[2]

Einer der Gründe für die Wirksamkeit und die Gefährlichkeit von Vorurteilen liegt darin, daß sich in ihnen immer ein Stück Vergangenheit verbirgt. Bei näherem Zusehen ist ferner ein echtes Vorurteil daran zu erkennen, daß sich in ihm ein einmal gefälltes Urteil verbirgt, das ursprünglich einen ihm angemessenen legitimen Erfahrungsgrund hatte und zum Vorurteil nur wurde, weil es unbesehen und unrevidiert durch die Zeiten geschleppt wurde. In dieser Hinsicht unterscheidet sich das Vorurteil vom bloßen Gerede, das den Tag oder die Stunde des Geschwätzes nicht überlebt und in welchem die heterogensten Meinungen und Urteile kaleidoskopartig durcheinanderschwirren. Die Gefahr des Vorurteils ist gerade, daß es eigentlich immer in der Vergangenheit, also ungewöhnlich gut verankert ist, und darum nicht nur dem Urteilen vorgreift und es verhindert, sondern mit dem Urteilen auch eine eigentliche Erfahrung des Gegenwärtigen unmöglich macht. Will man Vorurteile zerstreuen, so muß man immer das in ihnen enthaltene vergangene Urteilen erst einmal wieder entdecken, also eigentlich ihren Wahrheitsgehalt aufzeigen. Geht man an diesem vorbei, so können ganze Bataillone von aufklärenden Rednern und ganze Bibliotheken von Broschüren nichts erreichen, wie die schier unendlichen und unendlich fruchtlosen Bemühungen hinsichtlich solcher mit Vorurteilen ältester Art überladener Probleme wie des Negerproblems in den Vereinigten Staaten oder des Judenproblems deutlich zeigen.

Weil das Vorurteil dem Urteilen vorgreift, indem es auf Vergangenes zurückgreift, ist seine zeitliche Berechtigung auf die geschichtlichen Epochen begrenzt – und sie machen rein quantitativ den größeren Teil der Geschichte aus –, in denen das Neue verhältnismäßig selten ist und das Alte im politischen und im gesellschaftlichen Gefüge vorherrscht. Das Wort Urteilen hat in unserem Sprachgebrauch zwei durchaus voneinander zu scheidende Bedeutungen, die uns doch, wenn wir sprechen, immer durcheinander gehen. Es meint einmal das ordnende Subsumieren des Einzelnen und Partikularen unter etwas Allgemeines und Universales, das regelnde Messen mit Maßstäben, an denen sich das Konkrete auszuweisen hat und an denen über es entschieden wird. In allem solchen Urteilen steckt ein Vor-Urteil; beurteilt wird nur das Einzelne, aber weder der Maßstab selbst noch seine Angemessenheit für das zu Messende. Auch über den Maßstab ist einmal urteilend entschieden worden, aber nun ist dies Urteil übernommen und gleichsam zu einem Mittel geworden, weiter urteilen zu können. Urteilen kann aber auch etwas ganz anderes meinen, und zwar immer dann, wenn wir mit etwas konfrontiert werden, was wir noch nie gesehen haben und wofür uns keinerlei Maßstäbe zur Verfügung stehen. Dies Urteilen, das maßstablos ist, kann sich auf nichts berufen als die Evidenz des Geurteilten selbst, und es hat keine anderen Voraussetzungen als die menschliche Fähigkeit der Urteilskraft, die mit der Fähigkeit zu unterscheiden sehr viel mehr zu tun hat als mit der Fähigkeit zu ordnen und zu subsumieren. Dies maßstablose Urteilen ist uns wohl bekannt aus dem ästhetischen oder dem Geschmacksurteil, über das man, wie Kant einmal sagte, gerade nicht »disputieren«, wohl aber streiten und übereinkommen kann; und wir kennen es im alltäglichen Leben, wenn immer wir in einer noch nicht bekannten

Lage meinen, der oder jener hätte die Situation richtig oder falsch beurteilt. In jeder historischen Krise geraten erst einmal die Vorurteile ins Wanken, es ist auf sie kein Verlaß mehr, und gerade weil sie, in der Unverbindlichkeit des »man sagt«, »man meint«, in dem begrenzten Raum, wo sie berechtigt sind und gebraucht werden, nicht mehr auf Anerkennung rechnen können, verfestigen sie sich leicht zu etwas, was sie von Haus aus ganz und gar nicht sind, nämlich zu jenen Pseudotheorien, die als geschlossene Weltanschauungen oder alles erklärende Ideologien die gesamte geschichtliche und politische Wirklichkeit zu begreifen vorgeben. Wenn es die Funktion des Vorurteils ist, den urteilenden Menschen davor zu bewahren, jedem Wirklichen, das ihm begegnet, offen sich exponieren und denkend gegenübertreten zu müssen, so erfüllen die Weltanschauungen und Ideologien gerade diese Aufgabe so gut, daß sie vor aller Erfahrung schützen, da in ihnen ja angeblich alles Wirkliche irgendwie vorgesehen ist. Gerade diese Universalität, die sie so deutlich von den Vorurteilen trennt, die immer nur partieller Natur sind, zeigt deutlich an, daß nicht nur auf die Vorurteile, sondern auf die Maßstäbe des Urteilens und auf das in ihnen Vor-Geurteilte kein Verlaß mehr ist, daß sie buchstäblich unangemessen sind. Dies Versagen der Maßstäbe in der modernen Welt – die Unmöglichkeit, das, was geschehen ist und täglich neu geschieht, nach festen, von allen anerkannten Maßstäben zu beurteilen, es zu subsumieren als Fälle eines wohlbekannten Allgemeinen, sowie die mit dieser eng verbundene Schwierigkeit, für das, was geschehen soll, Prinzipien des Handelns anzugeben – ist oft als ein der Zeit inhärenter Nihilismus beschrieben worden, als eine Entwertung aller Werte, eine Art Götterdämmerung und Katastrophe der moralischen Weltordnung. All solche Interpretationen setzen stillschweigend voraus, daß Menschen das Urteilen überhaupt nur da zugemutet werden könne, wo sie Maßstäbe besitzen, daß die Urteilskraft also nicht mehr sei als die Fähigkeit, das Einzelne richtig und angemessen dem ihm zugehörenden Allgemeinen, über das man einig ist, zuzuordnen. Zwar weiß man, daß die Urteilskraft darauf besteht und bestehen muß, direkt und maßstablos zu urteilen, aber die Gebiete, wo dies geschieht, in Entscheidungen aller Art, persönlicher wie öffentlicher Natur, und in dem sogenannten Geschmacksurteil, werden nicht ernst genommen, weil in der Tat das so Geurteilte niemals Zwangscharakter hat, niemals den Anderen im Sinne eines logisch unausweichlichen Schlusses zur Beistimmung zwingen, sondern nur überzeugen kann. Daß dem Urteilen überhaupt etwas Zwingendes eignet, ist aber selbst ein Vorurteil; die Maßstäbe, solange sie gelten, sind niemals zwingend beweisbar; ihnen eignet nur die immer begrenzte Evidenz von Urteilen, über die alle übereingekommen sind und über die man weder streiten noch disputieren muß. Zwingend beweisbar ist immer nur die Zuordnung, das Messen und Maßstabanlegen, die in diesem Sinne vorgenommene Regelung des Einzelnen und Konkreten, die die Gültigkeit des Maßstabes der Natur der Sache nach voraussetzt; und dies Zuordnen und Regeln, in dem nichts mehr entschieden wird, als daß man entweder nachweisbar falsch oder richtig zu Werke geht, hat sehr viel mehr mit einem schlußfolgernden als mit einem urteilenden Denken zu tun. Der Verlust der Maßstäbe, der in der Tat die moderne Welt in ihrer Faktizität bestimmt und durch keine Rückkehr zum guten Alten und keine willkürliche Aufstellung neuer Werte und Maßstäbe rückgängig gemacht werden kann, ist also eine Katastrophe der moralischen Welt nur, wenn man annimmt, Menschen wären eigentlich gar nicht in der Lage, Dinge an sich selbst zu beurteilen, ihre Urteilskraft reiche für ein ursprüngliches Urteilen nicht aus; man könne ihr nicht mehr zumuten, als bekannte Regeln richtig anzuwenden und bereits vorhandene Maßstäbe sachgemäß anzulegen.

Wenn dies stimmte, wenn es zum Wesen menschlichen Denkens gehörte, daß Menschen nur urteilen können, wo sie Maßstäbe fix und fertig zur Hand haben, so wäre in der Tat richtig, wie heute allgemein angenommen wird, daß in der Krise der modernen Welt nicht so sehr die Welt als der Mensch selbst aus den Fugen geraten wäre. Innerhalb des akademischen Lehrbetriebes hat sich diese Annahme heute weitgehend durchgesetzt, wie man am besten daran erkennt, daß die historischen Disziplinen, die es mit der Geschichte der Welt und dessen, was sich in ihr ereignete,* zu tun haben, sich erst in die Gesellschaftswissenschaften und dann in die Psychologie aufgelöst haben. Dies besagt ja nichts anderes, als daß man das Studium der geschichtlich gewordenen Welt in ihren chronologisch vorgegebenen Schichtungen aufgibt zugunsten des Studiums erst gesellschaftlicher und dann menschlicher Verhaltensweisen, die ihrerseits zum Gegenstand einer systematischen Forschung nur werden können, wenn man den handelnden Menschen, der der Urheber weltlich nachweisbarer Ereignisse ist, ausschließt und ihn zu einem nur sich jeweils verhaltenden Wesen erniedrigt, das man Experimenten unterwerfen kann und von dem man sogar hoffen mag, es endgültig unter Kontrolle zu bekommen. Kennzeichnender vielleicht als dieser akademische Streit der Fakultäten, in dem sich immerhin ganz unakademische Machtansprüche anmelden, ist, daß eine ähnliche Verschiebung des Interesses von der Welt weg auf den Menschen sich in dem Ergebnis einer kürzlich stattge-

* Im Original: . . . und des in ihr sich Ereigneten.

fundenen Rundfrage kundgibt, in welcher auf die Frage, was heute im Brennpunkt der Sorge stünde, die nahezu einstimmige Antwort erfolgte: der Mensch.[3] Dabei war aber dies nicht in dem handgreiflichen Sinne der Bedrohung des Menschengeschlechts durch die Atombombe gemeint (eine solche Sorge wäre in der Tat nur zu berechtigt); gemeint war offenbar das Wesen des Menschen, was immer der Einzelne darunter verstehen mochte. In dem einen wie dem anderen Fall – und diese Beispiele ließen sich natürlich beliebig vermehren – zweifelt man keinen Augenblick daran, daß es der Mensch ist, der entweder aus den Fugen geraten ist oder in Gefahr steht oder doch jedenfalls dasjenige ist, was man ändern muß.

Wie immer man sich zu der Frage stellen mag, ob es der Mensch oder die Welt sei, die in der heutigen Krise auf dem Spiel steht, eines ist sicher, die Antwort, welche den Menschen in den Mittelpunkt der gegenwärtigen Sorge rückt und meint, ihn ändern zu müssen, um Abhilfe zu schaffen, ist im tiefsten unpolitisch; denn im Mittelpunkt der Politik steht immer die Sorge um die Welt und nicht um den Menschen – und zwar die Sorge um eine so oder anders beschaffene Welt, ohne welche diejenigen, welche sich sorgen und politisch sind, das Leben nicht wert dünkt, gelebt zu werden. Und eine Welt ändert man so wenig dadurch, daß man die Menschen in ihr ändert – ganz abgesehen von der praktischen Unmöglichkeit eines solchen Unterfangens –, wie man eine Organisation oder einen Verein dadurch ändert, daß man seine Mitglieder anfängt, so oder anders zu beeinflussen. Will man eine Institution, eine Organisation, irgendeine weltlich bestehende öffentliche Körperschaft ändern, so kann man nur seine Verfassung, seine Gesetze, seine Statuten erneuern und hoffen, daß alles andere sich von selbst ergeben werde. Daß dies so ist, hängt damit zusammen, daß überall, wo Menschen zusammenkommen – sei es privat oder gesellschaftlich oder öffentlich-politisch –, ein Raum entsteht, der sie in sich versammelt und zugleich voneinander trennt. Jeder dieser Räume hat seine eigene Strukturiertheit, die sich im Wandel der Zeiten wandelt und sich im Privaten in Bräuchen, im Gesellschaftlichen in den Konventionen und im Öffentlichen in Gesetzen, Verfassungen, Statuten und dergleichen kundgibt. Wo immer Menschen zusammenkommen, schiebt sich Welt zwischen sie, und es ist in diesem Zwischen-Raum, daß alle menschlichen Angelegenheiten sich abspielen. Der Raum zwischen den Menschen, der die Welt ist, kann sicher nicht ohne sie bestehen, und eine menschenlose Welt, im Unterschied zu einem menschenlosen Universum oder einer menschenlosen Natur, wäre ein Widerspruch in sich selbst; aber dies besagt nicht, daß die Welt und die in ihr stattfindenden Katastrophen in ein rein menschliches Geschehen auflösbar, geschweige denn auf etwas, was mit »*dem* Menschen« oder dem Wesen der Menschen geschähe, zurückführbar wären. Denn die Welt und die Weltdinge, in deren Mitte sich die menschlichen Angelegenheiten abspielen, sind nicht der Ausdruck, der gleichsam nach außen schlagende Abdruck des menschlichen Wesens, sondern im Gegenteil das Resultat dessen, daß Menschen etwas, was sie selbst nicht sind, herstellen können, nämlich Dinge, und daß auch die sogenannten seelischen oder geistigen Bereiche für sie dauerhafte Realitäten, in denen sie sich bewegen können, nur werden, soweit sie verdinglicht, als dingliche Welt vorliegen. In dieser dinglichen Welt handeln die Menschen, und von ihr werden sie bedingt, und weil sie von ihr bedingt werden, schlägt jede Katastrophe, die in ihr sich ereignet, auf sie zurück, betrifft sie mit. Es wäre denkbar, daß eine solche Katastrophe so ungeheuer wäre, so welt-vernichtend, daß die weltbildenden, verdinglichenden Fähigkeiten* des Menschen mitbetroffen werden und der Mensch so weltlos würde, wie das Tier es ist. Wir können uns sogar vorstellen, daß in der Vergangenheit solche Katastrophen in prähistorischen Zeiten stattgefunden haben und daß gewisse sogenannte primitive Völkerstämme die Residuen, die weltlosen Überbleibsel von ihnen sind. Wir können uns auch vorstellen, daß ein Atomkrieg, wenn er überhaupt menschliches Leben übriggelassen hat, durch die Zerstörung der gesamten Welt eine solche Katastrophe heraufbeschwören könnte. Aber es wird auch dann immer die Welt sein beziehungsweise der Lauf der Welt – dessen die Menschen nicht mehr Herr [sind], dem sie sich so entfremdet haben, daß der jedem Prozeß innewohnende Automatismus sich ungehindert durchsetzen kann –, an dem die Menschen zugrunde gehen, und nicht eigentlich sie selbst. Auch ist ja von solchen Möglichkeiten in der oben erwähnten modernen Sorge um den Menschen gar nicht die Rede. Das Schlimme und Beängstigende an ihr ist vielmehr, daß sie sich um solche »äußeren« und daher höchst realen Gefahren gar nicht kümmert und ihnen in ein Inneres ausweicht, in dem höchstens reflektiert, aber weder gehandelt noch geändert werden kann.

Dagegen kann man natürlich leicht einwenden, daß die Welt, von der hier die Rede ist, ja die Menschenwelt sei, also das Resultat menschlichen Herstellens und menschlichen Handelns, wie immer man dieses verstehen will. Diese Fähigkeiten gehören doch sicher zum Wesen des Menschen; wenn sie versagen, muß man da nicht das Wesen des Menschen ändern, bevor man an eine Änderung der Welt denken

* Im Original: daß die weltbildende, verdinglichenden Fähigkeit...

kann? Dieser Einwand ist in seinem Kern uralt, und er kann sich auf den besten aller Kronzeugen berufen, nämlich auf Plato, der bereits Perikles vorwarf, die Athener seien nach seinem Tode nicht besser gewesen als zuvor.

3. Einführung in die Politik II

Fragment 3a

EINLEITUNG: Hat Politik überhaupt noch einen Sinn?[4]

Auf die Frage nach dem Sinn von Politik gibt es eine so einfache und in sich so schlüssige Antwort, daß man meinen möchte, weitere Antworten erübrigten sich ganz und gar. Die Antwort lautet: Der Sinn von Politik ist Freiheit. Ihre Einfachheit und Schlüssigkeit liegt darin, daß sie genauso alt ist, zwar nicht wie die Frage, die natürlich bereits einer Fragwürdigkeit entspringt und von einem Mißtrauen inspiriert ist, aber wie die Existenz des Politischen. Diese Antwort gerade ist heute weder selbstverständlich noch unmittelbar einleuchtend. Dies zeigt sich schon daran, daß unsere heutige Frage ja nicht mehr einfach nach dem Sinn von Politik fragt, wie man früher im wesentlichen aus Erfahrungen heraus fragte, die entweder nicht-politischer oder sogar anti-politischer Natur waren. Unsere heutige Frage entsteht aus sehr realen Erfahrungen, die wir mit Politik gemacht haben; sie entzündet sich an dem Unheil, das Politik bereits in unserem Jahrhundert angerichtet hat, und dem größeren, das aus ihr zu erwachsen droht. Unsere Frage lautet daher viel radikaler, viel aggressiver und auch viel verzweifelter: Hat Politik denn überhaupt noch einen Sinn?

In der so gestellten Frage – und so stellt sich die Frage nachgerade für jedermann – schwingt zweierlei mit: einmal die Erfahrung mit den totalitären Staatsformen, in denen ja angeblich das Gesamtleben der Menschen eben total politisiert worden ist – mit dem Erfolg, daß es Freiheit in ihnen überhaupt nicht mehr gibt. Von ihnen aus gesehen, und das heißt unter anderem von Bedingungen her, die gerade spezifisch modern sind, entsteht die Frage, ob Politik und Freiheit überhaupt miteinander vereinbar sind, ob nicht Freiheit überhaupt erst da anfängt, wo Politik aufhört, so daß es eben Freiheit dort nicht mehr gibt, wo das Politische nirgends sein Ende und seine Grenze findet. Vielleicht haben sich die Dinge seit der Antike, für die Politik und Freiheit identisch waren, so geändert, daß nun unter modernen Bedingungen sie ganz und gar voneinander getrennt werden müssen.

Die Frage stellt sich zweitens unweigerlich angesichts der ungeheuerlichen Entwicklung moderner Vernichtungsmöglichkeiten, deren Monopol die Staaten haben, die ohne dies Staatsmonopol niemals zur Entfaltung gekommen wären und überhaupt nur innerhalb des politischen Bereichs zur Anwendung kommen können. Hier geht es nicht nur um Freiheit, sondern um das Leben, die Fortexistenz der Menschheit und vielleicht allen organischen Lebens auf der Erde. Die Frage, die hier entspringt, macht alle Politik fragwürdig; sie läßt es als fraglich erscheinen, ob unter modernen Bedingungen Politik und die Erhaltung des Lebens miteinander vereinbar sind, und sie hofft heimlich, die Menschen mögen ein Einsehen haben und auf irgendeine Weise die Politik abschaffen, bevor sie alle an der Politik zugrunde gegangen sind. Zwar mag man einwenden, daß die Hoffnung, alle Staaten werden absterben oder die Politik sonst auf irgendeinem Wege verschwinden, utopisch ist, und es ist anzunehmen, daß die meisten diesem Einwand zustimmen werden. Das aber ändert nichts an der Hoffnung und der Frage. Wenn Politik Unheil bringt und wenn man Politik nicht abschaffen kann, so bleibt eben nur die Verzweiflung beziehungsweise die Hoffnung, es würde nichts so heiß gegessen, wie es gekocht worden ist – eine in unserem Jahrhundert etwas törichte Hoffnung, da wir seit dem Ersten Weltkrieg noch jedes Gericht, das uns von der Politik vorgesetzt wurde, erheblich heißer haben essen müssen, als es irgendeinem seiner Köche eingefallen ist, es zu bereiten.

Diese beiden Erfahrungen, an denen sich heute die Frage nach dem Sinn von Politik entzündet, sind die politischen Grunderfahrungen unseres Zeitalters. Geht man an ihnen vorbei, so ist es, als hätte man in der Welt, die die unsrige ist, gar nicht gelebt. Dabei aber besteht zwischen ihnen noch einmal ein Unterschied. Gegen die Erfahrung der totalen Politisierung in den totalitären Staatsformen und die aus ihr entspringende Fragwürdigkeit des Politischen steht immerhin die Tatsache, daß seit der Antike niemand mehr der Meinung war, daß der Sinn der Politik die Freiheit ist; sowie die weitere Tatsache, daß in der Neuzeit, theoretisch wie praktisch, das Politische als ein Mittel galt, die Lebensversorgung der Gesellschaft und [die] Produktivität der freien gesellschaftlichen Entwicklung zu schützen. Gegen die In-Frage-Stellung des Politischen, wie sie in der totalitären Erfahrung vorliegt, gäbe es also theoretisch einen Rückzug auf einen historisch gesprochen früheren Standpunkt – als hätten gerade die totalitären Herrschaftsformen nichts besser bewiesen, als wie recht das liberale und konservative Denken des 19. Jahrhunderts gehabt hat. Das Verwirrende an dem Auftauchen einer absoluten physischen Vernichtungsmöglichkeit innerhalb des Politischen ist gerade, daß ein solcher Rückzug schlechterdings unmöglich ist. Denn hier bedroht das Politische ja gerade genau dasjenige, um dessentwillen es in der Meinung der Neuzeit überhaupt seine

Existenzberechtigung hat, nämlich die schiere Lebensmöglichkeit, und zwar der gesamten Menschheit. Wenn es wahr ist, daß Politik nichts weiter ist als etwas, das leider für die Lebenserhaltung der Menschheit notwendig ist,* dann hat sie in der Tat angefangen, sich aus der Welt zu schaffen, beziehungsweise ihr Sinn ist in Sinnlosigkeit umgeschlagen.

Diese Sinnlosigkeit ist keine ausgedachte Aporie; sie ist ein höchst realer Tatbestand, den wir jeden Tag erfahren können, wenn wir uns die Mühe geben, nicht nur die Zeitungen zu lesen, sondern uns in unserem Unmut über die Verfahrenheit aller wichtigen politischen Probleme die Frage vorlegen, wie man es denn unter den gegebenen Umständen besser machen könne. Die Sinnlosigkeit, in die die Politik im ganzen geraten ist, zeigt sich in der Ausweglosigkeit, in die sich alle einzelnen politischen Fragen festrennen. Wie immer wir auch die Situation bedenken und die einzelnen Faktoren zu berechnen versuchen, die uns durch die doppelte Bedrohung totalitärer Staatsformen und atomarer Waffen, vor allem aber durch die Koinzidenz dieser Ereignisse, erstellt sind: Wir können uns eine befriedigende Lösung nicht einmal ausdenken, und zwar auch dann nicht, wenn wir allseitig den besten Willen voraussetzen würden (was man bekanntlich im Politischen schon darum nicht tun darf, weil kein guter Wille von heute im mindesten einen guten Willen für morgen garantiert). Gehen wir von der diesen Faktoren innewohnenden Logik aus und nehmen wir an, daß nichts als das uns heute Bekannte den Lauf der Welt bestimmt und bestimmen wird, so können wir nur sagen, eine entscheidende Änderung zum Heil kann nur durch eine Art Wunder geschehen.

---

* Im Original: daß Politik nichts ist als was leider für die Lebenserhaltung der Menschheit notwendig ist.

Um nun in allem Ernste zu fragen, was es mit diesem Wunder auf sich hat, und um den Verdacht zu beseitigen, daß ein Hoffen oder besser ein Rechnen mit Wundern schierer Leichtsinn oder törichte Leichtfertigkeit ist, müssen wir erst einmal die Rolle vergessen, die das Wunder seit eh und je im Glauben und Aberglauben, also im Religiösen und Pseudoreligiösen gespielt hat. Um uns von dem Vorurteil zu befreien, daß das Wunder ein genuin und ausschließlich religiöses Phänomen ist, bei dem etwas Überirdisches und Übermenschliches in den irdischen Verlauf menschlicher Angelegenheiten oder natürlicher Abläufe bricht, ist es vielleicht zweckmäßig, uns kurz zu vergegenwärtigen, daß der gesamte Rahmen unserer realen Existenz: die Existenz der Erde, des organischen Lebens auf ihr, das Dasein des Menschengeschlechts, auf einer Art Wunder beruht. Denn vom Standpunkt universaler Vorgänge und der in ihnen waltenden Wahrscheinlichkeiten, die statistisch erfaßbar sind, ist bereits die Entstehung der Erde eine »unendliche Unwahrscheinlichkeit«. Und nicht anders verhält es sich mit dem Entstehen des organischen Lebens aus den Ablaufprozessen anorganischer Natur oder mit dem Entstehen der Spezies Mensch aus den Entwicklungsprozessen organischen Lebens. In diesen Beispielen wird deutlich, daß immer, wenn etwas Neues geschieht, es sich unerwartet, unberechenbar und letztlich kausal unerklärbar, eben wie ein Wunder in den Zusammenhang berechenbarer Verläufe hineinereignet. Mit anderen Worten, jeder neue Anfang ist seiner Natur nach ein Wunder – dann nämlich, wenn er von dem Standpunkt der Prozesse, die er notwendigerweise unterbricht, gesehen und erfahren wird. In diesem Sinne entspricht der religiösen Transzendenz des Wunderglaubens die real nachweisbare Transzendenz jeden Anfangs mit Bezug auf den Prozeßzusammenhang, in den er einbricht.

Dies natürlich ist nur ein Beispiel, um zu erläutern, daß das, was wir wirklich nennen, bereits ein Geflecht irdisch-organisch-menschlicher Realität ist, das gerade als Realität durch die Einschläge von »unendlichen Unwahrscheinlichkeiten« entstanden ist. Nimmt man dies Beispiel als ein Gleichnis für das, was nun wirklich im Bereich menschlicher Angelegenheiten vorgeht, so fängt es gleich an zu hinken. Denn die Prozesse, mit denen wir es hier zu tun haben, sind, wie wir sagen, geschichtlicher Natur, das heißt, sie verlaufen nicht in Form natürlicher Entwicklungen, sondern sind Ketten von Ereignissen, in deren Gefüge jenes Wunder »unendlicher Unwahrscheinlichkeiten« sich immerhin so häufig ereignet, daß es uns seltsam erscheint, hier überhaupt von Wunder zu sprechen. Das liegt aber nur daran, daß der Geschichtsprozeß aus menschlichen Initiativen entstanden ist und durch neue Initiativen dauernd durchbrochen wird. Sieht man diesen Prozeß in seinem reinen Prozeßcharakter – und dies geschieht natürlich in allen Geschichtsphilosophien, für welche der Geschichtsprozeß nicht das Ergebnis des Zusammen-Handelns von Menschen, sondern der Entwicklung und des Zusammentreffens außer-, über- oder untermenschlicher Kräfte ist, das heißt, wo der handelnde Mensch aus der Geschichte ausgeschaltet ist –, so ist jeder Neubeginn in ihm, ob zum Heile oder Unheile, so unendlich unwahrscheinlich, daß alle größeren Ereignisse sich wie Wunder ausnehmen. Objektiv und von außen gesehen sind die Chancen, daß der morgige Tag genau so verlaufen wird wie der heutige, immer überwältigend – sicher nicht ganz so, aber in menschlichen Proportionen annähernd so überwältigend wie die Chancen, daß aus kosmischen Geschehnissen keine Erde, aus anorganischen Vorgängen kein Leben und aus der Evolution der Tiergattungen nicht das Nicht-Tier Mensch entstehen wird.

Der entscheidende Unterschied zwischen den »unendlichen Unwahrscheinlichkeiten«, auf denen irdisch-menschliches Leben beruht, und den Ereignis-Wundern im Bereich menschlicher Angelegenheiten selbst ist natürlich, daß es hier einen Wundertäter gibt und daß der Mensch selbst offenbar auf eine höchst wunderbare und geheimnisvolle Weise dazu begabt ist, Wunder zu tun. Diese Begabung nennen wir im gewöhnlichen und abgegriffenen Sprachgebrauch das Handeln. Dem Handeln ist es eigentümlich, Prozesse loszulassen, deren Automatismus dann dem der natürlichen Prozesse sehr ähnlich sieht, und es ist ihm eigentümlich, einen neuen Anfang zu setzen, etwas Neues zu beginnen, die Initiative zu ergreifen oder, Kantisch gesprochen, eine Kette von selbst anzufangen. Das Wunder der Freiheit liegt in diesem Anfangen-Können beschlossen, das seinerseits wiederum in dem Faktum beschlossen liegt, daß jeder Mensch, sofern er durch Geburt in die Welt gekommen ist, die vor ihm da war und nach ihm weitergeht, selber ein neuer Anfang ist.

Diese Vorstellung, daß Freiheit identisch ist mit Anfangen oder, wieder Kantisch gesprochen, mit Spontaneität, ist uns sehr fremd, weil es im Zuge unserer Tradition begrifflichen Denkens und seiner Kategorien liegt, Freiheit mit Willensfreiheit zu identifizieren und unter Willensfreiheit die Freiheit der Wahl zwischen Vorgegebenem, grob gesprochen: dem Guten und dem Bösen, zu verstehen, aber nicht die Freiheit, einfach zu wollen, daß dies oder jenes so oder anders sei. Diese Tradition hat natürlich ihre guten Gründe, auf die wir hier nicht eingehen können, und sie wurde außerordentlich gestärkt durch die seit der ausgehenden Antike verbreitete Überzeugung, daß Freiheit nicht nur nicht im Handeln und im Politischen liege, sondern im Gegenteil nur möglich sei, wenn der Mensch auf das Handeln verzichtet, sich aus der Welt auf sich selbst zurückzieht und das Politische meidet. Gegen diese begriffliche und kategoriale Tradition steht nicht nur die Erfahrung jedes Menschen, sei sie privater oder öffentlicher Art, gegen sie steht vor allem auch das nie ganz vergessene Zeugnis der antiken Sprachen, in denen das griechische »archein« anfangen und herrschen, also frei sein, und das lateinische »agere« etwas in Gang bringen, also einen Prozeß entfesseln, heißt.

Wenn es also im Zuge der Ausweglosigkeit, in die unsere Welt geraten ist, liegt, Wunder zu erwarten, so verweist diese Erwartung uns keineswegs aus dem ursprünglichen politischen Bereich heraus. Wenn der Sinn von Politik Freiheit ist, so heißt dies, daß wir in diesem Raum – und in keinem anderen – in der Tat das Recht haben, Wunder zu erwarten. Nicht weil wir wundergläubig wären, sondern weil die Menschen, solange sie handeln können, das Unwahrscheinliche und Unerrechenbare zu leisten imstande sind und dauernd leisten, ob sie es wissen oder nicht. Die Frage, ob Politik überhaupt noch einen Sinn hat, verweist uns, gerade wenn sie im Wunderglauben endet – und wo sollte sie wohl sonst enden? –, unweigerlich zurück auf die Frage nach dem Sinn von Politik.

Fragment 3b

1. Kapitel: Der Sinn von Politik*

Die Frage nach dem Sinn von Politik wie das Mißtrauen gegen Politik sind sehr alt, so alt wie die Tradition politischer Philosophie. Sie gehen auf Plato und vielleicht sogar auf

* Verbessert aus: EINLEITUNG: Hat Politik überhaupt noch einen Sinn?

Parmenides zurück und entsprangen höchst realen Erfahrungen, die Philosophen mit der Polis und das heißt mit der Organisationsform menschlichen Zusammenlebens gemacht hatten, die so vorbildlich und maßgebend das bestimmt hat, was wir noch heute unter Politik verstehen, daß selbst unser Wort dafür in allen europäischen Sprachen sich von dort herleitet.

So alt wie die Frage nach dem Sinn von Politik sind die Antworten, die Politik rechtfertigen, und nahezu alle Bestimmungen oder Definitionen des Politischen, die wir in unserer Tradition vorfinden, sind ihrem eigentlichen Gehalt nach Rechtfertigungen. Ganz allgemein gesprochen laufen alle diese Rechtfertigungen oder Definitionen darauf hinaus, Politik als ein Mittel für einen höheren Zweck zu bestimmen, wobei allerdings die Bestimmung eines solchen Endzweckes durch die Jahrhunderte hindurch jeweils sehr verschieden ausgefallen ist. Dennoch läßt auch dieses Verschiedene sich auf einige wenige Grundantworten zurückführen, und die Tatsache, daß das so ist, spricht für die elementare Einfachheit der Dinge, mit denen wir es hier zu tun haben.

Politik, so hören wir, ist etwas, was für menschliches Leben eine unabweisbare Notwendigkeit ist, und zwar sowohl für das Leben des Einzelnen wie das der Gesellschaft. Weil der Mensch nicht autark ist, sondern in seinem Dasein von Anderen abhängt, muß es eine alle betreffende Daseinsversorgung geben, ohne welche gerade das Zusammenleben nicht möglich wäre. Aufgabe und Zweck der Politik ist die Sicherung des Lebens im weitesten Sinn. Sie ermöglicht dem Einzelnen, in Ruhe und Frieden seinen Zwecken nachzugehen, das heißt unbehelligt von Politik zu sein – wobei es erst einmal ganz gleichgültig ist, in welchen Lebenssphären diese Zwecke, die durch Politik sichergestellt werden sollen, liegen, ob es sich darum handelt, im antiken Sinne den Wenigen die Beschäftigung mit Philosophie zu ermöglichen, oder darum, im modernen Sinne den Vielen das Leben, den Erwerb und ein Minimum von Glück zu sichern. Da ferner, wie Madison einmal bemerkte, es sich bei diesem Zusammenleben um Menschen und nicht um Engel handelt,[5] kann die Daseinsversorgung nur durch einen Staat erfolgen, der ein Monopol der Gewalt besitzt und den Krieg aller gegen alle verhindert.

Diesen Antworten ist gemeinsam, daß sie es für selbstverständlich halten, daß es Politik immer und überall gibt und gegeben hat, wo Menschen überhaupt in einem geschichtlich-zivilisatorischen Sinne zusammenleben. Für diese Selbstverständlichkeit pflegt man sich auf die Aristotelische Definition des Menschen als eines politischen Lebewesens zu berufen, und diese Berufung ist nicht gleichgültig, weil ja die Polis sprachlich wie inhaltlich die europäische Vorstellung von dem, was Politik eigentlich sei und welchen Sinn sie habe, entscheidend bestimmt hat. Nicht gleichgültig ist darum auch, daß die Berufung auf Aristoteles auf einem ebenfalls sehr alten, wenn auch postklassischen Mißverständnis beruht. Aristoteles, für den das Wort »politikon« durchaus ein Adjektiv der Polis-Organisation und nicht eine beliebige Bezeichnung für menschliches Zusammenleben überhaupt war, meinte keineswegs, daß alle Menschen politisch seien oder daß es Politik, nämlich eine Polis, überall gäbe, wo Menschen lebten. Aus seiner Definition waren nicht nur die Sklaven ausgeschlossen, sondern auch die Barbaren asiatischer, despotisch regierter Reiche, an deren Menschsein er keineswegs zweifelte. Was er meinte, war lediglich, daß es eine Eigentümlichkeit des Menschen ist, daß er in einer Polis leben kann und daß diese Polis-Organisation die höchste Form menschlichen Zusammenlebens darstellt und daher in einem spezifischen Sinne menschlich ist, gleich weit entfernt von dem Göttlichen, das für sich allein in voller Freiheit und Eigenständigkeit bestehen kann, und dem Tierischen, dessen Zusammen, wo es besteht, eine Form des Lebens in seiner Notwendigkeit ist. Politik also im Sinne des Aristoteles – und Aristoteles gibt hier wie in vielen anderen Punkten seiner politischen Schriften gar nicht so sehr seine eigene Ansicht der Sache als die von allen Griechen der Zeit geteilte, wenn auch meist nicht artikulierte Meinung wieder – ist keineswegs eine Selbstverständlichkeit und findet sich keineswegs überall, wo Menschen zusammenleben. Es gab sie, nach Meinung der Griechen, nur in Griechenland und auch dort nur für einen verhältnismäßig kurzen Zeitraum.

Was das Zusammenleben der Menschen in der Polis auszeichnet vor allen anderen Formen menschlichen Zusammenlebens, die den Griechen sehr wohl bekannt waren, war die Freiheit. Das besagt aber nicht, daß hier das Politische oder die Politik eben als ein Mittel verstanden wird, um dem Menschen Freiheit, ein freies Leben, zu ermöglichen. Frei-Sein und In-einer-Polis-Leben waren in gewissem Sinne ein und dasselbe. Allerdings nur in gewissem Sinne; denn um in einer Polis überhaupt leben zu können, mußte der Mensch in anderer Hinsicht bereits frei sein – er durfte weder als Sklave dem Zwang eines Anderen noch als Arbeiter der Notwendigkeit des täglichen Broterwerbs unterstellt sein. Für die Freiheit mußte der Mensch erst befreit sein oder sich selbst befreien, und dieses Befreitsein von Gezwungenwerden durch die Lebensnotwendigkeit war der eigentliche Sinn der griechischen »schole« oder des römischen »otium«, der Muße, wie wir heute sagen. Diese Befreiung, im Unterschied zu der Freiheit, war ein Zweck, der durch bestimmte Mittel erreicht werden konnte und mußte. Das entscheidende Mittel war die Sklavenwirtschaft, die Gewalt, mit der man

Andere zwang, einem die Sorge um das tägliche Leben abzunehmen. Im Unterschied zu allen Formen kapitalistischer Ausbeutung, die primär wirtschaftliche Zwecke verfolgen und der Bereicherung dienen, ging es bei der antiken Ausbeutung der Sklavenarbeit darum, die Herren von Arbeit ganz und gar zu befreien, um sie für die Freiheit des Politischen freizugeben. Diese Befreiung erfolgte durch Zwang und Gewalt, und sie beruhte auf der absoluten Herrschaft, die jeder Hausherr in seinem Haushalt ausübte. Aber diese Herrschaft war selbst nicht politisch, wiewohl sie eine unabdingbare Bedingung alles Politischen darstellte. Will man also das Politische im Sinne der Zweck-Mittel-Kategorie verstehen, so war es im griechischen Sinne wie im Sinne des Aristoteles vorerst einmal ein Zweck und kein Mittel. Und der Zweck war nicht die Freiheit schlechthin, wie sie sich in der Polis verwirklichte, sondern die präpolitische Befreiung für die Freiheit in der Polis. Der Sinn des Politischen hier, aber nicht sein Zweck, ist, daß Menschen in Freiheit, jenseits von Gewalt, Zwang und Herrschaft, miteinander verkehren, Gleiche mit Gleichen, die nur in Not-, nämlich Kriegszeiten einander befahlen und gehorchten, sonst aber alle Angelegenheiten durch das Miteinander-Reden und das gegenseitige Sich-Überzeugen regelten.

Das Politische in diesem griechischen Sinne verstanden ist also um die Freiheit zentriert, wobei Freiheit negativ als Nicht-beherrscht-Werden und Nicht-Herrschen verstanden wird und positiv als ein nur von Vielen zu erstellender Raum, in welchem jeder sich unter seinesgleichen bewegt. Ohne solche Anderen, die meinesgleichen sind, gibt es keine Freiheit, und darum ist der, der über Andere herrscht und daher auch von Anderen prinzipiell verschieden ist, zwar glücklicher und beneidenswerter als die, welche er beherrscht, aber er ist um nichts freier. Auch er bewegt sich in einem Raum, in dem es Freiheit überhaupt nicht gibt. Dies ist für uns schwer zu verstehen, weil wir mit Gleichheit den Begriff der Gerechtigkeit verbinden und nicht den der Freiheit, und so den griechischen Ausdruck für eine freie Verfassung, die »isonomia« [Isonomie], in unserem Sinne einer Gleichheit vor dem Gesetz mißverstehen. »Isonomia« aber heißt weder, daß alle vor dem Gesetz gleich sind, noch daß das Gesetz das gleiche für alle ist, sondern lediglich, daß alle den gleichen Anspruch auf politische Tätigkeit haben, und diese Tätigkeit war in der Polis vorzugsweise eine Tätigkeit des Miteinander-Redens. »Isonomia« ist darum vorzugsweise Redefreiheit und als solche das gleiche wie »isegoria«; beides heißt dann später bei Polybios auch einfach »isologia«.[6] Das Sprechen aber in der Form von Befehlen und das Hören in der Form des Gehorchens wurden nicht als eigentliches Reden und Hören gewertet; es war keine freie Rede, weil es an einen nicht durch Reden, sondern durch Tun oder Arbeiten bestimmten Vorgang gebunden war. Die Worte waren hier nur gleichsam der Ersatz für Tun, und zwar für ein Tun, das Zwingen und Gezwungenwerden voraussetzte. Wenn die Griechen meinten, daß Sklaven und Barbaren »aneu logou« seien, des Wortes nicht mächtig, so meinten sie, sie befänden sich in einer Lage, in der freie Rede unmöglich ist. In der gleichen Lage befindet sich der Despot, der nur das Befehlen kennt; um reden zu können, brauchte er andere ihm Gleichgestellte. Es bedarf also für die Freiheit nicht einer egalitären Demokratie im modernen Sinne, wohl aber einer noch so eng oligarchisch oder aristokratisch beschränkten Sphäre, in welcher zum mindesten die Wenigen oder die Besten als Gleiche unter Gleichen miteinander umgehen. Diese Gleichheit hat natürlich mit Gerechtigkeit nicht das mindeste zu tun.

Das Entscheidende dieser politischen Freiheit ist, daß sie

räumlich gebunden ist. Wer seine Polis verläßt oder aus ihr verbannt wird, verliert nicht nur seine Heimat oder sein Vaterland, sondern er verliert den Raum, in welchem allein er frei sein konnte; er verliert die Gesellschaft derer, die seinesgleichen sind. Aber für sein Leben und seine Daseinsversorgung war dieser Raum der Freiheit so wenig notwendig oder unentbehrlich, daß er ihr vielmehr eher hinderlich war. Die Griechen wußten aus eigenster Erfahrung, daß ein vernünftiger Tyrann (das, was wir einen aufgeklärten Despoten nennen) für das schiere Wohlergehen der Stadt und die Blüte von materiellen wie intellektuellen Künsten von großem Vorteil war. Nur mit der Freiheit war es dann vorbei. Die Bürger wurden in ihre Haushalte verwiesen, und der Raum, auf dem sich der freie Verkehr unter Gleichen abspielte, die Agora, war vereinsamt. Die Freiheit hatte keinen Raum mehr, und das hieß, politische Freiheit gab es nicht mehr.

Wir können hier noch nicht davon handeln, was mit diesem Verlust des Politischen, der im Sinne des Altertums mit dem Verlust der Freiheit zusammenfällt, nun eigentlich verloren geht. Hier geht es nur darum, daß eine kurze Rückerinnerung an das, was mit dem Begriff des Politischen ursprünglich verbunden war, uns von dem modernen Vorurteil heilen soll, daß Politik eine unabweisbare Notwendigkeit sei und daß es sie immer und überall gegeben habe. Notwendig gerade – sei es im Sinne eines unabweisbaren Bedürfens der menschlichen Natur wie Hunger oder Liebe, sei es im Sinne einer unentbehrlichen Einrichtung menschlichen Zusammenlebens – ist das Politische nicht. Es beginnt sogar erst, wo das Reich der materiellen Notwendigkeiten und das der physischen Gewalt aufhören. Als solches hat das Politische so wenig immer und überall existiert, daß historisch gesprochen nur wenige große Epochen es gekannt und verwirklicht haben. Diese wenigen großen Glücksfälle der Geschichte aber sind entscheidend; nur in ihnen tritt der Sinn von Politik, und zwar sowohl das Heil wie das Unheil des Politischen, voll in Erscheinung. Damit werden sie maßgeblich, aber nicht so, daß die ihnen inhärenten Organisationsformen nachgebildet werden könnten, sondern so, daß bestimmte Ideen und Begriffe, die für eine kurze Zeit zur vollen Wirklichkeit wurden, auch die Epochen noch mit bestimmen, denen eine volle Erfahrung des Politischen versagt bleibt.

Die wichtigste dieser Ideen, die auch für uns noch unabweisbar zum Begriff von Politik überhaupt gehört und die daher alle geschichtlichen Umschwünge und alle theoretischen Transformationen überlebt hat, ist zweifellos die Idee der Freiheit. Daß Politik und Freiheit miteinander verbunden sind und daß die Tyrannis die schlechteste aller Staatsformen, ja die eigentlich antipolitische ist, zieht sich wie ein roter Faden durch Denken und Handeln der europäischen Menschheit bis in die jüngste Zeit. Erst die totalitären Staatsformen und die ihnen entsprechenden Ideologien – aber noch nicht der Marxismus, der das Reich der Freiheit verkündete und die Diktatur des Proletariats im römischen Sinne als eine vorübergehende Institution der Revolution verstand – haben es gewagt, diesen Faden abzuschneiden, wobei das eigentlich Neue und Erschreckende dieses Unternehmens nicht die Leugnung der Freiheit oder die Behauptung ist, daß Freiheit weder gut noch notwendig für den Menschen sei; es ist vielmehr die Vorstellung, daß die Freiheit der Menschen der historischen Entwicklung geopfert werden müsse, deren Prozeß von Menschen nur gehindert werden kann, wenn sie in Freiheit handeln und sich bewegen. Diese Auffassung ist allen spezifisch ideologischen politischen Bewegungen gemeinsam. Theoretisch ist entscheidend, daß Freiheit weder in dem handelnden und sich bewegenden Menschen noch in dem zwischen Menschen entstehenden Raum lokalisiert wird, sondern in einen Prozeß verlegt wird, der hinter dem Rücken der handelnden Menschen sich vollzieht und jenseits des sichtbaren Raumes der öffentlichen Angelegenheit[en] im Verborgenen wirkt. Das Modell dieses Freiheitsbegriffes ist der frei strömende Fluß, dem gegenüber jedes Eingreifen eine Willkür darstellt, die sein Strömen hemmt. Die modernen Identifizierungen des uralten Gegensatzes von Freiheit und Notwendigkeit und das an seiner Stelle auftretende Gegensatzpaar von Freiheit und Willkür haben in diesem Modell ihre heimliche Rechtfertigung. In all diesen Fällen tritt an die Stelle eines wie immer gearteten Begriffes von Politik der moderne Geschichtsbegriff; politische Ereignisse und politisches Handeln werden in geschichtliches Geschehen aufgelöst, und Geschichte wird im wörtlichsten Sinne als ein Geschichtsfluß verstanden. Der Unterschied zwischen diesem verbreiteten ideologischen Denken und den totalitären Staatsformen ist, daß die letzteren die politischen Mittel entdeckten, um den Menschen in den Geschichtsstrom so einzufügen, daß er von dessen »Freiheit«, dessen »freiem« Strömen, so ausschließlich erfaßt wird, daß er ihn nicht mehr hemmen kann, sondern im Gegenteil selbst zu einem Moment von dessen Beschleunigung wird. Die Mittel, mit denen dies geschieht, sind der von außen kommende Zwang des Terrors und der von innen losgelassene Zwang ideologischen Denkens, das heißt eines Denkens, das nun ganz im Sinne des Geschichtsstromes auch innerlich gewissermaßen mitgeht. Diese totalitäre Entwicklung ist zweifellos real der entscheidende Schritt auf dem Wege der Abschaffung der Freiheit. Das hindert aber nicht, daß theoretisch der Begriff der Freiheit überall verschwunden ist, wo im Denken der

Neuzeit der Begriff der Geschichte an die Stelle des Begriffes der Politik getreten ist.

Daß sich die Idee, daß Politik unweigerlich etwas mit Freiheit zu tun habe, nachdem sie erst einmal in der griechischen Polis geboren war, durch die Jahrtausende hat halten können, ist um so merkwürdiger und tröstlicher, als es kaum einen Begriff abendländischen Denkens und Erfahrens gibt, der sich im Verlauf dieses Zeitraums so gewandelt und auch so angereichert hätte. Frei sein hieß ursprünglich nicht mehr als gehen können, wohin es einem beliebt, aber dies beinhaltete mehr als [das], was wir heute unter Bewegungsfreiheit verstehen. Es hieß nicht nur, daß man keines Menschen Zwang unterstand, sondern auch daß man [sich] aus dem gesamten Bereich des Zwingens, des Haushaltes und seiner »Familie« (diesem römischen Begriff, den Mommsen einmal kurzweg mit Knechtschaft übersetzt[7]), entfernen konnte. Diese Freiheit hatte nur der Herr des Hauses, und sie bestand nicht darin, daß er über die anderen Mitglieder des Haushaltes herrschte, sondern darin, daß er aufgrund dieser Herrschaft seinen Haushalt, die Familie im antiken Sinn, verlassen konnte. Daß dieser Freiheit von vornherein das Element des Risikos, des Wagnisses, innewohnt, ist offenbar; der Haushalt, aus dem wegzugehen in des freien Mannes Belieben gestellt war, war ja nicht nur der Ort, an dem Menschen von Notwendigkeit und Zwang beherrscht wurden, sondern auch und in engster Verbindung damit derjenige, wo das Leben eines jeden gesichert war, wo alles darauf abgestellt war, den Lebensnotwendigkeiten Genüge zu leisten. Frei also konnte nur sein, wer bereit war, das Leben gerade zu riskieren, und eine unfreie und sklavische Seele hatte der, der mit zu großer Liebe am Leben hing – ein Laster, für das die griechische Sprache ein eigenes Wort hat.[8]

Diese Vorstellung, daß frei nur sein kann, wer bereit ist,

sein Leben zu riskieren, ist nie wieder ganz aus unserem Bewußtsein verschwunden; und das gleiche gilt für die Verbindung des Politischen mit Gefahr und Wagnis überhaupt. Der Mut ist die früheste aller politischen Tugenden, und er gehört noch heute zu den wenigen Kardinaltugenden der Politik, weil wir in die öffentliche, uns allen gemeinsame Welt, die der eigentlich politische Raum ist, noch immer nur gelangen können, indem wir uns aus unserem privaten Dasein und der Familienzusammengehörigkeit, in welche unser Leben gebunden ist, entfernen. Der Raum allerdings, in den diejenigen traten, welche wagten, die Schwelle des Hauses zu überschreiten, hörte schon in sehr früher Zeit auf, ein Bereich großer Unternehmungen und Abenteuer zu sein, auf die man sich nur einlassen und die man nur zu bestehen hoffen konnte, wenn man sich mit Anderen verband, die seinesgleichen waren. Zudem entsteht in der Welt, die sich den Beherzten, den Abenteurern und Unternehmungslustigen öffnet, zwar bereits eine Art öffentlicher, aber noch nicht ein im eigentlichen Sinne politischer Raum. Öffentlich wird dieser Bereich, in den die Tatenlustigen vorstoßen, weil sie unter ihresgleichen sind und einander jenes Sehen und Hören und Bewundern der Taten gewähren können, auf deren Hörensagen hin der Dichter und Geschichten-Erzähler dann später ihnen den Ruhm bei der Nachwelt sichern kann. Im Gegensatz zu dem, was im Privaten und in der Familie geschieht, in der Verborgenheit der eigenen vier Wände, erscheint hier alles in jenem Licht, das nur die Öffentlichkeit, und das heißt die Anwesenheit der Anderen, erzeugen kann. Aber dies Licht, das die Vorbedingung allen wirklichen Erscheinens ist, ist trügerisch, solange es nur öffentlich und nicht politisch ist. Der öffentliche Raum des Abenteuers und des Unternehmens verschwindet, sobald alles an sein Ende gekommen ist, das Heereslager aufgelöst ist und die »Helden« – was bei Homer nicht mehr heißt als die freien Männer – wieder nach Hause zurückgekehrt sind. Politisch wird dieser öffentliche Raum erst, wenn er in einer Stadt gesichert ist, also an einen greifbaren Platz gebunden ist, der sowohl die denkwürdigen Taten wie die Namen der denkwürdigen Täter überleben und der Nachwelt in der Folge der Geschlechter überliefern kann. Diese Stadt, die den sterblichen Menschen und ihren flüchtigen Taten und Worten eine bleibende Stätte bietet, ist die Polis, und sie ist politisch und so von anderen Siedlungen unterschieden (für die die Griechen auch ein anderes Wort hatten[9]), weil sie eigentlich nur um den öffentlichen Raum herumgebaut ist, den Marktplatz, auf dem die Freien und Gleichen sich nun jederzeit treffen können.

Für ein Verständnis unseres politischen Freiheitsbegriffes, wie er in seinem Ursprung in der griechischen Polis erscheint, ist diese enge Verbundenheit des Politischen mit dem Homerischen von großer Bedeutung. Und dies nicht nur, weil ja Homer schließlich der Erzieher dieser Polis wurde, sondern weil griechischem Selbstverständnis zufolge die Einrichtung und Gründung der Polis aufs engste an die Erfahrungen gebunden waren, die innerhalb des Homerischen vorlagen. So konnte man den zentralen Begriff der freien, von keinem Tyrann beherrschten Polis, den Begriff der »isonomia« und »isegoria«, ohne Schwierigkeit in Homersche Zeit zurückverlegen (Pauly-Wissowa, loc.cit.[10]), weil die ungeheure Erfahrung der Möglichkeiten eines Lebens unter seinesgleichen in der Tat in den Homerschen Epen vorbildlich vorlag; und man konnte, was vielleicht noch wichtiger war, die Entstehung der Polis als eine Antwort auf diese Erfahrungen verstehen. Dies konnte entweder gleichsam negativ geschehen – in dem Sinne, in dem Perikles in der Grabrede sich auf Homer bezieht: Die Polis mußte gegründet werden, um für die Größe menschlichen Tuns und Redens eine Bleibe zu sichern, die verläßlicher* war als das Andenken, das der Dichter im Gedicht festhielt und dauernd machte.[11] Es konnte auch positiv verstanden werden – in dem Sinne, in dem Plato einmal (im 11. Brief[12]) meinte, daß die Polis aus dem Zusammentreffen großer Ereignisse im Kriege oder in anderen Taten entstanden sei, also aus den politischen Tätigkeiten selbst und ihrer eigentümlichen Größe. In beiden Fällen ist es, als ob das Homersche Heereslager sich nicht auflöst, sondern nach der Rückkehr in die Heimat sich aufs neue zusammenfindet, die Polis gründet und nun einen Raum gefunden hat, wo es ständig zusammenbleiben kann. Wieviel sich durch diese Ständigkeit nun in Zukunft ändern mag, der Inhalt des Raumes der Polis bleibt doch an das Homerische als seinen Ursprung gebunden.

Allerdings ist es nur natürlich, daß sich nun in diesem im eigentlichen Sinne politischen Raum das verschiebt, was man unter Freiheit verstand; der Sinn des Unternehmens und des Abenteuers tritt mehr und mehr zurück, und das, was bei diesen Abenteuern gewissermaßen nur das unerläßliche Beiwerk war, die ständige Anwesenheit der Anderen, der Verkehr mit seinesgleichen in der Öffentlichkeit der Agora, die, wie Herodot sagt, »isegoria«, wird zum eigentlichen Inhalt des Frei-Seins. Gleichzeitig verschiebt sich die für das Frei-Sein wichtigste Tätigkeit vom Handeln auf das Reden, von der freien Tat auf das freie Wort.

Diese Verschiebung ist von großem Gewicht, und sie macht sich in der Tradition unseres Freiheitsbegriffes, in welcher die Vorstellung, daß Handeln und Reden prinzipiell voneinander geschieden sind, daß ihnen gewissermaßen

* Im Original: zuverläßlicher.

zwei ganz und gar verschiedene Fähigkeiten des Menschen entsprechen, sogar noch entschiedener geltend als in der Geschichte Griechenlands selbst. Denn es ist einer der merkwürdigsten und erregendsten Sachbestände gerade griechischen Denkens, daß in ihm von Anfang an, das heißt bereits bei Homer, eine solche prinzipielle Scheidung zwischen Reden und Handeln nicht statthat, daß der Täter großer Taten auch immer gleichzeitig ein Redner großer Worte sein muß – und dies nicht nur, weil große Worte gleichsam erklärend die großen Taten begleiten müßten, die sonst stumm der Vergessenheit anheimfielen, sondern weil das Reden selbst von vornherein als eine Art Handeln aufgefaßt wurde. Gegen die Schläge des Schicksals, gegen die Streiche der Götter kann der Mensch sich zwar nicht wehren, aber er kann sich im Reden ihnen entgegenstellen und ihnen erwidern, und wiewohl diese Erwiderung nichts hilft, weder das Unglück wendet noch das Glück herbeilockt, gehören solche Worte doch zu dem Geschehen als solchem; wenn die Worte dem Geschehen ebenbürtig sind, wenn (wie es am Ende der *Antigone* heißt) »große Worte die großen Streiche von den hohen Schultern« erwidern und vergelten, so ist das, was sich ereignet, etwas Großes und der rühmenden Erinnerung Würdiges. Daß das Reden in diesem Sinne eine Art Handlung ist, daß der Untergang zu einer Tat werden kann, wenn man ihm Worte entgegenschleudert, während man untergeht – auf dieser Grundüberzeugung beruht die griechische Tragödie und ihr Drama, ihr Gehandeltes.

Gerade diese Auffassung von Reden, die auch noch der Entdeckung von der eigenständigen Gewalt des Logos durch die griechische Philosophie zugrunde liegt, tritt bereits in der Erfahrung der Polis zurück und verschwindet aus der Tradition politischen Denkens dann ganz und gar. Die Freiheit der Meinungsäußerung, das Recht, Anderer Meinungen zu hören und selbst gehört zu werden, das auch für uns noch einen unabdingbaren Bestandteil politischer Freiheit bildet, verdrängte sehr früh die mit dieser nicht im Widerspruch stehende, aber doch ganz anders geartete Freiheit, die dem Handeln und dem Reden, sofern es ein Handeln ist, eigentümlich ist. Diese Freiheit besteht in dem, was wir Spontaneität nennen, die nach Kant darauf beruht, daß ein jeder Mensch fähig ist, eine Reihe von sich selbst her neu anzufangen. Daß Freiheit des Handelns gleichbedeutend ist mit dem Einen-Anfang-Setzen-und-etwas-Beginnen, ist innerhalb des griechischen politischen Bereichs am besten dadurch illustriert, daß das Wort »archein« sowohl anfangen wie herrschen heißt. Diese Doppelbedeutung weist offenbar darauf hin, daß ursprünglich derjenige ein Führer genannt wurde, der eine Sache anfing, sich hierfür Gesellen suchte, um sie durchführen zu können; und dies Durchführen und Die-begonnene-Sache-zu-einem-Ende-Bringen war die ursprüngliche Bedeutung des Wortes für Handeln, »prattein«. Die gleiche Verkoppelung von Frei-Sein und Beginnen finden wir in der römischen Vorstellung, daß die Größe der Vorfahren in der Gründung von Rom beschlossen liegt und die Freiheit der Römer stets auf diese Gründung – »ab urbe condita« – zurückgeführt werden muß, in der ein Anfang gemacht worden ist. Augustin hat dann diese römisch erfahrene Freiheit ontologisch damit begründet, daß der Mensch selbst ein Anfang, ein Initium, ist, sofern er ja nicht immer existiert hat, sondern erst durch Geburt in die Welt gekommen ist. Trotz Kants politischer Philosophie, die aus der Erfahrung der Französischen Revolution eine Freiheitsphilosophie wurde, weil sie im Kern um den Begriff der Spontaneität zentriert ist, haben wir die außerordentliche politische Bedeutung dieser Freiheit, die im Anfangen-Können liegt, vermutlich erst heute realisiert, da die totalen Herrschaftsformen sich nicht damit begnügten, der freien Meinungsäußerung ein Ende zu machen, sondern darangingen, die Spontaneität des Menschen auf allen Gebieten prinzipiell zu vernichten. Dies wiederum ist unausweichlich, wo immer der historisch-politische Prozeß deterministisch definiert ist, als etwas, was im vorhinein und seinen eigenen Gesetzen folgend bestimmt und darum erkennbar ist. Denn gegen die mögliche Festlegung und Erkennbarkeit der Zukunft steht die Tatsache, daß die Welt sich durch Geburt täglich erneuert und durch die Spontaneität der Neu[an]kömmlinge dauernd in ein unübersehbar Neues hineingerissen wird. Nur wenn man die Neu-Geborenen ihrer Spontaneität beraubt, ihres Rechts, etwas Neues zu beginnen, kann der Lauf der Welt deterministisch bestimmt und vorausgesagt werden.

Die Freiheit der Meinungsäußerung, die für die Organisation der Polis maßgebend wurde, unterscheidet sich von der dem Handeln eigentümlichen Freiheit, einen neuen Anfang zu setzen, dadurch, daß sie in einem ungleich größeren Maß auf die Anwesenheit Anderer und das Konfrontiert-Werden mit ihren Meinungen angewiesen ist. Zwar kann auch das Handeln niemals in Isoliertheit erfolgen, sofern derjenige, der etwas beginnt, damit nur zu Rande kommen kann, wenn er Andere gewinnt, die ihm helfen. In diesem Sinne ist alles Handeln ein Handeln »in concert«, wie Burke zu sagen pflegte;[13] »unmöglich ist es zu handeln ohne Freunde und zuverlässige Gefährten« (Plato, 7. Brief 325 d[14]), unmöglich nämlich im Sinne des griechischen »prattein«, des Durchführens und Vollbringens. Aber dies selbst ist ja nur ein Stadium des Handelns selbst, wenn auch politisch das wichtigste, dasjenige nämlich, was schließlich bestimmt, was aus den Angelegenheiten der Menschen wird und wie sie aussehen. Ihm geht das Anfangen, das »archein«, voraus, und diese

Initiative, die darüber entscheidet, wer der Führer oder »archon« wird, der »primus inter pares«, liegt doch bei dem Einzelnen und seinem Mut, sich in ein Unternehmen einzulassen. Schließlich kann wohl einmal einer, wie Herakles, auch ganz allein, wenn die Götter ihm helfen, große Taten vollbringen und bedarf der Menschen nur, um die Kunde davon nicht zu verlieren. Die Freiheit der Spontaneität, wiewohl ohne sie alle politische Freiheit ihren besten und tiefsten Sinn verlöre, ist selbst noch gleichsam präpolitisch; sie hängt von den Organisationsformen des Miteinander-Lebens nur insofern ab, als auch sie schließlich aus der Welt heraus organisiert werden kann. Weil sie aber letztlich aus dem Einzelnen entspringt, kann sie sich selbst unter sehr ungünstigen Umständen immer noch vor dem Zugriff z. B. einer Tyrannis retten; in der Produktivität des Künstlers wie überhaupt aller, die irgendwelche Dinge der Welt in Isolierung gegen Andere herstellen, meldet sich auch Spontaneität, und man kann sagen, daß kein Herstellen möglich ist, das nicht erst einmal durch die Fähigkeit zum Handeln ins Leben gerufen ist. Dennoch können viele Tätigkeiten des Menschen erst einmal fern der politischen Sphäre vonstatten gehen, und diese Ferne ist sogar, wie wir später sehen werden,[15] für bestimmte menschliche Produktivitäten eine wesentliche Bedingung.

Ganz anders steht es mit der Freiheit des Miteinander-Redens. Sie ist überhaupt nur möglich im Verkehr mit Anderen. Ihre Bedeutung war immer vielfältig und vieldeutig, und sie hatte bereits im Altertum jenes fragwürdig Zweideutige, das ihr auch für uns noch anhaftet. Entscheidend aber war damals wie heute keineswegs, daß ein jeder sagen dürfte, was immer ihm beliebte, oder daß jeder Mensch ein ihm innewohnendes Recht habe, sich selbst, so wie er nun einmal ist, auszudrücken. Worum es hier vielmehr geht, war die Erfahrung, daß niemand all das, was objektiv ist, von sich her und ohne seinesgleichen adäquat in seiner vollen Wirklichkeit erfassen kann, weil es sich ihm immer nur in einer Perspektive zeigt und offenbart, die seinem Standort in der Welt gemäß und inhärent ist. Will er die Welt, so wie sie »wirklich« ist, sehen und erfahren, so kann er es nur, indem er sie als etwas versteht, was Vielen gemeinsam ist, zwischen ihnen liegt, sie trennt und verbindet, sich jedem anders zeigt und daher nur in dem Maß verständlich wird, als Viele miteinander *über* sie reden und ihre Meinungen, ihre Perspektiven miteinander und gegeneinander austauschen. Erst in der Freiheit des Miteinander-Redens ersteht überhaupt die Welt als das, worüber gesprochen wird, in ihrer von allen Seiten her sichtbaren Objektivität. In-einer-wirklichen-Welt-Leben und Mit-Anderen-über-sie-Reden sind im Grunde ein und dasselbe, und den Griechen erschien das Privatleben »idiotisch«, weil ihm diese Vielfältigkeit des Über-etwas-Redens versagt war und damit die Erfahrung, wie es in Wahrheit in der Welt zuging.

Diese Bewegungsfreiheit nun, sei es die Freiheit fortzugehen und etwas Neues und Unerhörtes zu beginnen, oder sei es die Freiheit, mit den Vielen redend zu verkehren und das Viele zu erfahren, das in seiner Totalität jeweils die Welt ist, war und ist keineswegs der Zweck der Politik – dasjenige, was mit politischen Mitteln erreichbar wäre; es ist vielmehr der eigentliche Inhalt und der Sinn des Politischen selbst. In diesem Sinne sind Politik und Freiheit identisch, und wo immer es diese Art von Freiheit nicht gibt, gibt es auch keinen im eigentlichen Sinne politischen Raum. Die Mittel andererseits, mit denen man diesen politischen Raum gründen und in seiner Existenz schützen kann, sind keineswegs immer und notwendigerweise politische Mittel. So haben die Griechen z. B. diese Mittel, mit denen der politische Raum gebildet und erhalten wird, überhaupt nicht als legitime politische Tätigkeiten, also als eine Art von Handeln anerkannt, das im Wesen der Polis beschlossen liegt. Sie waren der Meinung, daß für die Gründung einer Polis erst einmal ein gesetzgebender Akt notwendig ist, aber dieser Gesetzgeber war kein Bürger der Polis, und was er tat, war keineswegs »politisch«. Sie waren ferner der Meinung, daß, wo immer die Polis es mit anderen Staaten zu tun hatte, sie nicht mehr eigentlich politisch zu verfahren brauche, sondern Gewalt anwenden dürfe – sei es nun, daß sie in ihrem Bestand gefährdet war durch die Macht anderer Gemeinwesen, oder sei es, daß sie selbst sich andere dienstbar zu machen wünsche. Was wir heute Außenpolitik nennen, war, mit anderen Worten, für die Griechen gerade nicht Politik im eigentlichen Sinne. Wir werden darauf später noch zurückkommen.[16] Für uns ist hier nur entscheidend, daß wir Freiheit selbst als etwas Politisches verstehen und nicht als den vielleicht höchsten Zweck politischer Mittel, und daß wir einsehen, daß Zwang und Gewalt zwar immer Mittel waren, um den politischen Raum zu schützen oder zu gründen oder zu erweitern, aber als solche gerade selbst nicht politisch sind. Sie sind die zum Phänomen des Politischen gehörigen Randphänomene und darum gerade nicht es selbst.

Über diesen Raum des Politischen, der als solcher sowohl die von Vielen beredete und bezeugte Wirklichkeit wie die Freiheit aller realisierte und garantierte, kann man nur dann hinausfragen nach einem jenseits der politischen Sphäre liegenden Sinn, wenn man, wie die Philosophen in der Polis, den Verkehr mit den Wenigen dem Verkehr mit den Vielen vorzieht und zu der Überzeugung gelangt, daß das freie Miteinander-über-etwas-Reden nicht Wirklichkeit, sondern Trug, nicht Wahrheit, sondern Lüge erzeugt.

Dieser Ansicht scheint zuerst Parmenides gewesen zu sein, wofür ausschlaggebend ist, daß er nicht etwa nur die vielen Schlechten von den Wenigen und Besten schied – wie es Heraklit tat, und wie es im Grunde dem agonalen Geiste griechischen politischen Lebens, in dem jeder ständig sich bemühen sollte, der Beste von allen zu sein, entsprach. Parmenides unterschied vielmehr einen Weg der Wahrheit, der überhaupt nur dem Einzelnen qua Einzelnen offensteht, von den Wegen des Truges, auf denen sich alle bewegen, die in welcher Form auch immer miteinander auf dem Wege sind. Plato folgte ihm hierin bis zu einem gewissen Grade. Politisch bedeutend aber ist diese Nachfolge von Plato doch nur dadurch geworden, daß er nicht auf dem Einzelnen bestand, sondern in der Gründung der Akademie eine Grundkonzeption von den Wenigen verwirklichte, die ihrerseits wieder in freier Rede miteinander philosophierten.

Plato, der Vater der politischen Philosophie des Abendlandes, hat auf mancherlei Weise versucht, sich der Polis und dem, was sie unter Freiheit verstand, entgegenzustellen. Er hat es versucht durch eine politische Theorie, in der die Maßstäbe des Politischen nicht aus diesem selbst, sondern aus der Philosophie geschöpft sind, durch eine ins einzelne gehende Ausarbeitung einer Verfassung, deren Gesetze den nur dem Philosophen zugänglichen Ideen entsprechen, und schließlich sogar durch eine Einflußnahme auf einen Herrscher, von dem er sich erhoffte, er würde eine solche Gesetzgebung in die Wirklichkeit umsetzen – ein Versuch, der ihn beinahe das Leben und die Freiheit gekostet hätte. Zu diesen Versuchen gehört auch die Gründung der Akademie, und sie erfolgte sowohl gegen die Polis, als ein Sich-Abgrenzen gegen den eigentlich politischen Bereich, als auch wiederum im Sinne gerade dieses spezifisch griechisch-athenischen politischen Raumes – insofern nämlich, als das Miteinander-

Reden ihr eigentlicher Inhalt wurde. Damit war neben dem Freiheitsbereich des Politischen ein höchst realer neuer Raum der Freiheit entstanden, der bis in unsere Tage als die Freiheit der Universitäten und die akademische Lehrfreiheit nachwirkt. Aber diese Freiheit, wiewohl im Ebenbilde einer ursprünglich politisch erfahrenen gebildet und von Plato vermutlich noch als ein möglicher Kern oder Ansatzpunkt verstanden, von dem her auch das Zusammen der Vielen in Zukunft bestimmt sein sollte, brachte de facto einen neuen Freiheitsbegriff in die Welt. Im Unterschied zu einer rein philosophisch und nur für den Einzelnen gültigen Freiheit, die allem Politischen so fern ist, daß nur der Körper des Philosophen noch die Polis bewohnt, ist diese Freiheit der Wenigen durchaus politischer Natur. Der Freiheitsraum der Akademie sollte ein vollgültiger Ersatz sein für den Marktplatz, die Agora, den zentralen Freiheitsraum der Polis. Um als solcher bestehen zu können, mußten die Wenigen verlangen, für ihre Tätigkeit, ihr Miteinander-Reden, von den Tätigkeiten der Polis und der Agora in der gleichen Weise entbunden zu sein, wie die Bürger Athens von allen Tätigkeiten entbunden waren, die dem bloßen Broterwerb dienten. Sie mußten von Politik im Sinne der Griechen genau so befreit werden, um für den akademischen Freiheitsraum frei zu werden, wie die Bürger von der Notwendigkeit des Lebens befreit sein mußten für die Politik. Und sie mußten den Raum des eigentlich Politischen genau so verlassen, um den Raum des »Akademischen« betreten zu können, wie die Bürger die private Sphäre ihres Haushaltes verlassen mußten, um sich auf den Marktplatz zu begeben. Wie Befreiung von Arbeit und Lebenssorgen notwendige Voraussetzung für die Freiheit des Politischen war, so wurde Befreiung von Politik zur notwendigen Voraussetzung für die Freiheit des Akademischen.

Es ist nun in diesem Zusammenhang, daß wir zum ersten Mal davon hören, daß Politik etwas Notwendiges ist, daß das Politische in seiner Gesamtheit nur ein Mittel ist für einen höheren, außerhalb seiner selbst liegenden Zweck, daß es infolgedessen im Sinne einer solchen Zwecksetzung gerechtfertigt werden muß. Dabei ist auffallend, daß der Parallelismus, den wir eben aufstellten, demzufolge es aussieht, als trete die akademische Freiheit einfach an die Stelle der politischen und als verhielten sich Polis und Akademie zueinander wie Haushalt und Polis, hier nicht mehr gültig ist. Denn der Haushalt (und die in seiner Sphäre erfolgende Lebensversorgung) ist niemals als ein Mittel für einen Zweck gerechtfertigt worden, als sei, Aristotelisch gesprochen, das schiere Leben ein Mittel für das nur in der Polis mögliche »Gut-Leben«. Dies war weder möglich noch nötig, weil innerhalb des schieren Lebensbereichs die Zweck-Mittel-Kategorie überhaupt nicht zur Anwendung kommen kann: Der Zweck des Lebens und aller mit ihm verbundenen arbeitenden Tätigkeiten ist offenbar die Erhaltung des Lebens und nichts sonst, und der Impuls zum arbeitenden Sich-am-Leben-Erhalten liegt nicht außerhalb des Lebens, sondern ist in dem Lebensprozeß beschlossen, der uns zu arbeiten zwingt, wie er uns nötigt zu essen. Will man diesen Zusammenhang zwischen Haushalt und Polis überhaupt in der Zweck-Mittel-Kategorie verstehen, so ist nicht das im Haushalt gesicherte Leben das Mittel für den höheren Zweck politischer Freiheit, sondern die Beherrschung der Lebensnotwendigkeiten und die im Haushalt geleistete Herrschaft über die Sklavenarbeit das Mittel der Befreiung für das Politische.

Eine solche Befreiung durch Herrschaft, die Befreiung der Wenigen für die Freiheit des Philosophierens durch Herrschaft über die Vielen, hat nun Plato in der Tat in der Gestalt des Philosophen-Königs vorgeschlagen, aber dieser Vorschlag gerade ist von keinem Philosophen nach ihm aufgenommen worden und ist politisch ohne jede Wirkung geblieben. Dagegen ist die Gründung der Akademie, gerade weil sie nicht, wie die Schulen der Sophisten und Redner, primär auf Erziehung für Politik zielte, so außerordentlich bedeutend geworden für das, was auch wir noch unter Freiheit verstehen. Plato selbst mag noch geglaubt haben, daß die Akademie eines Tages die Polis würde erobern und beherrschen können. Für seine Nachfolger, für die Philosophen der Folgezeit, blieb maßgeblich nur, daß die Akademie den Wenigen einen Raum der Freiheit institutionell verbürgte, und diese Freiheit war von Anbeginn durchaus im Gegensatz zu der politischen Freiheit des Marktplatzes verstanden; der Welt lügenhafter Meinungen und trügerischen Sprechens sollte eine Gegenwelt der Wahrheit und des der Wahrheit angemessenen Sprechens, der Kunst der Rhetorik die Wissenschaft der Dialektik entgegengestellt werden. Was sich durchsetzte und was bis heute unsere Vorstellung von akademischer Freiheit bestimmt, ist nicht Platos Hoffnung, von der Akademie her die Polis, von der Philosophie her die Politik zu bestimmen, wohl aber die Abwendung von der Polis, die »apolitia«*, die Indifferenz gegen Politik.

Entscheidend in diesem Zusammenhang ist nicht so sehr der Konflikt zwischen der Polis und den Philosophen, auf den wir später ausführlich eingehen müssen,[17] wie die einfache Tatsache, daß es bei der Indifferenz des einen Bereiches für den anderen, in welcher für einen Moment der Konflikt gelöst schien, nicht bleiben konnte, weil nämlich der Raum der Wenigen und ihrer Freiheit, wiewohl auch er ein öffent-

* Das Wort ist lexikalisch nicht nachgewiesen, auch nicht als »apoliteia«.

licher, nicht-privater Bereich war, unmöglich die gleichen Funktionen erfüllen konnte wie der politische, der alle, die überhaupt der Freiheit fähig waren, einschloß. Offenbar geraten die Wenigen, wo immer sie sich von den Vielen getrennt haben – sei es in Form einer akademischen Indifferenz, sei es in Form einer oligarchischen Herrschaft –, in eine Abhängigkeit von den Vielen, und zwar in allen Fragen des Miteinander-Lebens, in denen wirklich gehandelt werden muß. Dabei kann diese Abhängigkeit im Sinne einer Platonschen Oligarchie so verstanden werden, daß die Vielen dazu da sind, die Befehle der Wenigen auszuführen, also das eigentliche Handeln [zu] übernehmen; in diesem Fall ist die Abhängigkeit der Wenigen durch Herrschaft überwunden, wie die Abhängigkeit der Freien von den Notwendigkeiten des Lebens durch ihre Herrschaft über einen Sklavenhaushalt überwunden werden konnte, und die Freiheit beruht auf der Gewalt. Oder aber die Freiheit der Wenigen ist rein akademischer Natur, und dann ist sie offenbar von dem guten Willen des politischen Körpers abhängig, der sie ihnen garantiert. In beiden Fällen aber hat es Politik hier nicht mehr mit Freiheit zu tun, ist also im griechischen Sinne nicht eigentlich politisch; sie bezieht sich vielmehr auf alles, was dieser Freiheit selbst noch einmal die Existenz sichert, also auf die Verwaltung und Lebensversorgung im Frieden und die Verteidigung im Kriege. Somit hat der Freiheitsbereich der Wenigen nicht nur Mühe, sich gegen den Bereich des Politischen, der von den Vielen bestimmt wird, zu behaupten; er ist außerdem in seiner schieren Existenz von den Vielen abhängig; die gleichzeitige Existenz der Polis ist für die Existenz der Akademie, sei es die Existenz der Platonschen oder die der späteren Universität, eine Lebensnotwendigkeit. Damit aber wird das Politische in seiner Gesamtheit offenbar auf eine Stufe heruntergedrückt, die innerhalb des

[Polis-]Politischen der Lebenserhaltung zukam; es wird zu einem Notwendigen, das einerseits im Gegensatz zur Freiheit steht und andererseits doch ihre Voraussetzung bildet. Gleichzeitig treten unabweisbar diejenigen Aspekte des Politischen, die ursprünglich, das heißt im Selbstverständnis der Polis, Randphänomene darstellten, in den Mittelpunkt dieses ganzen Bereichs. Für die Polis war[en] Lebensversorgung und Verteidigung nicht der Mittelpunkt des politischen Lebens, und sie waren nur insofern politisch im eigentlichen Sinne, als die Beschlüsse über sie nicht von oben dekretiert, sondern im Miteinander-Reden und Einander-Überzeugen gemeinsam gefaßt wurden. In der aus dem Gesichtspunkt der Freiheit der Wenigen erfolgenden Rechtfertigung von Politik aber war dies gerade gleichgültig geworden. Entscheidend war nur, daß alle Existenzfragen, derer die Wenigen nicht Herr waren, dem Bereich des Politischen anheimgegeben wurden. Dabei ist zwar immer noch ein Zusammenhang zwischen Politik und Freiheit gewahrt, aber eben nur ein Zusammenhang und keine Identität. Die Freiheit als der Endzweck der Politik setzt dem Politischen Grenzen; aber das Kriterium des Handelns innerhalb des politischen Bereichs selbst ist nicht mehr die Freiheit, sondern die Kompetenz und Leistungsfähigkeit, das Leben zu sichern.

Diese Degradierung der Politik von der Philosophie her, wie wir sie seit Plato und Aristoteles kennen, hängt ganz und gar an der Unterscheidung von den Vielen und den Wenigen. Sie hat eine ganz außerordentliche, bis in unsere Tage nachweisbare Wirkung auf alle theoretischen Antworten auf die Frage nach dem Sinn von Politik gehabt. Politisch aber hat sie nicht mehr bewirkt als die »apolitia« der antiken Philosophenschulen und die akademische Lehrfreiheit der Universitäten. Mit anderen Worten, ihre politische Wirksamkeit hat sich immer nur auf die Wenigen erstreckt, für welche die authentische philosophische Erfahrung in ihrer überwältigenden Eindringlichkeit maßgebend war – eine Erfahrung, die ihrem eigenen Sinn nach in der Tat aus dem politischen Bereich des Miteinander-Lebens und Miteinander-Redens hinausführt.

Daß es dann dennoch bei dieser theoretischen Wirkung nicht blieb, daß vielmehr bis in unsere Zeit hinein auch im Selbstverständnis des Politischen und der Politiker sich immer wieder die Vorstellung geltend macht, daß das Politische durch höhere, außerhalb des Politischen liegende Zwecke gerechtfertigt ist und werden muß – wenn auch diese Zwecke natürlicherweise inzwischen erheblich schäbigerer Natur sind, als sie ursprünglich waren –, liegt an der nur im Äußeren ähnlichen, in Wahrheit ganz anders gearteten und ungleich radikaleren Ablehnung und Umdeutung des Politischen durch das Christentum. Dabei mag es auf den ersten Blick scheinen, als fordere das Urchristentum nur für Alle jene gleiche, gewissermaßen akademische Freiheit von Politik, welche die antiken Philosophenschulen für sich in Anspruch nahmen. Und dieser Eindruck wird verstärkt, wenn wir bedenken, daß ja auch hier die Ablehnung des öffentlich Politischen Hand in Hand ging mit der Neugründung eines neben dem Politischen bestehenden Raumes, in welchem sich die Gläubigen erst zur Gemeinde und dann zu einer Kirche zusammenfanden. Dieser Parallelismus hat sich aber erst voll durchgesetzt mit dem Aufkommen des säkularisierten Staates, in dem allerdings die akademische und die Religionsfreiheit in enger Verbindung stehen, insofern ihnen beiden von dem politischen Körper die Freiheit von Politik öffentlich-rechtlich garantiert wird. Sofern man unter Politik all das versteht, was für das Zusammenleben der Menschen schlechthin notwendig ist, um ihnen dann als Einzelnen oder in nochmaliger Gemeinschaft eine jenseits des

Politischen und Notwendigen liegende Freiheit zu ermöglichen, ist es in der Tat berechtigt, das Maß an Freiheit eines jeden politischen Körpers an der von ihm tolerierten Religions- und akademischen Freiheit zu messen, das heißt gleichsam an dem Umfang des nicht-politischen Freiheitsraumes, den er enthält und aufrechterhält.

Gerade diese nun bereits unmittelbar politische Wirkung der Freiheit von Politik, von der die akademische Freiheit außerordentlich profitiert hat, geht auf andere und, was das Politische anlangt, radikalere Erfahrungen zurück als die der Philosophen. Bei den Christen geht es nicht darum, einen Raum der Wenigen neben dem Raum der Vielen zu erstellen, auch nicht darum, einen Gegenraum für Alle gegen den offiziellen Raum zu gründen, sondern darum, daß ein öffentlicher Raum überhaupt, gleich ob für Wenige oder für Viele, wegen seiner Öffentlichkeit untragbar ist. Wenn Tertullian sagt, daß »uns Christen nichts fremder ist als die öffentlichen Angelegenheiten«[18], so liegt der Ton durchaus auf der Öffentlichkeit. Man pflegt, und gewiß mit Recht, die frühchristliche Ablehnung der Beteiligung an den öffentlichen Angelegenheiten entweder aus der römischen Perspektive einer mit den Göttern Roms rivalisierenden Gottheit oder aus der urchristlichen Sicht einer eschatologischen Erwartung zu verstehen, die aller Sorge um die Welt enthoben ist. Dabei übersieht man die eigentlich antipolitischen Tendenzen der christlichen Botschaft selbst und die ihr zugrunde liegende Erfahrung von dem, was für das Zusammen der Menschen wesentlich ist. Es ist keine Frage, daß in der Predigt Jesu das Ideal der Güte die gleiche Rolle spielt wie das Ideal der Weisheit in den Lehren des Sokrates: Jesus lehnt in dem gleichen Sinne ab, von den Jüngern gut genannt zu werden, wie Sokrates es ablehnt, von den Schülern als Weiser hingestellt zu werden. Die Güte aber hat es an sich, daß sie sich verbergen muß; daß sie nicht als das, was sie ist, in Erscheinung treten darf. Eine Gemeinschaft von Menschen, die der Meinung ist, daß man in allem Ernst alle menschlichen Angelegenheiten im Sinne der Güte regeln muß, die sich daher nicht scheut, ihre Feinde wenigstens versuchsweise zu lieben und Böses mit Gutem zu vergelten, die, mit anderen Worten, das Ideal der Heiligkeit für maßgebend hält – nicht nur für die Rettung der eigenen Seele in der Abkehr von den Menschen, sondern für die Regelung der menschlichen Angelegenheiten selbst –, kann gar nicht anders, als sich aus dem Öffentlichen und seinem Licht fernzuhalten. Sie muß in der Verborgenheit wirken, weil das Gesehen- und Gehört-Werden unweigerlich jenen Glanz und Schein erzeugt, in dem alle Heiligkeit – sie mag sich stellen, wie sie will – sofort zur Scheinheiligkeit wird.

So handelt es sich bei der Abkehr der Urchristen von der Politik nicht wie bei der Abkehr der Philosophen um ein Verlassen des Bereiches der menschlichen Angelegenheiten überhaupt. Eine solche Abwendung, die in den extremen Formen des Einsiedlertums in den ersten nachchristlichen Jahrhunderten gang und gäbe war, hätte in eklatantem Widerspruch zu der Predigt Jesu gestanden und ist sehr früh von der Kirche als Häresie empfunden worden. Es handelte sich vielmehr darum, daß die christliche Botschaft einen Lebensweg vorschlug, in welchem menschliche Angelegenheiten überhaupt aus dem Bereich des Öffentlichen in einen personalen Zwischenbereich zwischen Mensch und Mensch verwiesen werden sollten. Daß man diesen Zwischenbereich, weil er in offenbarem Gegensatz zu dem öffentlich-politischen Bereich stand, dann mit der Privatsphäre identifiziert und vielleicht verwechselt hat, liegt in der Natur der geschichtlichen Situation. Die Privatsphäre war durch das gesamte griechisch-römische Altertum als die einzige Alternative zu dem öffentlichen Raum verstanden worden, wobei für die Deutung beider Räume der Gegensatz zwischen dem, was man aller Welt zeigen und wie man vor aller Welt erscheinen wollte, und dem, was nur in der Verborgenheit existieren konnte und daher in ihr geborgen bleiben mußte, ausschlaggebend war. Politisch war entscheidend, daß das Christentum die Verborgenheit suchte und in dieser Verborgenheit den Anspruch erhob, das mit zu übernehmen, was immer Sache der Öffentlichkeit gewesen war.[19]

In diesem Zusammenhang brauchen wir nicht darauf einzugehen, wie es innerhalb des geschichtlichen Verlaufs dann doch gelang, den bewußt und radikal antipolitischen Charakter des Christentums so zu transformieren, daß eine Art christlicher Politik möglich wurde; dies war – abgesehen von der historischen Notwendigkeit, die durch den Zerfall des Römischen Reiches gegeben war – das Werk eines einzigen Mannes, Augustins, und es wurde durch die in ihm noch so außerordentlich lebendige Tradition römischen Denkens ermöglicht. Die hier entstandene Neudeutung des Politischen ist für die gesamte Tradition des Abendlandes von entscheidender Bedeutung geworden, und zwar nicht nur für die Tradition der Theorien und des Gedachten, sondern für den Rahmen, in dem sich dann wirkliche, politische Geschichte ereignete. Erst jetzt akzeptierte auch der politische Körper die Auffassung, daß Politik ein Mittel für einen höheren Zweck ist und daß es um Freiheit innerhalb der Politik nur insofern geht, als das Politische bestimmte Gebiete freizugeben hat. Nur daß nun die Freiheit von Politik nicht mehr eine Frage der Wenigen, sondern umgekehrt der Vielen wurde, die sich um Regierungsgeschäfte weder kümmern sollten noch zu kümmern brauchten, während den Wenigen die Bürde auferlegt wurde, sich um die notwendige politische Ordnung der menschlichen

Angelegenheiten zu kümmern. Dabei aber erwächst diese Bürde und Last nicht wie bei Plato und den Philosophen aus der menschlichen Grundsituation der Pluralität, welche die Wenigen an die Vielen, den Einen an alle bindet. Diese Pluralität wird vielmehr gerade bejaht, und das Motiv, das die Wenigen bestimmt, die Bürde des Regierens auf sich zu nehmen, ist nicht die Furcht, von den Schlechteren beherrscht zu werden. Augustin fordert ausdrücklich, daß auch das Leben der Heiligen sich in einer »Sozietät« abspielt, und er nimmt mit der Prägung einer Civitas Dei, eines Gottes*staats*, an, daß das Leben der Menschen auch unter nicht-irdischen Bedingungen politisch bestimmt ist – wobei er offen läßt, ob das Politische auch im Jenseits noch eine Bürde ist. Jedenfalls ist das Motiv, die Last des irdisch Politischen auf sich zu nehmen, die Liebe zum Nächsten und nicht die Furcht vor ihm.

Es ist diese in Augustins Denken und Handeln sich vollziehende Transformation* des Christentums, welche die Kirche schließlich instandsetzte, die christliche Flucht in die Verborgenheit soweit zu verweltlichen, daß die Gläubigen in der Welt einen ganz und gar neuen, religiös bestimmten öffentlichen Raum konstituierten, der, obwohl öffentlich, nicht politisch war. Die Öffentlichkeit dieses Raums der Gläubigen – des einzigen, in welchem durch das ganze Mittelalter hindurch den spezifisch politischen Bedürfnissen der Menschen Rechnung getragen werden konnte – war immer zweideutig; er war primär ein Versammlungsraum, und das heißt nicht einfach ein Gebäude, in welchem Menschen sich versammeln, sondern ein Raum, der ausdrücklich als ein Versammler von Menschen gebaut worden war. Als

* Im Original: Es ist auf der Grundlage dieser in Augustins Denken und Handeln sich vollziehenden Transformation …

solcher aber durfte er nicht zu einem Erscheinungsraum werden, sollte der eigentliche Gehalt der christlichen Botschaft gewahrt bleiben. Dies zu verhindern erwies sich als nahezu unmöglich, da es in der Natur des Öffentlichen liegt, das durch die Versammlung der Vielen konstituiert wird, sich als Erscheinungsraum zu etablieren. Christliche Politik hat immer vor der zweifachen Aufgabe gestanden, einerseits durch Einfluß auf säkulare Politik sich zu vergewissern, daß der selbst nicht politische Versammlungsort der Gläubigen von außen geschützt ist, und andererseits zu verhindern, daß aus einem Versammlungsort ein Erscheinungsraum wird und damit aus der Kirche eine säkular-weltliche Macht unter anderen. Dabei hat es sich erwiesen, daß die Weltgebundenheit, die allem Räumlichen entspricht und es erscheinen und scheinen läßt, erheblich schwerer zu bekämpfen ist als der von außen sich meldende Machtanspruch des Säkularen. Denn als es der Reformation schließlich gelang, all das, was mit Schein und Erscheinung zu tun hat, aus den Kirchen zu entfernen und sie wieder in Versammlungsplätze für diejenigen zu verwandeln, die im Sinne der Evangelien in der Verborgenheit lebten, da verschwand auch der öffentliche Charakter dieser Kirchenräume. Selbst wenn auf die Reformationsbewegung nicht die Säkularisierung des gesamten öffentlichen Lebens gefolgt wäre, als deren Schrittmacher sie oft angesehen wird, und selbst wenn im Gefolge dieser Säkularisierung Religion nicht zur Privatsache geworden wäre, hätte die protestantische Kirche schwerlich je die Aufgabe übernehmen können, den Menschen einen Ersatz für das antike Bürger-Sein anzubieten – eine Aufgabe, die die katholische Kirche zweifellos nach dem Niedergang des Römischen Reiches für lange Jahrhunderte erfüllt hat.

Wie immer es um solche hypothetischen Möglichkeiten und Alternativen bestellt sein mag, entscheidend ist, daß seit dem Ausgang der Antike und mit dem Erstehen eines kirchlich-öffentlichen Raumes säkulare Politik an die Lebensnotwendigkeiten, die sich aus dem Zusammenleben der Menschen ergeben, und an den Schutz einer höheren Sphäre, die bis zum Ausgang des Mittelalters in der Existenz der Kirchen handgreiflich räumlich gegeben war, gebunden blieb. Die Kirche braucht die Politik, und zwar sowohl die weltliche Politik säkularer Mächte wie die religiös gebundene innerhalb des kirchlichen Bereichs selbst, um sich nur überhaupt auf der Erde und in der diesseitigen Welt zu halten und behaupten zu können – als sichtbare Kirche nämlich, im Unterschied zu der unsichtbaren, deren nur geglaubte Existenz von Politik gerade ganz und gar unangefochten blieb. Und die Politik brauchte die Kirche – nicht nur die Religion, sondern die handgreiflich räumliche Existenz religiöser Institutionen –, um ihre höhere Berechtigung nachzuweisen, um ihrer Legitimation willen. Was sich mit dem Anbruch der Neuzeit änderte, war nicht eigentlich eine Funktionsänderung des Politischen; es ist nicht etwa so, daß nun plötzlich dem Politischen als solchem eine neue und nur ihm eigene Dignität zugesprochen wurde. Was sich änderte, waren vielmehr die Bereiche, um deretwillen Politik notwendig erschien. Der Bereich des Religiösen sank in den Raum des Privaten zurück, während der Bereich des Lebens und seiner Notwendigkeiten, der sowohl in der Antike wie im Mittelalter als der private Bereich par excellence gegolten hatte, eine neue Würde erhielt und in Form der Gesellschaft sich in die Öffentlichkeit drängte. Dabei müssen wir politisch unterscheiden zwischen der egalitären Demokratie des 19. Jahrhunderts, für die die Mitbeteiligung aller an der Regierung in welchen Formen auch immer ein unabdingbares Zeichen der Freiheit des Volkes ist, und dem aufgeklärten Despotismus zu Beginn der Neuzeit, für den galt, daß des

Volkes »Liberty and Freedom consists in having the government of those Laws by which their Life and their Goods may be most their own: 'tis not for having share in Government, that is nothing pertaining to 'em.«[20] In beiden Fällen ist die Regierung, in deren Handlungsraum von nun an das Politische fällt, dazu da, die freie Produktivität der Gesellschaft und die Sicherheit des Individuums in seinem privaten Bereich zu schützen. Wie immer das Verhältnis von Bürger und Staat: Freiheit und Politik bleiben auf das entschiedenste voneinander getrennt, und Frei-Sein im Sinne einer positiven, frei sich entfaltenden Tätigkeit ist in einem Bereich lokalisiert, wo es um Dinge geht, die der Natur der Sache nach allen gemeinsam gar nicht sein können, um Leben und Eigentum nämlich, um das also, was jedem am meisten zu eigen ist. Daß diese Sphäre des Eigenen, des »idion«, in der zu verweilen dem Altertum als »idiotische« Beschränktheit galt, sich durch das neue Phänomen eines gesellschaftlichen Raumes und gesellschaftlicher, nicht-individueller Produktivkräfte enorm erweitert hat, ändert nichts an dem Tatbestand, daß die Tätigkeiten, die für Erhalten von Leben und Eigentum beziehungsweise für die Verbesserung des Lebens und die Vergrößerung des Eigentums erforderlich sind, der Notwendigkeit unterstehen und nicht der Freiheit. Was die Neuzeit von ihrem Staat erwartete und was dieser Staat in der Tat auch weitgehend geleistet hat, war eine Freigabe der Menschen für die Entwicklung der gesellschaftlichen Produktivkräfte, für die gemeinsame Produktion der Güter, die für ein »glückliches« Leben erforderlich sind.

Diese neuzeitliche Auffassung von Politik, für die der Staat eine Funktion der Gesellschaft oder ein für die gesellschaftliche Freiheit notwendiges Übel ist, hat sich praktisch wie theoretisch gegen die ganz anders gearteten und von der Antike inspirierten Vorstellungen von einer Souveränität des

Volkes oder der Nation, die in allen Revolutionen der Neuzeit immer wieder zum Durchbruch kommen, durchgesetzt. Nur für diese Revolutionen, von der Amerikanischen und Französischen des 18. Jahrhunderts bis zur Ungarischen Revolution der allerjüngsten Vergangenheit, fielen Anteil-an-der-Regierung-Haben und Frei-Sein direkt zusammen. Aber diese Revolutionen und die in ihnen gegebenen direkten Erfahrungen von den Möglichkeiten politischen Handelns haben sich, jedenfalls bis heute, in keine Staatsform umzusetzen vermocht. Seit dem Aufkommen des Nationalstaates ist die gängige Meinung, daß es Pflicht der Regierung ist, die Freiheit der Gesellschaft nach innen und außen zu schützen, wenn nötig mit den Mitteln der Gewalt. Die Beteiligung der Staatsbürger an der Regierung, in welcher Form immer, gilt nur darum als für die Freiheit notwendig, weil der Staat, da er notwendigerweise über Gewaltmittel verfügen muß, in seiner Ausübung solcher Gewalt von den Regierten kontrolliert werden muß. Hinzu kommt die Einsicht, daß mit der Etablierung einer wie immer begrenzten Sphäre politischen Handelns Macht entsteht, vor der die Freiheit nur geschützt werden kann, wenn ihre Ausübung dauernd überwacht ist. Was wir heute unter konstitutioneller Regierung verstehen, gleich ob sie monarchischer oder republikanischer Natur ist, ist im wesentlichen eine in ihren Machtbefugnissen und ihrer Gewaltanwendung eingeschränkte, von den Regierten kontrollierte Regierung. Fraglos ist, daß Einschränkung und Kontrolle im Namen der Freiheit erfolgen, der Gesellschaft sowohl wie des Individuums; es handelt sich darum, den staatlichen Raum des Regierens soweit wie möglich und nötig einzugrenzen, um Freiheit außerhalb seiner zu ermöglichen. Es handelt sich also nicht darum, jedenfalls nicht primär, die Freiheit, zu handeln und sich politisch zu betätigen, zu ermöglichen;

beides bleibt ein Prärogativ der Regierung und der professionellen Politiker, die sich dem Volk als seine Stellvertreter auf dem Umweg des Parteiensystems anbieten, um seine Interessen innerhalb des Staates und gegebenenfalls gegen den Staat zu vertreten. Das Verhältnis zwischen Politik und Freiheit, in anderen Worten, ist auch in der Neuzeit so verstanden, daß die Politik ein Mittel ist und die Freiheit ihr höchster Zweck; das Verhältnis selbst also hat sich nicht geändert, wiewohl Inhalt und Ausmaß der Freiheit sich ganz außerordentlich geändert haben. Daher wird die Frage nach dem Sinn von Politik heute durchschnittlich in Kategorien und Begriffen beantwortet, die außerordentlich alt und daher vielleicht auch außerordentlich ehrwürdig sind. Und dies, obwohl die Neuzeit sich gerade in ihrem politischen Aspekt mindestens ebenso entscheidend von allen Zeiten vor ihr unterscheidet wie in geistigen oder materiellen Aspekten. Allein die Tatsache der Emanzipation der Frauen und der Arbeiterklasse, also von Menschengruppen, die niemals zuvor sich im öffentlichen Leben zeigen durften, gibt allen politischen Fragen ein radikal neues Gesicht.

Was nun diese Bestimmung von Politik als einem Mittel für den Zweck einer außerhalb ihres Bereiches liegenden Freiheit anlangt, so gilt sie für die Neuzeit, wiewohl wir sie in ihr immer wieder belegen können, doch nur in einem sehr beschränkten Maße. Sie ist unter den modernen Antworten auf die Frage nach dem Sinn von Politik diejenige, die der Tradition abendländischer politischer Philosophie am engsten verhaftet bleibt, und sie zeigt sich innerhalb des nationalstaatlichen Denkens am klarsten in dem von Ranke angesprochenen, aber allen Nationalstaaten zugrundeliegenden Prinzip von dem Primat der Außenpolitik.[21] Viel charakteristischer gerade für den egalitären Charakter moderner Staatsformen und für die in der Neuzeit erfolgte Emanzipation von Arbeitern und Frauen, in welcher politisch gesprochen ihr revolutionärster Aspekt zum Ausdruck kommt, ist eine Definition des Staates, die von dem Primat der Innenpolitik geleitet ist und derzufolge »der Staat als Inhaber der Gewalt eine für die Gesellschaft unentbehrliche Einrichtung des Lebens« (Theodor Eschenburg[22]) ist. Zwischen diesen beiden Auffassungen: zwischen der Meinung, daß der Staat und das Politische eine für die Freiheit unentbehrliche Einrichtung ist, und der, die in ihm eine für das Leben unentbehrliche Einrichtung sieht, liegt ein unüberbrückbarer Gegensatz, dessen sich allerdings die Verteidiger dieser Thesen kaum je bewußt sind. Es ist ein großer Unterschied, ob die Freiheit oder das Leben als der Güter höchstes angesetzt wird – als der Maßstab, nach dem alles politische Handeln sich richtet und beurteilt wird. Verstehen wir unter Politik etwas, was in welchen Abwandlungen auch immer doch noch in seinem Wesen aus der Polis entstanden ist und ihr verhaftet bleibt, so entsteht in der Verkoppelung von Politik und Leben ein innerer Widerspruch, der gerade das spezifisch Politische aufhebt und ruiniert.

Dieser Widerspruch kommt am handgreiflichsten darin zum Ausdruck, daß es von eh und je das Vorrecht des Politischen gewesen ist, von den an ihm beteiligten Menschen unter Umständen das Opfer des Lebens zu verlangen. Nun kann man natürlich auch diesen Anspruch in dem Sinne verstehen, daß hier von dem Einzelnen verlangt wird, sein Leben dem Lebensprozeß der Gesellschaft zu opfern, und in der Tat besteht hier ein Zusammenhang, der zum mindesten dem Lebensrisiko eine Grenze setzt: Niemand kann oder darf sein Leben riskieren, wenn er damit das Leben der Menschheit mitriskiert. Auf diesen Zusammenhang, der als solcher erst uns voll ins Bewußtsein getreten ist, weil ja erst wir über die Möglichkeit verfügen, dem Leben der Menschheit und allem organischen Leben überhaupt ein Ende zu machen, werden wir noch zurückkommen;[23] es gibt in der Tat kaum eine politische Kategorie und kaum einen uns überkommenen politischen Begriff, der an dieser jüngsten Möglichkeit gemessen sich nicht als theoretisch überholt und praktisch unanwendbar herausstellt, und zwar gerade darum, weil in gewissem Sinne es heute zum ersten Mal auch in der Außenpolitik um das Leben, nämlich das Überleben der Menschheit geht.

Aber dieser Rückbezug der Freiheit selbst auf das Überleben der Menschheit schafft den Gegensatz zwischen Freiheit und Leben, an dem sich alles Politische entzündet hat und der für alle spezifisch politischen Tugenden maßgebend bleibt, nicht aus der Welt. Man könnte sogar mit erheblicher Berechtigung sagen, daß gerade diese Tatsache, daß es im Politischen heute um die nackte Existenz aller geht, das deutlichste Zeichen des Unheils ist, in das unsere Welt geraten ist – eines Unheils, das unter anderem darin besteht, daß es die Politik aus der Welt zu schaffen droht. Denn das Risiko, das dem zugemutet werden muß, der sich in die Sphäre des Politischen begibt, wo er alles eher zu Rat halten darf als gerade sein Leben,[24] betrifft, solange alles mit rechten Dingen zugeht, nicht das Leben der Gesellschaft oder der Nation oder des Volkes, dem er das seine zu opfern hätte. Es betrifft vielmehr nur die Freiheit, die eigene wie die der Gruppe, der der Einzelne angehören mag, und mit ihr die Sicherung des Weltbestandes, in dem diese Gruppe oder dieses Volk lebt und den sie errichtet hat in der Arbeit von Generationen, um für Handeln und Reden, also die eigentlich politischen Tätigkeiten, eine verläßliche*, auf die Dauer berechnete Bleibe zu finden. Unter normalen Um-

* Im Original: zuverläßliche.

ständen, das heißt unter den Umständen, die seit dem römischen Altertum in Europa maßgebend waren, war der Krieg in der Tat nur die Fortsetzung der Politik mit anderen Mitteln, und das heißt, er konnte immer dann vermieden werden, wenn einer der Gegner sich entschloß, auf die Forderungen des anderen einzugehen. Solch ein Eingehen konnte wohl die Freiheit kosten, aber nicht das Leben.

Solche Umstände existieren heute, wie wir alle wissen, nicht mehr; sie erscheinen uns, blicken wir auf sie zurück, wie eine Art verlorenen Paradieses. Aber wenn sich auch die Welt, in der wir heute leben, nirgends kausal oder im Sinne eines automatischen Prozesses aus der Neuzeit herleiten und erklären läßt, so ist sie doch auf dem Boden dieser Neuzeit erwachsen. Was das Politische anlangt, so heißt dies, daß sowohl die Innenpolitik, für die der höchste Zweck das Leben selbst war, wie die Außenpolitik, die sich an der Freiheit als dem höchsten Gut orientierte, in der Gewalt und dem gewalttätigen Handeln ihren eigentlichen Inhalt erblickten. Schließlich war ausschlaggebend, daß sich der Staat faktisch als »Inhaber der Gewalt« organisierte – ganz gleich, ob nun der Zweck der Gewaltmittel von dem Leben oder von der Freiheit bestimmt war. Die Frage nach dem Sinn von Politik betrifft heute jedenfalls die Zweckmäßigkeit oder Unzweckmäßigkeit dieser öffentlichen Gewaltmittel; sie entzündet sich an der einfachen Tatsache, daß die Gewalt, welche Leben oder Freiheit schützen sollte, so ungeheuer mächtig geworden ist, daß sie nicht nur die Freiheit, sondern das Leben bedroht. Weil sich herausgestellt hat, daß es gerade das Wachsen der staatlichen Gewaltmittel ist, das den Lebensprozeß der gesamten Menschheit in Frage stellt, ist die an sich schon höchst fragwürdige Antwort, welche die Neuzeit auf die Frage nach dem Sinn von Politik bereitstellte, heute doppelt fragwürdig geworden.

Daß dieses ungeheure Anwachsen der Mittel der Gewalt und Vernichtung möglich war, ist nicht nur den technischen Erfindungen geschuldet, sondern der Tatsache, daß der politisch-öffentliche Raum nicht nur in dem theoretischen Selbstverständnis der Neuzeit, sondern in der brutalen Wirklichkeit zu einem Ort der Gewalt geworden war. Dadurch allein war es möglich, daß der technische Fortschritt so primär ein Fortschritt in den Möglichkeiten gegenseitiger Vernichtung wurde. Da überall, wo Menschen zusammen handeln, Macht entsteht und da das Zusammen-Handeln von Menschen wesentlich im politischen Raum geschieht, hat sich die allen menschlichen Angelegenheiten innewohnende potentielle Macht in einem Raum geltend gemacht, der von Gewalt beherrscht ist. Dadurch entsteht der Anschein, Macht und Gewalt seien dasselbe, und unter modernen Bedingungen ist dies in der Tat weitgehend der Fall. Ihrem Ursprung und eigentlichen Sinne nach aber sind Macht und Gewalt nicht nur nicht dasselbe, sie sind in gewissem Sinne sogar Gegensätze. Wo aber sich Gewalt, die eigentlich ein Phänomen des Einzelnen oder der Wenigen ist, mit Macht, die nur zwischen Vielen möglich ist, verbindet, entsteht eine ungeheuere Steigerung des Gewaltpotentials, das seinerseits zwar durch die Macht eines organisierten Raumes veranlaßt worden ist, dann aber, wie jedes Gewaltpotential, auf Kosten der Macht anwächst und sich entfaltet.

Die Frage, welche Rolle der Gewalt in dem zwischenstaatlichen Verkehr der Völker zukomme beziehungsweise wie man die Anwendung von Gewaltmitteln aus ihm ausschalten kann, steht heute seit der Erfindung atomarer Waffen im Vordergrund aller Politik. Aber das Phänomen des Übermächtig-Werdens der Gewalt auf Kosten aller anderen politischen Faktoren ist älter; es zeigte sich bereits im Ersten

Weltkrieg und den großen Materialschlachten auf dem westlichen Kriegsschauplatz. Dabei ist bemerkenswert, daß diese neue unheilvolle Rolle einer automatisch sich entfaltenden und dauernd steigernden Gewalt alle Beteiligten, die Völker wie die Staatsmänner wie die öffentliche Meinung, ganz und gar unvorbereitet und überraschend traf. In der Tat hatte sich das Anwachsen der Gewalt im staatlich-öffentlichen Raum gleichsam hinter dem Rücken der handelnden Menschen vollzogen – in einem Jahrhundert, das vermutlich zu den friedfertigsten, wenigst gewalttätigen der Geschichte rechnet. Die Neuzeit, die mit einer größeren Entschiedenheit als je zuvor die Politik nur als ein Mittel für die Erhaltung und Förderung des Lebens der Gesellschaft angesehen hat und infolgedessen bestrebt war, die Kompetenzen des Politischen auf das Notwendigste einzuschränken, hat nicht ohne Grund sich einbilden dürfen, sie werde mit dem Problem der Gewalt besser fertig als alle Jahrhunderte vor ihr. Was sie in der Tat geleistet hat, ist, das Gewalttätige und die unmittelbare Herrschaft von Mensch über Mensch aus der sich ständig erweiternden Sphäre des gesellschaftlichen Lebens so gut wie ganz und gar auszuschalten. Die Emanzipation der Arbeiterklasse und der Frauen, also der beiden Kategorien von Menschen, die in der gesamten vormodernen Geschichte der Gewalt unterstanden, bezeichnet deutlichst den Höhepunkt dieser Entwicklung.

Dabei wollen wir erst einmal dahingestellt sein lassen, ob diese Verminderung des Gewalttätigen im Leben der Gesellschaft wirklich unbedingt mit einem Gewinn an Freiheit gleichzusetzen ist. Im Sinne der politischen Tradition ist Nicht-frei-Sein jedenfalls doppelt bestimmt. Es liegt einmal vor, wenn man der Gewalt eines Anderen untersteht, es liegt aber auch und sogar ursprünglicher immer dann vor, wenn man der nackten Notwendigkeit des Lebens unterliegt. Die

Tätigkeit, die dem Zwang entspricht, mit dem das Leben selbst uns zwingt, das für es Notwendige herbeizuschaffen, ist die Arbeit. Von dieser Arbeit konnte man sich in allen vormodernen Gesellschaften dadurch befreien, daß man andere Menschen zwang, für einen zu arbeiten, also durch Gewalt und Herrschaft. In der modernen Gesellschaft untersteht der Arbeiter keiner Gewalt und keiner Herrschaft, er wird gezwungen von der unmittelbaren Notwendigkeit, die dem Leben selbst einwohnt. Hier ist also die Notwendigkeit an die Stelle der Gewalt getreten, und es ist noch die Frage, welchem Zwang man eher widerstehen kann, dem Zwang der Gewalt oder dem Zwang der Notwendigkeit. Außerdem aber geht die Gesamtentwicklung der Gesellschaft erst einmal, das heißt bis zu dem Augenblick, wo Automation wirklich die Arbeit abschafft, dahin, alle ihre Mitglieder gleichmäßig zu »Arbeitern« zu machen – zu Menschen, deren Tätigkeit, gleich worin sie bestehen mag, vorerst dem dient, das für das Leben Notwendige herbeizuschaffen. Auch in diesem Sinne hat die Entfernung der Gewalt aus dem Leben der Gesellschaft vorerst nur zur Folge gehabt, der Notwendigkeit, mit der das Leben alle zwingt, einen ungleich größeren Raum zu gewähren als je zuvor. Das Leben der Gesellschaft wird faktisch nicht von der Freiheit, sondern von der Notwendigkeit beherrscht; und es ist kein Zufall, daß der Begriff der Notwendigkeit in allen modernen Geschichtsphilosophien, in denen gerade das neuzeitliche Denken sich philosophisch orientierte und zu einem Selbstverständnis zu kommen suchte, so dominierend geworden ist.

Die Abdrängung der Gewalt aus dem privaten Bereich des Haushaltes und aus der halb-öffentlichen Sphäre des Gesellschaftlichen geschah durchaus bewußt; gerade um ohne Gewalt im täglichen Leben bestehen zu können, stärkte man die Gewalt der öffentlichen Hand, des Staates, der man glaubte, Herr bleiben zu können, weil man sie ja ausdrücklich als ein bloßes Mittel für den Zweck gesellschaftlichen Lebens, der freien Entwicklung der Produktivkräfte, definiert hatte. Daß die Gewaltmittel selber »produktiv« werden könnten, nämlich genauso (und sogar noch stärker) anwachsen könnten wie die sonstigen gesellschaftlichen Produktivkräfte, kam der Neuzeit schon darum nicht in den Sinn, weil für sie die eigentliche Sphäre des Produktiven überhaupt mit der Gesellschaft und nicht mit dem Staat zusammenfiel. Der Staat gerade galt als spezifisch unproduktiv und im Extremfall als eine parasitäre Erscheinung. Gerade weil man die Gewalt auf den staatlichen Bereich beschränkt hatte, der zudem in konstitutionellen Regierungen der Kontrolle der Gesellschaft durch das Parteiensystem unterlag, glaubte man, Gewalt selbst auf ein Minimum eingeschränkt zu haben, das als solches konstant bleiben würde.

Wir wissen, daß das Umgekehrte der Fall war. Die geschichtlich gesehen friedfertigste, wenigst gewalttätige Epoche hat unmittelbar die größte und schrecklichste Entwicklung der Gewaltmittel gezeitigt. Und dies ist nur scheinbar ein Paradox. Womit man nicht gerechnet hatte, war die spezifische Kombination von Gewalt und Macht, die nur in der öffentlich-staatlichen Sphäre zustande kommen konnte, weil nur in ihr Menschen zusammen handeln und Macht erzeugen. Ganz gleich, wie eng man die Kompetenzen dieses Bereiches ansetzt, wie genau man ihm durch Verfassung und andere Kontrollen seine Grenzen zieht, die einfache Tatsache, daß er ein öffentlich-politischer Bereich bleiben muß, erzeugt Macht; und diese Macht muß allerdings ein Unheil werden, wenn sie wie in der Neuzeit nahezu ausschließlich um die Gewalt konzentriert ist, weil eben diese Gewalt aus der privaten Sphäre der Einzelnen in die öffentliche Sphäre der Vielen verlagert worden ist. Wie absolut auch die Gewalt des Hausherrn über seine Familie im weitesten Sinne in der vormodernen Zeit gewesen sein mag – und sie war sicher groß genug, um das Haushaltsregiment ein despotisches im vollen Sinne des Wortes zu nennen: Diese Gewalt war doch immer auf den Einzelnen beschränkt, der sie ausübte; es war eine durchaus impotente Gewalt, die sowohl wirtschaftlich wie politisch steril blieb. Wie unheilvoll auch die Ausübung der hausherrlichen Gewalt für die Unterdrückten war: Die Gewaltmittel selbst konnten unter diesen Umständen nicht gedeihen; sie konnten keine Gefahr für alle werden, weil es ein Gewaltmonopol nicht gab.

Wir sahen, daß die Vorstellung, daß das Politische ein Reich der Mittel ist, dessen Zweck und Maßstab außerhalb seiner gesucht werden muß, außerordentlich alt und auch außerordentlich ehrwürdig ist. Dennoch handelt es sich bei dem, was in der jüngsten Entwicklung fragwürdig geworden ist, um eben diese Vorstellungen, die das, was ursprünglich Grenz- und Randphänomene des Politischen waren – die Gewalt, die unter Umständen nötig ist, es zu schützen, und die Lebensversorgung, die gesichert sein muß, bevor politische Freiheit möglich ist –, in das Zentrum allen politischen Handelns gerückt haben, indem sie die Gewalt als das Mittel ansetzten, dessen höchster Zweck die Erhaltung und Einrichtung des Lebens sein sollte. Die Krise liegt darin, daß der politische Bereich das bedroht, um dessentwillen er doch allein gerechtfertigt schien. In dieser Situation ändert sich die Frage nach dem Sinn von Politik. Die Frage lautet heute kaum noch: Was ist der Sinn von Politik? Dem Gefühl der Völker, die sich allenthalben von Politik bedroht fühlen und in denen gerade die Besten sich allenthalben bewußt von Politik distanzieren, liegt es erheblich näher, sich und Andere zu fragen: Hat Politik überhaupt noch einen Sinn?

Diesen Fragen liegen die Meinungen über das, was Politik eigentlich ist, zugrunde, die wir im vorgehenden kurz skizzierten. Diese Meinungen haben sich im Verlauf vieler Jahrhunderte kaum geändert. Was sich geändert hat, ist nur, daß das, was ursprünglich Inhalt von Urteilen war, die unmittelbar bestimmten legitimen Erfahrungen entstammten – die Beurteilung und Verurteilung des Politischen aus der Erfahrung des Philosophen oder des Christen sowie die Korrektur solcher Urteile und die begrenzte Rechtfertigung des Politischen –, bereits sehr lange zu Vorurteilen geworden ist. Vorurteile spielen im politisch-öffentlichen Raum immer eine große und berechtigte Rolle. Sie betreffen das, was wir alle unwillkürlich miteinander teilen und wo wir nicht mehr urteilen, weil wir fast nicht mehr Gelegenheit haben, unmittelbar zu erfahren. Alle solche Vorurteile, sofern sie legitim sind und nicht bloßes Gerede, sind vergangene Urteile. Ohne sie kann kein Mensch leben, weil ein durchaus vorurteilsloses Leben eine übermenschliche Wachheit, eine nicht zu leistende ständige Bereitschaft erfordern würde, in jedem Moment sich von der Gesamtheit der Wirklichkeit treffen und betreffen zu lassen, als sei jeder Tag der erste oder der Jüngste Tag. Vorurteile also und dummes Zeug sind nicht dasselbe. Gerade weil Vorurteile immer eine ihnen inhärente Legitimität haben, darf man sich an sie eigentlich nur wagen, wenn sie ihre Funktion nicht mehr erfüllen, und das heißt, wenn sie nicht mehr geeignet sind, dem urteilenden Menschen einen Teil der Wirklichkeit abzunehmen. Gerade dann aber, wenn Vorurteile in offenbaren Konflikt mit der Realität geraten, beginnen sie gefährlich zu werden, und Menschen, die sich von ihnen nicht mehr in ihrem Denken geschützt fühlen, fangen an, sie auszuspinnen und zur Grundlage jener pervertierten Art von Theorien zu machen, die wir gemeinhin Ideologien oder auch Weltanschauungen nennen. Gegen diese aus Vorurteilen entstehenden Ideologiebildungen hilft niemals die Aufstellung einer der jeweilig gerade gängigen Ideologie entgegengesetzten Weltanschauung, sondern nur der Versuch, die Vorurteile durch Urteile zu ersetzen. Dabei ist es unvermeidlich, daß man die Vorurteile selbst auf die in ihnen enthaltenen Urteile zurückführt und diese Urteile wiederum auf die in ihnen enthaltenen Erfahrungen, aus denen sie einst entsprangen.

Die Vorurteile, die in der heutigen Krise einem theoretischen Verständnis von dem, worum es in der Politik eigentlich geht, entgegenstehen, betreffen nahezu alle politischen Kategorien, in denen wir zu denken gewohnt sind, vor allem aber die Zweck-Mittel-Kategorie, die das Politische unter einem außerhalb seiner selbst liegenden Endzweck versteht, ferner die Vorstellung, daß der Inhalt des Politischen die Gewalt ist, und schließlich die Überzeugung, daß Herrschaft der zentrale Begriff der politischen Theorie sei. Alle diese Urteile und Vorurteile entspringen aus einem in sich selbst wieder nicht unberechtigten Mißtrauen gegen Politik. Aber dieses uralte Mißtrauen hat sich in dem heutigen Vorurteil gegen Politik noch einmal gewandelt. Hinter ihm steht seit der Erfindung der Atombombe die höchst berechtigte Furcht, die Menschheit könnte sich durch Politik und die ihr zur Verfügung stehenden Gewaltmittel selbst aus der Welt schaffen. Aus dieser Furcht entspringt die Hoffnung, die Menschheit werde ein Einsehen haben und statt sich selbst die Politik aus dem Wege räumen. Und diese Hoffnung ist nicht weniger berechtigt als jene Furcht. Denn die Vorstellung, daß es Politik immer und überall gäbe, wo es Menschen gibt, ist selbst ein Vorurteil, und das sozialistische Ideal von einem staats-losen, und das heißt bei Marx politiklosen, Endzustand der Menschheit ist keineswegs utopisch; es ist nur grauenhaft.[25]

Es liegt in der Natur unseres Gegenstandes, bei dem wir es immer mit den Vielen und der zwischen ihnen entstehenden Welt zu tun haben, daß die öffentliche Meinung in seiner Behandlung nie übergangen werden darf. Dieser öffentlichen Meinung gemäß aber hat sich die Frage nach dem Sinn von Politik heute durchaus an der Bedrohung des Menschen durch Krieg und atomare Waffen entzündet. So liegt es im Wesen der Sache, daß wir unsere Erörterungen mit einer Betrachtung der Kriegsfrage beginnen.

Fragment 3c

2. Kapitel: Die Kriegsfrage*

A Der totale Krieg**
Als die ersten Atombomben auf Hiroshima fielen und dem Zweiten Weltkrieg ein unerwartet schnelles Ende bereiteten, ging ein Entsetzen durch die Welt. Wie berechtigt dieses Entsetzen war, konnte man damals noch nicht wissen. Denn die eine Atombombe, welche eine Stadt dem Erdboden gleichmachte, verrichtete nur in wenigen Minuten, wozu der systematische Einsatz massiver Luftangriffe Wochen gebraucht hatte oder Monate. Daß die Kriegführung wieder wie im Altertum nicht nur die von ihr betroffenen Völker dezimieren, sondern die von ihnen bewohnte Welt in eine Wüste verwandeln konnte, war seit dem Bombardement von Coventry den Fachleuten und seit den massiven Bombenangriffen auf deutsche Städte aller Welt bekannt. Deutschland war bereits ein Ruinenfeld, die Hauptstadt des Landes ein

---

* Handschriftlich verbessert aus: *Einleitung:* Hat Politik überhaupt noch einen Sinn?
** Handschriftlich verbessert aus: Der Vernichtungskrieg.

Trümmerhaufen, und die Atombombe, wie wir sie aus dem Zweiten Weltkrieg kennen, wiewohl sie in der Geschichte der Wissenschaft bereits etwas absolut Neues darstellte, war doch im Rahmen moderner Kriegführung und damit im Bereich der menschlichen oder besser zwischenmenschlichen Angelegenheiten, von denen die Politik handelt, nicht mehr als der gleichsam in einem Sprunge oder Kurzschluß erreichte Kulminationspunkt, auf den das Geschehen ohnehin in einem immer rasenderen Tempo zutrieb.

Zudem ist die Zerstörung von Welt und die Vernichtung von Menschenleben durch die Mittel der Gewalt weder neu noch entsetzlich, und diejenigen, welche seit eh und je gemeint haben, daß eine schlechthinnige Verurteilung der Gewalt letztlich auf eine Verurteilung des Politischen überhaupt hinauslaufe, haben erst seit wenigen Jahren, genauer seit der Erfindung der Wasserstoffbombe, aufgehört, recht zu haben. In der Zerstörung von Welt wird nichts zerstört als ein Gebilde von Menschenhand, und die Gewalt, die hierzu gebraucht wird, entspricht aufs genaueste der Gewaltsamkeit, die allen menschlichen Herstellungsprozessen unabdingbar innewohnt. Die für die Zerstörung erforderlichen Gewaltmittel sind gleichsam im Ebenbild der Herstellungswerkzeuge geschaffen, und das technische Instrumentarium jeder Zeit umfaßt beide gleichermaßen. Was Menschen herstellen, kann von ihnen auch wieder vernichtet, was sie zerstören, kann von ihnen auch wieder aufgebaut werden. Das Zerstören- und das Herstellen-Können halten sich die Waage. Die Kraft, die Welt zerstört und ihr Gewalt antut, ist noch die gleiche Kraft unserer Hände, die der Natur Gewalt antat und ein natürliches Ding zerstörte – etwa einen Baum, um Holz zu gewinnen und etwas Hölzernes herzustellen –, um Welt zu bilden.

Daß Zerstören- und Herstellen-Können sich die Waage

halten, gilt aber nicht unbedingt. Es gilt einmal nur für das von Menschen Hergestellte, nicht für den weniger greifbaren, aber darum nicht weniger wirklichen Bereich menschlicher Bezüge, die durch das Handeln im weitesten Sinne entstanden sind. Hierauf werden wir später zurückkommen.* Entscheidend für unsere gegenwärtige Situation ist, daß auch in der eigentlichen Ding-Welt das Gleichgewicht zwischen Zerstören und Wiederaufbauen nur solange bestehen kann, als die Technik es lediglich mit reinen Herstellungsverfahren zu tun hat, und dies ist seit der Entdeckung der Atomenergie nicht mehr der Fall, auch wenn wir heute noch durchschnittlich in einer Welt leben, die durch die industrielle Revolution bestimmt ist. Auch in dieser Welt haben wir es nicht mehr nur mit natürlichen Dingen zu tun, die so und anders transformiert in der von Menschen gebildeten Welt wieder erscheinen, sondern mit Naturprozessen, die von Menschen durch Nachahmung selbst erzeugt und in die Menschenwelt direkt geleitet werden. Für diese Prozesse ist bereits charakteristisch, daß sie gleich dem Prozeß in einem Explosionsmotor wesentlich in Explosionen und also geschichtlich gesprochen in Katastrophen verlaufen, wobei aber jede dieser Explosionen oder Katastrophen den Prozeß selbst vorwärtstreibt. In solch einem Prozeß, in dem die Explosionen und Katastrophen nicht nur nicht den Untergang, sondern einen unaufhörlichen, von ihnen gerade angetriebenen Fortschritt bedeuten, befinden wir uns heute in nahezu allen Lebensgebieten, wobei die Fragwürdigkeit dieser Art des Fortschreitens in unserm Zusammenhang erst einmal außer Betracht bleiben muß. Dies kann man sich politisch vielleicht am besten daran vergegenwärtigen, daß die katastrophale Niederlage Deutschlands wesentlich dazu

* Siehe weiter unten in diesem Fragment S. 89ff., 105, 122f.

beigetragen hat, Deutschland heute zum modernsten und fortgeschrittensten Lande Europas zu machen, während die Länder, welche weder wie Amerika ohnehin so ausschließlich technisch bestimmt sind, daß das Tempo des Produktions- und Konsumtionsprozesses die Katastrophen vorläufig noch überflüssig macht, noch wie Frankreich durch eine handgreiflich zerstörerische Katastrophe gegangen sind, dahinter zurückbleiben. Das Gleichgewicht zwischen Herstellen und Vernichten wird durch diese moderne Technik und den Prozeß, in den sie die Menschenwelt hineingerissen hat, nicht gestört. Im Gegenteil scheint es, als seien diese eng verwandten Fähigkeiten eher in dem Prozeß noch unauflöslicher aneinandergewachsen, so daß Herstellen und Zerstören, selbst wenn sie im größten Maßstab betrieben werden, sich doch schließlich als zwei kaum voneinander zu scheidende Phasen des gleichen fortschreitenden Prozesses erweisen, bei dem – um ein alltägliches Beispiel zu wählen – das Abreißen eines Hauses nur das erste Stadium des Baues ist, und das Errichten des Hauses selbst, da es nur auf eine bestimmte Lebensdauer berechnet ist, bereits eingerechnet werden kann in einen unaufhörlichen Prozeß von Abreißen und Neubauen.

Es ist oft und mit einiger Berechtigung bezweifelt worden, daß die Menschen inmitten eines solchen von ihnen selbst entfesselten, notwendigerweise katastrophal verlaufenden Fortschrittsprozesses noch Herr und Meister der von ihnen erbauten Welt und der menschlichen Angelegenheiten in ihr bleiben könnten. Bestürzend bleibt dabei vor allem auch das Aufkommen der totalitären Ideologien, in denen der Mensch sich ja bereits als Exponent solcher von ihm selbst entfesselten katastrophalen Prozesse versteht, dessen wesentliche Funktion darin besteht, dem fortschreitenden Prozeß zu Diensten zu sein und ihn immer schneller vorwärtszutreiben. Über dieser beunruhigenden Adäquatheit sollte man aber doch nicht vergessen, daß dies nur Ideologien sind und daß auch die Naturkräfte, die der Mensch in seinen Dienst gezwungen hat, noch in Pferdestärken*, also in natürlich gegebenen, der unmittelbaren Umwelt des Menschen entnommenen Einheiten zu berechnen sind. Wenn es dem Menschen gelingt, durch Benutzung der Natur seine eigene Kraft zu verdoppeln oder zu verhundertfachen, so mag man darin eine Vergewaltigung der Natur sehen, wenn man mit der Bibel der Meinung ist, daß der Mensch geschaffen wurde, die Erde zu hüten und ihr zu dienen und nicht umgekehrt, sie in seinen Dienst zu zwingen. Aber ganz gleich, wer hier wem dienen oder zum Dienst durch göttlichen Ratschluß gar vorbestimmt sein soll, so bleibt ja unleugbar, daß die Kraft des Menschen sowohl als Herstellungs- wie als Arbeitskraft ein Naturphänomen ist, daß die Gewalt als Möglichkeit dieser Kraft innewohnt und also selbst noch natürlich ist und daß schließlich der Mensch, solange er es nur mit Naturkräften zu tun hat, in einem irdisch-natürlichen Bereich verbleibt, dem auch er und seine eigene Stärke angehören, insofern er ein organisches Lebewesen ist. Das ändert sich nicht dadurch, daß er die eigene zusammen mit der der Natur entnommenen Kraft dazu benutzt, etwas durchaus Nicht-Natürliches, nämlich eine Welt herzustellen – etwas nämlich, was ohne ihn auf nur »natürliche« Weise nicht zustande gekommen wäre. Oder anders gewendet: Solange sich Herstellen- und Zerstören-Können die Waage halten, geht alles noch gewissermaßen mit rechten Dingen zu, und was die totalitären Ideologien über die Versklavung des Menschen an die von ihm losgelassenen Prozesse aussagen, ist letzten Endes ein Spuk, dem

* Im Original: Pferdekräften.

entgegensteht, daß Menschen die Herren der von ihnen erbauten Welt und die Meister des von ihnen erzeugten Zerstörungspotentials bleiben.

All dieses konnte sich erst mit der Entdeckung der Atomenergie beziehungsweise mit der Erfindung einer Technik, die von nuklearen Energieprozessen getrieben wird, ändern. Denn hier werden nicht natürliche Prozesse losgelassen, sondern solche, die in der irdischen Natur nicht vorkommen, auf die Erde gelenkt, um Welt herzustellen oder Welt zu zerstören. Diese Prozesse selber entstammen dem die Erde umgebenden Universum, und der Mensch, der sie in seine Gewalt zwingt, handelt hier nicht mehr als ein natürliches Lebewesen, sondern als ein Wesen, das, obwohl es nur unter den Bedingungen der Erde und ihrer Natur leben kann, es dennoch vermag, sich auch im Universum zurechtzufinden. Diese universalen Kräfte können nicht mehr in Pferdestärken oder einem sonst natürlichen Maß gemessen werden, und da sie nicht-irdischer Natur sind, können sie die Natur der Erde so zerstören, wie die vom Menschen gehandhabten Naturprozesse die vom Menschen erbaute Welt zerstören konnten. Das Entsetzen, das sich der Menschheit bemächtigte, als sie von den ersten Atombomben hörte, war ein Entsetzen über diese aus dem Universum stammende, also im wahrsten Wortsinne über-natürliche Kraft, und der Umfang der zerstörten Häuser und Straßen wie die Zahl der vernichteten Menschenleben war dabei nur insofern von Belang, als die Tatsache, daß die neu entdeckte Energiequelle gleich bei ihrer Geburt Tod und Zerstörung im größten Ausmaße bewirkte, von so unheimlich einprägsamer Symbolkraft war.

Dies Entsetzen mischte sich und ward bald von der nicht weniger berechtigten und im Augenblick viel aktuelleren Empörung übertönt, daß man an bewohnten Städten die damals noch absolute Übermacht der neuen Waffe ausprobiert hatte, die man genauso gut und politisch nicht weniger wirksam in einer Wüste oder auf einer unbewohnten Insel hätte vordemonstrieren können. Auch in dieser Empörung wurde vorgreifend etwas zur Kenntnis genommen, wovon wir erst heute wissen, wie ungeheuerlich es in Wahrheit ist, nämlich die von keinem Generalstab der großen Mächte mehr geleugnete Tatsache, daß ein Krieg, ist er erst einmal in Gang gekommen, auch unweigerlich mit den Waffen geführt werden wird, die den kriegführenden Mächten jeweils zur Verfügung stehen. Dieses ist selbstverständlich nur, wenn das Ziel des Krieges nicht mehr begrenzt und sein Ende nicht mehr ein Friedensvertrag zwischen den kriegführenden Regierungen ist, sondern der Sieg die staatliche oder sogar physische Vernichtung des Gegners bringen soll. Diese Möglichkeit ist im Zweiten Weltkrieg nur andeutungsweise zum Ausdruck gekommen, sie steckte bereits in der Deutschland [und] Japan gegenüber erhobenen Forderung einer bedingungslosen Kapitulation, wurde aber in ihrer ganzen Furchtbarkeit erst realisiert, als die Atombomben über Japan plötzlich aller Welt demonstrierten, daß es sich bei den Drohungen der völligen Vernichtung nicht um leeres Gerede handelte, sondern die dazu notwendigen Mittel wirklich zur Hand waren. Daß ein dritter Weltkrieg in konsequenter Entwicklung dieser Möglichkeiten schwerlich anders als mit der Vernichtung der Besiegten enden wird, daran zweifelt heute wohl niemand mehr. Wir stehen bereits alle so sehr im Banne des totalen Krieges, daß wir uns kaum noch vorstellen können, daß etwa nach einem Krieg zwischen Rußland und Amerika die amerikanische Verfassung oder das gegenwärtige russische Regime eine Niederlage überleben könnten. Das heißt aber, daß es in einem kommenden Krieg nicht mehr um Machtgewinn oder Machtverlust, um Grenzen, Absatzmärkte und Lebensraum, also um Dinge gehen würde, die an sich auch ohne Gewalt auf dem Wege der politischen Verhandlung zu erreichen wären. Damit hat der Krieg aufgehört, die »ultima ratio« der in Unterredungen stattfindenden Verhandlungen zu sein, wobei die Kriegsziele im Moment des Abbruchs der Verhandlungen festgelegt waren, so daß die danach ausbrechenden militärischen Aktionen wirklich nichts anderes waren als eine Fortführung der Politik mit anderen Mitteln. Hier geht es vielmehr um etwas, was natürlicherweise nie Gegenstand von Verhandlungen sein könnte, um die nackte Existenz eines Landes und eines Volkes. Erst in diesem Stadium, wo der Krieg nicht mehr die Koexistenz der feindlichen Parteien als gegeben voraussetzt und nur die zwischen ihnen entstandenen Konflikte auf gewaltsame Weise beilegen will, hat der Krieg wirklich aufgehört, ein Mittel der Politik zu sein, und beginnt als Vernichtungskrieg die dem Politischen gesetzten Grenzen zu durchbrechen und damit es selbst zu vernichten.

Diese, wie man heute sagt, totale Kriegführung hat ihren Ursprung bekanntlich in den totalitären Herrschaftsformen, mit denen sie in der Tat unweigerlich verknüpft ist; der Vernichtungskrieg ist der einzige Krieg, der dem totalitären System angemessen ist. Es waren totalitär regierte Länder, die den totalen Krieg proklamierten, aber mit ihm zwangen sie notwendigerweise das Gesetz ihres Handelns der nichttotalitären Welt auf. Ist ein Prinzip von solcher Tragweite aber erst einmal in die Welt gekommen, so ist es natürlich nahezu unmöglich, es zu begrenzen, etwa auf einen Konflikt zwischen totalitären und nicht-totalitären Ländern. Dies zeigte sich deutlich, als die Atombombe gerade gegen Japan und nicht gegen Hitler-Deutschland, für das sie ja ursprünglich hergestellt war, eingesetzt wurde. Das Empörende des Vorgangs war ja unter anderem auch, daß man es hier zwar mit einer imperialistischen, aber nicht mit einer totalitären Macht zu tun hatte.

Was das alle politisch-moralischen Erwägungen übergreifende Entsetzen und die unmittelbar politisch und moralisch reagierende Empörung miteinander gemein hatten, waren die Realisierung dessen, was totaler Krieg wirklich bedeutet, und die Erkenntnis, daß die totale Kriegführung eine vollendete Tatsache nicht nur für die totalitär beherrschten Länder und die mit ihnen ausbrechenden Konflikte war, sondern für alle Welt. Das, was im Prinzip seit den Römern und de facto in den drei oder vier Jahrhunderten, die wir die Neuzeit nennen, unmöglich geworden schien, weil es im Herzen der zivilisierten Welt nicht mehr vorkam, nämlich das Ausrotten ganzer Völker und das Dem-Erdboden-Gleichmachen ganzer Zivilisationen, hatte sich mit einem Schlage wieder drohend in den Bereich des Möglich-Allzumöglichen geschoben. Und diese Möglichkeit, wiewohl als Antwort auf eine totalitäre Bedrohung entstanden – sofern ja wohl kaum einer der Wissenschaftler daran gedacht haben würde, die Atombombe herzustellen, wenn er nicht hätte fürchten müssen, daß Hitlerdeutschland die Bombe herstellen und benutzen könnte –, war selbst sofort zu einer Wirklichkeit geworden, die kaum noch etwas mit dem Anlaß, der sie ins Leben gerufen hatte, zu tun hatte.

Hier war, vielleicht zum ersten Mal in der Neuzeit, wenn auch keineswegs in der von uns erinnerten Geschichte überhaupt, eine dem gewaltsamen Handeln inhärente Begrenzung überschritten, derzufolge die durch Gewaltmittel erfolgende Zerstörung immer nur partiell sein, immer nur Stücke von Welt und eine wie immer geartete Zahl von Menschenleben betreffen darf, nie aber das ganze Land oder ein ganzes Volk. Aber daß die Welt eines ganzen Volkes dem Erdboden gleichgemacht, daß die Mauern der Stadt geschleift, die Männer getötet und die übrige Bevölkerung in die Sklaverei verkauft wurde, ist in der Geschichte oft genug vorgekommen, und erst die Jahrhunderte der Neuzeit haben nicht mehr glauben wollen, daß es überhaupt vorkommen kann. Daß dies eine der wenigen Todsünden des Politischen darstellt, hat man mehr oder minder ausdrücklich immer gewußt. Die Todsünde oder, unpathetisch gesprochen, die Überschreitung der dem gewaltsamen Handeln inhärenten Grenze besteht in zweierlei: Einmal betrifft hier das Morden nicht mehr größere oder kleinere Zahlen von Menschen, die ohnehin sterben müssen, sondern ein Volk und seine politische Verfassung, die der Möglichkeit und im Falle der Verfassung sogar der Intention nach unsterblich sind. Was hier getötet wird, ist nicht ein Sterbliches, sondern etwas möglicherweise Unsterbliches. Ferner und in engstem Zusammenhang hiermit erstreckt sich hier die Gewalttätigkeit nicht nur auf Hergestelltes, das seinerseits ja auch durch Gewalt entstanden und daher durch eine gewaltsame Anstrengung wieder aufgebaut werden kann, sondern auf eine in dieser hergestellten Welt behauste geschichtlich-politische Realität, die, da sie nicht hergestellt war, auch nicht wieder restauriert werden kann. Wenn ein Volk seine staatliche Freiheit verliert, verliert es seine politische Realität, auch wenn es ihm gelingen sollte, physisch zu überleben.

Was hier mit zugrunde geht, ist eine nicht durch Herstellen, sondern durch Handeln und Sprechen entstandene Welt menschlicher Bezüge, die an sich nie an ein Ende kommt und der – wiewohl aus dem Flüchtigsten gesponnen, das es gibt, dem flüchtigen Wort und der schnell vergessenen Tat – eine so unheimlich zählebige Festigkeit eignet, daß sie unter Umständen, wie etwa im Falle des jüdischen Volkes, Jahrtausende den Verlust der greifbar hergestellten Welt überleben kann. Dies aber ist eine Ausnahme, und gemeinhin kann dies durch Handeln entstandene Bezugssystem, in dem die Vergangenheit in Form der redenden und immer noch beredeten Geschichte weiterlebt, nur innerhalb der hergestellten Welt existieren, in deren Steinen es sich einnistet, bis auch sie reden, redend zeugen – auch dann noch, wenn man sie aus dem Schoß der Erde gräbt. Dieser ganze eigentlich menschliche Bereich, der das Politische im engeren Sinne bildet, kann durch Gewalt zwar zugrunde gehen, aber er ist nicht aus Gewalt entstanden und seine ihm einwohnende Bestimmung ist nicht ein Ende durch Gewalt.

Diese Welt der Bezüge ist überhaupt nicht durch Kraft oder durch die Stärke der Einzelnen entstanden, sondern durch die Vielen, deren Zusammen bewirkt, daß Macht entsteht, und zwar eine Macht, vor der auch die größte Stärke des Einzelnen zur Ohnmacht wird. Diese Macht kann durch alle möglichen Faktoren geschwächt werden, wie sie sich durch alle möglichen Faktoren wieder erneuern kann; endgültig erledigen kann sie nur die Gewalt, wenn diese total wird und buchstäblich keinen Stein auf dem anderen, keinen Menschen neben dem anderen läßt. Beides liegt im Wesen der totalen Herrschaft, die sich innenpolitisch nicht damit begnügt, Einzelne einzuschüchtern, sondern durch systematischen Terror alle zwischenmenschlichen Bezüge vernichtet. Dem entspricht der totale Krieg, der sich nicht mit der Zerstörung einzelner militärisch wichtiger Punkte begnügt, sondern darangeht – und nun auch technisch darangehen kann –, die gesamte zwischen Menschen entstandene Welt zu vernichten.

Es wäre verhältnismäßig leicht nachzuweisen, daß die politischen Theorien und die moralischen Codices des Abendlandes immer versucht haben, den eigentlichen Vernichtungskrieg aus dem Arsenal politischer Mittel auszuschließen; und es wäre vermutlich noch leichter zu zeigen, daß es mit der Wirksamkeit solcher Theorien und Forderungen nicht allzu gut bestellt war. Es liegt merkwürdigerweise in der Natur dieser Dinge, die ja im weitesten Sinne den Stand der Gesittung, die der Mensch sich selbst auferlegt, betreffen, daß von ihnen das Plato-Wort gilt, demzufolge es die Dichtkunst mit den von ihr geprägten Bildern und Vorbildern ist,* welche »tausend Taten der Urväter ausschmückend die Nachkommen bildet« (*Phaidros*, 245[26]). Im Altertum war, jedenfalls was das rein Politische anlangte, der größte Gegenstand dieser bildenden Ausschmückungen der Trojanische Krieg, in dessen Sieger die Griechen und in dessen Besiegten die Römer ihre Ahnen erblickten. So wurden sie, wie Mommsen zu sagen pflegte, »das Zwillingsvolk«[27] des Altertums, weil ein und dasselbe Unternehmen ihnen beiden als Anfang ihres geschichtlichen Daseins galt. Und dieser Krieg der Griechen gegen Troja, der mit einer so vollständigen Vernichtung der Stadt endete, daß man bis in die jüngste Zeit hat glauben können, es habe sie überhaupt nie gegeben, dürfte wohl auch heute noch als das Ur-Beispiel des Vernichtungskrieges gelten.

So mag es für eine Besinnung auf die politische Bedeutung des uns wieder drohenden Vernichtungskriegs erlaubt sein, diesen ältesten Vorgängen und ihren Ausschmückungen noch einmal nachzusinnen – vor allem auch darum, weil ja in den Ausschmückungen dieses Krieges Griechen wie Römer in einer vielfältig verbundenen und vielfältig entgegengesetzten Weise für sich und damit in gewissem Maße auch noch für uns bestimmten, was Politik eigentlich bedeuten und

* Im Original: ... Natur dieser Dinge, die ja im weitesten Sinne den Stand der sich selbst auferlegten Gesittung des Menschen betreffen, daß von ihnen das Plato-Wort gilt, demzufolge es die Dichtkunst und die von ihr geprägten Bilder und Vorbilder sind, ...

welchen Raum sie* in der Geschichte einnehmen sollte. Dabei ist erst einmal von entscheidender Bedeutung, daß Homers Lied nicht schweigt von dem überwundenen Mann, daß es für Hektor nicht weniger zeugt als für Achill, und daß, wiewohl der Griechen Sieg und der Troer Niederlage von vornherein im Ratschluß der Götter beschlossen war und feststand, dieser Sieg Achill nicht größer und Hektor nicht kleiner, die Sache der Griechen nicht gerechter und die Verteidigung Trojas nicht ungerechter macht. Homer also singt den jahrhundertelang zurückliegenden Vernichtungskrieg so, daß er in gewissem Sinne, nämlich im Sinne der dichterischen und historischen Erinnerung, die Vernichtung gerade wieder rückgängig macht. Diese große Unparteiischkeit Homers, die keine Objektivität im Sinne der modernen Wertfreiheit, wohl aber im Sinne der vollkommensten Freiheit von Interessen und der vollkommensten Unabhängigkeit vom Urteil der Geschichte ist, der gegenüber sie auf dem Urteilen des handelnden Menschen und seinem Begriff von Größe besteht, steht am Anfang aller, nicht nur der abendländischen Geschichtsschreibung; denn so etwas wie das, was wir unter Geschichte verstehen, hat es nie zuvor und nirgends je gegeben, wo das Homersche Beispiel nicht wenigstens indirekt wirksam war. Es ist derselbe Gedanke, den wir in der Einleitung Herodots wiederfinden, wenn er sagt, daß er verhindern wolle, daß »große und wunderbare Taten, die teils von Hellenen, teils von Barbaren getan worden sind, der Vergessenheit anheimfallen«[28] – nämlich ein Gedanke, der, wie Burckhardt einmal mit Recht bemerkt, »keinem Ägypter oder Juden hätte kommen können«[29].

* Im Manuskript steht »es«, dessen Bezug »das Politische« (anstatt »die Politik«) sein könnte.

Weiter als bis zu dieser von Homer bestimmten dichterischen und geschichtlich-erinnernden nachträglichen Rettung der Vernichteten und Geschlagenen ist bekanntlich die griechische Anstrengung, den Vernichtungskrieg in einen politischen Krieg umzuwandeln, nie gediehen, und an dieser Unfähigkeit sind letztlich die griechischen Stadt-Staaten zugrunde gegangen. Was den Krieg betraf, so ist die griechische Polis in der Bestimmung des Politischen einen anderen Weg gegangen. Sie hat die Polis um die Homersche Agora, den Versammlungs- und Redeplatz der freien Männer, gebildet und damit das eigentlich »Politische« – nämlich dasjenige, was nur der Polis eignete und was die Griechen daher allen Barbaren und allen nicht-freien Männern absprachen – um das Zueinander-, Miteinander- und Über-etwas-Reden zentriert, und diese ganze Sphäre im Zeichen einer göttlichen »peitho«, einer Überzeugungs- und Überredungskraft, die ohne Gewalt und ohne Zwang zwischen Gleichen waltet und alles entscheidet, gesehen. Der Krieg dagegen und die mit ihm verbundene Gewalt wurde aus dem eigentlich Politischen, das zwischen den Gliedern einer Polis entstanden und gültig [war], ganz und gar ausgeschieden; gewaltsam verhielt sich die Polis als ein Ganzes zu anderen Staaten oder Stadt-Staaten, aber damit gerade verhielt sie sich ihrer eigenen Meinung nach »unpolitisch«. In diesem kriegerischen Handeln war daher auch und ja notwendigerweise die prinzipielle Gleichheit der Bürger, unter denen es keine Herrschenden und keine Gehorchenden geben durfte, aufgehoben. Gerade weil das kriegerische Handeln ohne Befehl und Gehorsam nicht auskommen und unmöglich Entscheidungen der Überredung anheimstellen kann, gehörte es für griechisches Denken einem nicht-politischen Bereich an. Diesem nun aber gehörte im Grunde alles das an, was wir unter Außenpolitik verstehen; hier ist nicht der Krieg die

Fortführung der Politik mit anderen Mitteln, sondern umgekehrt das Verhandeln und Verträge-Schließen immer nur als ein Fortführen des Krieges mit anderen Mitteln, mit den Mitteln der List und des Betruges, verstanden worden.

Die Wirksamkeit des Homerischen auf die Entwicklung der griechischen Polis erschöpfte sich aber nicht in dieser eigentlich nur negativen Ausscheidung der Gewalt aus dem Bereich des Politischen, was ja nur zur Folge hatte, daß Kriege nach wie vor nach dem Prinzip geführt wurden, daß der Stärkere tut, was er kann, und der Schwächere duldet, was er muß.[30] Das eigentlich Homerische in der Darstellung des Trojanischen Krieges kam zur vollen Auswirkung in der Art und Weise, in der die Polis den Begriff des Kampfes als einer nicht nur legitimen, sondern in gewissem Sinne höchsten Form menschlichen Zusammenseins in ihre Organisationsform einbezog. Das, was man gemeinhin den agonalen Geist der Griechen nennt und was zweifellos miterklärt (wenn so etwas überhaupt zu erklären ist), daß wir in den wenigen Jahrhunderten ihrer Blütezeit eine größere und bedeutsamere Genialität auf schlechterdings allen Gebieten des Geistes zusammengedrängt finden als irgendwo sonst, ist ja keineswegs allein jenes Bestreben, immer und überall als der Beste sich zu erweisen, von dem schon Homer spricht und das für die Griechen in der Tat eine solche Bedeutung besaß, daß sich in ihrer Sprache dafür ein Verbum findet, so daß »aristeuein« (der Beste sein) eben nicht nur als ein Bestreben, sondern als eine lebensausfüllende Tätigkeit verstanden werden konnte. Dieser Wettkampf miteinander hatte sein Urbild noch in dem Kampf Hektors und Achills, der ganz unabhängig von Sieg und Niederlage [jedem von] beiden erst Gelegenheit gibt, sich so zu zeigen, wie er eigentlich ist, das heißt wirklich in Erscheinung zu treten und damit völlig wirklich zu werden. Ganz ähnlich steht es mit dem Krieg zwischen Griechen und Troern, der beiden erst Gelegenheit gibt, voll in die Erscheinung zu treten, und dem ein Götterhader entspricht, der nicht nur dem auf der Erde tobenden Kampfe erst seine volle Bedeutung gibt, sondern auch deutlichst anzeigt, daß auf beiden Seiten etwas Göttliches steht, wenn auch eine dieser Seiten dem Untergang geweiht ist. Der Krieg gegen Troja hat zwei Seiten, und Homer sieht ihn mit den Augen der Trojaner nicht weniger als mit denen der Griechen. Diese Homersche Weise darzutun, daß alle Dinge zwei Seiten haben, die erst im Kampfe in Erscheinung treten, liegt auch noch dem Wort Heraklits, daß der Krieg »der Vater aller Dinge« sei,[31] zugrunde. Die Gewalt des Krieges in all ihrer Schrecklichkeit stammt hier noch direkt aus der Stärke und Mächtigkeit des Menschen, der diese in ihm ruhende Kraft nur erweisen kann, wenn ihm etwas und einer entgegensteht, an dem er sie erprobt.

Was bei Homer noch beinahe ungeschieden in Erscheinung tritt, die gewalttätige Stärke der großen Taten und die hinreißende Kraft der großen Worte, die sie begleiten und gerade dadurch die Versammlung der Männer, die sehen und hören, überzeugen, tritt uns später in den Wettkämpfen – den einzigen Gelegenheiten, wo ganz Griechenland zusammenkam, um die sich ohne Gewalt entfaltende Stärke zu bewundern – und in den Redekämpfen und dem unaufhörlichen Miteinander-Reden innerhalb der Polis selbst bereits deutlichst voneinander getrennt entgegen. Dabei fällt die Zweiseitigkeit der Dinge, die bei Homer noch unmittelbar im Zweikampf selbst gegeben war, ausschließlich in den Bereich des Redens, wo aller Sieg so zweideutig wird wie der Sieg des Achill und eine Niederlage so ruhmreich werden kann wie die des Hektor. Aber in den Redekämpfen bleibt es ja nicht bei den zwei Seiten der Redner, die als Personen sich in ihnen offenbaren, wiewohl jeder Rede unabweislich, ganz gleich wie »objektiv« sie sich geben mag, innewohnt, daß sie den Redenden auf eine schwer faßbare, darum aber nicht weniger eindringliche und wesentliche Weise mit offenbart. Hier wird aus der Zweiseitigkeit, mit der Homer den Trojanischen Krieg als Ganzes dichten konnte, eine unendliche Vielseitigkeit der beredeten Gegenstände, die, insofern von so Vielen in der Gegenwart vieler Anderer beredet, an das Licht der Öffentlichkeit gezogen werden, wo sie gleichsam gezwungen sind, alle ihre Seiten zu offenbaren. Erst in solcher Allseitigkeit kann ein und die gleiche Sache in ihrer vollen Wirklichkeit in Erscheinung treten, wobei man sich vergegenwärtigen muß, daß jede Sache so viele Seiten hat und in so vielen Perspektiven erscheinen kann, als Menschen an ihr beteiligt sind. Sofern der politisch-öffentliche Raum für die Griechen das Gemeinsame (»koinon«) ist, in dem sich alle versammeln, ist er der Bereich, in welchem alle Dinge erst voll in ihrer Allseitigkeit zur Geltung kommen können. Diese letztlich in der Homerschen Unparteiischkeit gegründete Fähigkeit, ein und dieselbe Sache erst von entgegengesetzten und dann von allen Seiten zu sehen, die im Altertum einzigartig und auch bis in unsere Zeit unübertroffen in ihrer leidenschaftlichen Intensität dasteht, liegt auch noch den Tricks der Sophisten zugrunde, deren Bedeutung für die Befreiung des menschlichen Denkens aus dogmatischen Bindungen man unterschätzt, wenn man sie, Platos Beispiel folgend, moralisch verurteilt. Dennoch ist für die in der Polis zum ersten Mal erfolgte Konstituierung des Politischen diese außerordentliche Fähigkeit des Argumentierens von zweitrangiger Bedeutung. Entscheidend ist nicht, daß man Argumente umdrehen und Behauptungen auf den Kopf stellen konnte, sondern daß man die Fähigkeit gewann, die Sachen wirklich von verschiedenen Seiten zu *sehen*, und das heißt politisch, daß man sich darauf verstand, die vielen möglichen, in der wirklichen Welt vorgegebenen Standorte einzunehmen, von denen aus die gleiche Sache betrachtet werden kann und in der sie, ihrer Selbigkeit ungeachtet, die verschiedensten Aspekte zeigt. Dieses ist erheblich mehr als die Ausschaltung des eigenen Interesses, bei dem ja nur Negatives gewonnen ist und außerdem noch die Gefahr besteht, mit der Unterbindung der personalen Interessiertheit die Bindung an die Welt und die Zuneigung zu ihren Gegenständen und den Sachen, die in ihr sich abspielen, zu verlieren. Die Fähigkeit, dieselbe Sache aus den verschiedensten Gesichtspunkten zu erblicken, verbleibt in der Menschenwelt, tauscht nur den eigenen natürlich vorgegebenen Standort gegen den der Anderen, mit denen man in der gleichen Welt zusammen weilt, ein und erzielt so eine wahre Bewegungsfreiheit in der Welt des Geistigen, die der Bewegungsfreiheit im Physischen genau parallel läuft. Das Einander-Überreden und -Überzeugen, das die eigentliche politische Umgangsart der freien Bürger der Polis war, setzte eine Art Freiheit voraus, die weder geistig noch physisch an den eigenen Standpunkt oder Standort unabänderlich gebunden war.

Ihr eigentümliches Ideal und damit der Maßstab für spezifisch politische Eignung überhaupt liegt in der »phronesis«, jener Einsicht des politischen Menschen (des »politikos«, nicht des Staatsmannes, den es innerhalb dieser Welt gar nicht gab), die so wenig mit Weisheit zu tun hat, daß Aristoteles sie sogar in betontem Gegensatz zu der Weisheit der Philosophen definieren konnte. Einsicht in einen politischen Sachverhalt heißt nichts anderes, als die größtmögliche Übersicht über die möglichen Standorte und Standpunkte, aus denen der Sachverhalt gesehen und von denen her er beurteilt werden kann, zu gewinnen und präsent zu haben. Von dieser »phronesis«, die bei Aristoteles die eigentliche Kardinaltugend des Politischen ist, ist dann durch die Jahrhunderte kaum noch die Rede. Erst bei Kant treffen wir sie wieder, in der Erörterung des gesunden Menschenverstandes als eines Vermögens der Urteilskraft. Er nennt sie die »erweiterte Denkungsart« und definiert sie ausdrücklich als die Fähigkeit, »an der Stelle jedes andern [zu] denken,«[32] wobei leider doch charakteristisch bleibt, daß diese politische Fähigkeit par excellence in Kants eigener politischer Philosophie, der Entwicklung des kategorischen Imperativs, kaum eine Rolle spielt; denn die Gültigkeit des kategorischen Imperativs ist hergeleitet von dem »Mit-sich-selbst-einstimmig-Denken«[33], und die gesetzgebende Vernunft setzt nicht die Anderen, sondern nur ein sich nicht widersprechendes Selbst voraus. In Wahrheit ist das eigentlich politische Vermögen in der Kantschen Philosophie nicht die gesetzgebende Vernunft, sondern die Urteilskraft, der es eigen ist, sich über »die subjektiven Privatbedingungen des Urteils«[34] hinwegsetzen zu können. Im Sinne der Polis war der politische Mensch in seiner ihm eigentümlichen Ausgezeichnetheit zugleich der freieste, weil er die größte Bewegungsfreiheit vermöge seiner Einsicht, seiner Fähigkeit, alle Standorte zu berücksichtigen, hatte.

Dabei ist es aber wichtig, sich zu vergegenwärtigen, daß diese Freiheit des Politischen durchaus von der Anwesenheit und Gleichberechtigung Vieler abhing. Eine Sache kann sich unter vielen Aspekten nur zeigen, wenn Viele da sind, denen sie aus einer jeweils verschiedenen Perspektive erscheint. Wo diese gleichberechtigten Anderen und ihre partikularen Meinungen abgeschafft sind, wie etwa in der Tyrannis, in der alle und alles dem einen Standpunkt des Tyrannen geopfert ist, ist niemand frei und niemand der Einsicht fähig, auch der Tyrann nicht. Diese Freiheit des Politischen, die in ihrer höchsten Ausgestaltung mit Einsicht zusammenfiel, hat ferner nicht das geringste mit unserer Willensfreiheit oder der römischen »libertas« oder dem christlichen »liberum arbitrium« zu tun, so wenig in der Tat, daß für all dies der griechischen Sprache sogar das Wort fehlt. Der Einzelne in seiner Vereinzelung ist niemals frei; er kann es nur werden, wenn er den Boden der Polis betritt und auf ihm agiert. Bevor die Freiheit eine Art Auszeichnung eines Menschen oder eines Menschentypus wird – etwa des Griechen gegen den Barbaren –, ist sie ein Attribut für eine bestimmte Form der Organisation von Menschen untereinander und nichts sonst. Ihr Entstehungsort liegt niemals in einem wie immer gearteten Inneren des Menschen, seinem Willen oder seinem Denken oder seinem Fühlen, sondern in dem Zwischen-Raum, der überhaupt nur entsteht, wo mehrere zusammenkommen, und der nur solange bestehen kann, als sie zusammenbleiben. Es gibt einen Raum der Freiheit, und frei war, wer zu ihm zugelassen, unfrei, wer von ihm ausgeschlossen war. Das Recht der Zulassung und also die Freiheit war ein Gut für den Einzelnen, das über sein Lebensschicksal nicht anders entschied als Reichtum oder Gesundheit.

So war Freiheit für griechisches Denken selber noch einmal verwurzelt, an einen Standort gebunden und räumlich begrenzt, und die Grenzen des Raumes der Freiheit fielen mit den Mauern der Stadt, der Polis oder, genauer gesagt, der von ihr eingeschlossenen Agora, zusammen. Außerhalb dieser Grenzen lag auf [der] einen Seite das Ausland, in dem man nicht frei sein konnte, weil man in ihm nicht mehr ein Bürger oder besser ein politischer Mensch war; und auf der anderen [Seite] der private Haushalt, in dem man dies auch nicht sein konnte, weil die anderen Gleichberechtigten fehlten, die zusammen allein den Raum der Freiheit konstituierten. Dies letztere war auch noch von ausschlaggebender Bedeutung für den so anders gearteten römischen Begriff von dem, was das Politische, die öffentliche

Sache, die »res publica« oder Republik eben ist. So sehr fiel für die Römer die Familie in den Bereich des Nicht-Freien, daß Mommsen das Wort »familia« kurzweg mit »Knechtschaft« übersetzte.[35] Der Grund für diese Knechtschaft aber war ein doppelter; er lag einmal darin, daß der »pater familias«, der Hausvater, als ein wirklicher Monarch oder Despot allein über seinen vielfältigen Hausstand, der mit Frau, Kindern und Sklaven die »familia« bildete, herrschte und ihm also die Gleichberechtigten fehlten, vor denen er in Freiheit hätte erscheinen können. Und er lag zweitens darin, daß dieser von Einem beherrschte Hausstand keinen Kampf oder Wettkampf zulassen durfte, weil er eine Einheit bilden mußte, die von widerstreitenden Interessen, Standorten und Gesichtspunkten nur zerstört werden konnte. Damit entfiel automatisch jene Vielfalt von Aspekten, in denen sich frei zu bewegen der eigentliche Inhalt des Frei-Seins, des In-Freiheit-Handeln-und-Redens war. Kurz, Unfreiheit war die Voraussetzung einer in sich ungespaltenen Einheit, die für das Zusammenleben in der Familie so konstitutiv war wie Freiheit und Kampf miteinander für das Zusammenleben in der Polis. Der freie Raum des Politischen erscheint dabei wie eine Insel, auf der allein das Prinzip der Gewalt und des Zwingens aus den Beziehungen der Menschen ausgeschaltet ist. Was außerhalb dieses schmalen Raumes verbleibt, die Familie einerseits und die Beziehungen der Polis selbst zu anderen politischen Einheiten [andererseits], bleibt dem Prinzip des Zwanges und dem Recht des Stärkeren unterworfen. Dabei ist, antiker Auffassung zufolge, der Status des Einzelnen so ausschließlich von dem Raum abhängig, in welchem er sich jeweils bewegt, daß derselbe Mensch, der als erwachsener Sohn eines römischen Vaters »dem Vater zu eigen untergeben war, ... als Bürger in den Fall kommen [konnte], ihm als Herr zu gebieten«[36].

Kommen wir auf unseren Ausgangspunkt zurück. Wir versuchten, dem trojanischen Vernichtungskrieg in seiner homerischen Ausschmückung nachzusinnen und uns darauf zu besinnen, wie wohl die Griechen mit dem vernichtenden, die Welt und das Politische zerstörenden Element der Gewalt fertig geworden sind. Dabei ist es, als ob die Griechen den Kampf, ohne den weder Achill noch Hektor je wirklich hätten in Erscheinung treten und zeigend beweisen können, wer sie sind, von dem Kriegerisch-Militärischen, in dem die Gewalt ursprünglich beheimatet ist, abgetrennt und ihn dadurch zu einem integrierenden Bestandteil der Polis und des Politischen gemacht hätten, während sie die Sorge darum, was aus den in den fortwütenden Kriegen Unterlegenen und Besiegten werden solle, weiter ihren Dichtern und Geschichtsschreibern überließen, wobei jedoch zu beachten ist, daß ihr Werk selbst, aber nicht die Tätigkeit, durch das es entstand, wieder Teil der Polis und des Politischen wurde – nicht unähnlich den Statuen des Phidias und anderer Künstler, deren Werke unabdingbar zu dem weltlich greifbaren Bestand des öffentlich Politischen gehörten, während sie selbst ihres Berufes wegen nicht als Ebenbürtige und freie Bürger galten. Dabei blieb für die Ausprägung des griechischen Menschentypus in der Polis die Figur des Achill, das unablässige Bestreben sich auszuzeichnen, ständig der Beste von allen zu sein und unsterblichen Ruhm zu erlangen, maßgebend. Die notwendige Anwesenheit der Vielen im allgemeinen und vieler Gleichgestellter im besonderen, der Homersche Versammlungsplatz der Agora, der im Falle des Zuges gegen Troja überhaupt nur dadurch in Erscheinung hatte treten können, daß viele vereinzelt in ihren Hausständen wohnende »Könige«, das heißt freie Männer, sich für ein großes, alle in Anspruch nehmendes Unternehmen zusammengetan hatten – ein jeder im Grunde, weil es nur in solchem Zusammen, ferne des heimischen Haushaltes und seiner Enge, möglich war, Ruhm zu gewinnen: Dies Homersche Zusammen der Helden wurde nun auch seines nur zeitweiligen, auf Abenteuer angewiesenen Charakters entkleidet. Die Polis ist noch durchaus an die Homersche Agora gebunden, aber dieser Versammlungsort ist nun ein immerwährender, nicht der Lagerplatz eines Heeres, das nach getaner Arbeit wieder davonzieht und Jahrhunderte warten muß, bis sich ein Dichter findet, ihm das zuzubilligen, worauf es aufgrund der Größe seiner Taten und Worte vor Göttern und Menschen Anspruch hatte – den unsterblichen Ruhm. Nun, so hoffte die Polis in ihrer Blütezeit (wie wir aus Perikles' Rede[37] wissen), würde sie selbst es übernehmen, ohne alle Gewalt den Kampf zu ermöglichen und ohne die Dichter und Sänger den Ruhm zu gewährleisten, die einzige Art und Weise, in der die Sterblichen unsterblich werden können.

Die Römer waren das Zwillingsvolk der Griechen, weil sie ihren Ursprung als Volk von dem gleichen Ereignis, dem Trojanischen Krieg, herleiteten, weil sie sich nicht »für Romuliden, sondern für Aineiaden (hielten)«[38], für die Nachkommen der Trojaner, wie die Griechen sich für die Nachkommen der Achäer hielten. So leiteten sie ihre politische Existenz bewußt von einer Niederlage her, auf die eine Neugründung auf fremder Erde folgte, aber nicht eigentlich die Neugründung eines unerhört Neuen, sondern die erneute Gründung für etwas Altes, die Gründung einer neuen Heimat und eines neuen Hauses für die Penaten, die Götter des königlichen Herdes in Troja, die Aeneas auf der Flucht zusammen mit Vater und Sohn über das Meer nach Latium gerettet hatte. Worum es sich handelte, war, wie Vergil uns in der endgültigen Ausgestaltung der griechischen, sizilischen und römischen Ausschmückung des trojanischen Sagenkreises sagt, die Rückgängig-Machung der Niederlage Hektors und der Vernichtung Trojas: »Ein anderer Paris facht mir von neuem den Brand, der Pergamus' Zinne zerrüttet.«[39] Dies ist Aeneas' Aufgabe, und von dieser Aufgabe aus gesehen ist es Hektor, durch den zehn lange Jahre der Sieg den Danäern fernblieb, und nicht Achill, der zum eigentlichen Helden der Sage wird. Aber dies ist nicht entscheidend. Entscheidend ist, daß in der Wiederholung des Trojanischen Krieges auf italischem Boden die Verhältnisse des Homerschen Gedichtes sich umkehren. Wenn Aeneas zugleich der Nachfolger von Paris und von Hektor ist, so entfacht er zwar den Brand wieder für eine Frau, aber nicht für Helena und eine Ehebrecherin, sondern für Lavinia, eine Braut, und gleich Hektor begegnet er dem unerbittlichen Grimm und unbezwingbaren Zorn eines Achill, nämlich dem Turnus, der ausdrücklich sich identifiziert – »melde dem Priamus dann, du fandest auch hier den Achilles«[40] –, aber als es zum Zweikampf kommt, flieht Turnus, also Achilles, und Aeneas, also Hektor, verfolgt ihn. Und so wie Hektor offenbar selbst in der Homerschen Darstellung nicht den Ruhm über alles stellte, sondern »für seine Hausaltäre kämpfend ein Beschützer fiel«, so kann auch den Aeneas nicht der Gedanke an den hohen Ruhm so großer Taten von Dido losreißen, weil ihn »das eigene Lob der Mühn und Plagen nicht wert dünkt«[41], sondern nur die Erinnerung an den Sohn und die Nachfahren, die Sorge um den Fortbestand des Geschlechts und seinen Ruhm, der für den Römer die Garantie für irdische Unsterblichkeit enthielt.

Dieser erst sagenhaft überlieferte und dann immer bewußter und reicher ausgeschmückte Ursprung der römisch-politischen Existenz aus Troja und dem um die Stadt entbrannten Krieg gehört wohl zu den merkwürdigsten und erregendsten Vorgängen abendländischer Geschichte. Es ist, als stelle sich hier der geistig-poetischen Zweiseitigkeit und Unparteiischkeit des Homerschen Gedichtes eine volle und erfüllte Wirklichkeit an die Seite, die etwas realisiert, was sonst in der Geschichte nie realisiert worden ist und anscheinend in ihr auch gar nicht realisiert werden kann, nämlich die volle Gerechtigkeit für die Sache der Unterlegenen nicht von seiten der urteilenden Nachwelt, die seit und mit Cato immer sagen kann: »victrix causa diis placuit sed victa Catoni«[42], sondern von seiten des geschichtlichen Verlaufs selbst. Es ist schon unerhört genug, daß Homer den Ruhm der Unterlegenen singt und also im rühmenden Gedicht selbst zeigt, wie ein und derselbe Vorgang zwei Seiten haben kann und wie der Dichter, ungleich der Wirklichkeit, nicht das Recht hat, mit dem Sieg der einen die andere Seite gewissermaßen zum zweiten Mal nieder- und totzuschlagen. Daß aber das gleiche sich in der Wirklichkeit abspielte – und wie sehr die Selbstinterpretation der Völker integraler Teil solcher Wirklichkeit ist, kann man sich unschwer klarmachen, wenn man bedenkt, daß sich die Römer, als die Nachfolger der Trojaner, in ihrer ersten wirklich nachweisbaren Berührung mit Griechen für die stammverwandten Ilier einsetzen –, dies scheint doch noch um ein Vieles unerhörter; denn nun ist es, als habe am Anfang abendländischer Geschichte wirklich ein Krieg im Sinne des Heraklit stattgefunden [– ein Krieg nämlich], der »der Vater aller Dinge« wurde, weil er ein und denselben Vorgang zwang, in seinen beiden voneinander ursprünglich abgekehrten Seiten in Erscheinung zu treten. Seither gibt es für uns sowohl in der sinnlichen Welt wie in der geschichtlich-politischen Welt nichts mehr, das nicht erst dadurch zum Ding oder Vorgang in voller Wirklichkeit würde, wenn es in seinem Aspektreichtum entdeckt und gesichtet ist, wenn es sich von allen Seiten gezeigt hat und von allen in der Menschenwelt möglichen Standorten zur Kenntnis und Artikulation gelangt ist.

Erst aus dieser nun schon römisch bestimmten Sicht, in der der Brand aufs neue entfacht wird, um die Vernichtung aufzuheben, können wir vielleicht verstehen, was es mit dem Vernichtungskrieg eigentlich auf sich hat und warum er, ganz unabhängig von allen moralischen Erwägungen, in der Politik keinen Platz haben darf. Wenn es richtig ist, daß ein Ding in der Welt des Geschichtlich-Politischen wie in der Welt des Sinnlichen nur dann wirklich *ist*, wenn es von allen seinen Seiten sich zeigen und wahrgenommen werden kann, dann bedarf es immer einer Pluralität von Menschen oder Völkern und einer Pluralität von Standorten, um Wirklichkeit überhaupt möglich zu machen und ihren Fortbestand zu garantieren. Welt, mit anderen Worten, entsteht nur dadurch, daß es Perspektiven gibt, sie ist nur jeweilig als die so oder anders gesichtete Ordnung von Weltdingen. Wird ein Volk oder ein Staat oder auch nur eine bestimmte Menschengruppe, die – aufgrund dessen, daß sie ja auf jeden Fall einen wie immer gearteten Stand in der Welt hat, den niemand ohne weiteres duplizieren kann – auch immer eine nur von ihr realisierbare Weltansicht präsentiert, vernichtet, so kommen dabei nicht nur ein Volk oder ein Staat oder gar so und so viele Menschen um, sondern es wird ein Teil der gemeinsamen Welt vernichtet – [eine Seite der Welt,] von der sie sich vorher gezeigt hat, nun aber nie wieder wird zeigen können. Vernichtung kommt daher hier nicht nur einer Art Weltuntergang gleich, sondern betrifft den Vernichter mit. Politik hat es, streng genommen, nicht so sehr mit den Menschen als mit der zwischen ihnen entstehenden und sie überdauernden Welt zu tun; in dem Ausmaß, in dem sie zerstörerisch wird und Weltuntergänge veranlaßt, zerstört und vernichtet sie sich selbst. Anders gewendet: Je mehr

Völker es in der Welt gibt, die miteinander in dieser und anderer Verbindung stehen, desto mehr Welt wird sich zwischen ihnen bilden und desto größer und reicher wird die Welt sein. Je mehr Standpunkte es in einem Volk gibt, von denen die gleiche, Alle gleichermaßen behausende und Allen gleichermaßen vorliegende Welt gesichtet werden kann, desto bedeutender und weltoffener wird die Nation sein. Sollte umgekehrt es sich je ereignen, daß durch eine ungeheure Katastrophe nur ein Volk auf der Erde übrig bleiben würde, und sollte es in diesem Volk dahin kommen, daß Alle alles aus der gleichen Perspektive sehen und verstehen und in voller Einmütigkeit miteinander leben, so würde die Welt im geschichtlich-politischen Sinne an ihr Ende gekommen sein und die auf der Erde verbliebenen weltlosen Menschen mit uns kaum mehr gemein haben als jene beziehungs- und weltlos dahinvegetierenden Volksstämme, welche die europäische Menschheit bei ihrer Entdeckung neuer Kontinente mit vorfand und die sie entweder der Menschenwelt zurückgewann oder ausrottete, ohne sich überhaupt bewußt zu werden, daß dies auch Menschen waren. Menschen im eigentlichen Sinne kann es, mit anderen Worten, nur geben, wo es Welt gibt, und Welt im eigentlichen Sinne kann es nur geben, wo die Pluralität des Menschengeschlechtes mehr ist als die einfache Multiplikation von Exemplaren einer Gattung.

Es ist daher von größter Bedeutung, daß der auf italischem Boden wiederholte Trojanische Krieg, auf den das römische Volk seine politische und geschichtliche Existenz zurückführte, nicht seinerseits wieder mit einer Vernichtung der Besiegten endete, sondern mit einem Bündnis und einem Vertrag. Es handelte sich durchaus nicht nur darum, den Brand von neuem zu entfachen, um lediglich den Ausgang umzukehren, sondern darum, einen neuen Ausgang für solch einen Kriegsbrand zu ersinnen. Vertrag und Bündnis, ihrem Ursprung und ihrem durch die Römer so reich ausgeprägten Begriff nach, sind auf das engste mit dem Krieg zwischen Völkern verbunden und stellen, römischer Auffassung zufolge, die gleichsam natürliche Fortsetzung eines jeden Krieges dar. Auch hierin liegt noch etwas Homerisches oder vielleicht etwas, was selbst Homer bereits vorfand, als er daranging, dem trojanischen Sagenkreis seine endgültige dichterische Ausprägung zu geben. Es liegt darin die Erkenntnis, daß auch das feindlichste Zusammentreffen von Menschen etwas entstehen läßt, was nun ihnen gemeinsam ist, weil eben – wie Plato es einmal ausdrückte – »wie das Tuende tut, so das Leidende auch leidet« (*Gorgias*, 476[43]), so und nicht anders, so daß, wenn Tun wie Leiden vorbei sind, sie nachträglich zu den beiden Seiten eines gleichen Geschehens werden können. Damit ist aber das Geschehen selbst bereits aus dem Kampf in etwas anderes transformiert, was erst dem erinnernden und rühmenden Blick des Dichters oder dem rückwärts gewandten Historiker sich erschließt. Politisch aber kann das im Kampf erfolgende Zusammentreffen als ein Zusammentreffen nur dann erhalten bleiben, wenn der Kampf vor der Vernichtung des Unterliegenden abgebrochen wird und ein neu geartetes Zusammen aus ihm entsteht. Jeder Friedensvertrag, selbst wenn er nicht eigentlich Vertrag, sondern Diktat ist, gilt einer solchen Neuregelung nicht nur dessen, was bereits vor Ausbruch der Feindseligkeiten bestand, sondern [auch] dessen, was im Laufe der Feindseligkeiten als ein den Tuenden und Leidenden gleiches Gemeinsames neu in die Erscheinung trat. Eine solche Transformation [der einfachen Vernichtung in etwas Anderes und Bleibendes*] liegt bereits in der Homerschen Un-

* Zusatz formuliert aufgrund eines Satzes, der wegen einer Einfügung entfallen war.

parteiischkeit, die wenigstens den Ruhm und die Ehre des Besiegten nicht untergehen läßt und durch die der Name des Achilles für immer an den des Hektor gebunden geblieben ist. Aber bei den Griechen blieb doch solche Transformation des feindlichen Zusammen durchaus auf das Dichterische und Erinnernde beschränkt und konnte nicht direkt politisch wirksam werden.

Denn Vertrag und Bündnis als zentrale Konzeptionen des Politischen sind historisch nicht nur römischen Ursprungs, sie sind auch beide dem griechischen Wesen und seiner Vorstellung von dem, was in den Bereich des Politischen, der Polis nämlich, fällt, im tiefsten Wesen fremd. Was sich ereignete, als die Nachkommen Trojas auf italischen Boden kamen, war nicht mehr und nicht weniger, als daß Politik genau dort entstand, wo sie bei den Griechen an ihre Grenzen kam und ihr Ende fand, nämlich in dem Zwischenbereich nicht zwischen den gleichgestellten Bürgern einer Stadt, sondern zwischen den einander fremd und ungleich gegenüberstehenden Völkern, die erst der Kampf zusammengeführt hatte. Zwar war auch bei den Griechen, wie wir sahen, der Kampf und damit der Krieg der Beginn ihrer politischen Existenz, aber doch nur insofern, als sie in diesem Kampf sie selbst wurden und sich nun zusammenschlossen, um der endgültigen und immerwährenden Bewährung des eigenen Wesens sicher zu sein. Bei den Römern wurde der gleiche Kampf dasjenige, woran sie sich selbst und den Partner erkannten; wenn der Kampf zu Ende war, zogen sie sich daher nicht wieder auf sich selbst und ihren Ruhm, in die Mauern ihrer Stadt, zurück, sondern hatten etwas Neues gewonnen, einen neuen politischen Bereich, der durch den Vertrag gesichert war, mit dem die Feinde von gestern zu Bundesgenossen von morgen wurden. Politisch gesprochen läßt der Vertrag, der zwei Völker verbindet, zwischen ihnen eine neue Welt entstehen oder, genauer, garantiert das Fortbestehen einer neuen, nun ihnen gemeinsamen Welt, die entstanden war, als sie im Kampf sich trafen und im Tun und Leiden ein Gleiches hervorgebracht hatten.

Diese Lösung der Kriegsfrage, ob sie nun ursprünglich den Römern eigen gewesen oder erst nachträglich im Nachsinnen und Ausschmücken des trojanischen Vernichtungskriegs entstanden ist, ist der Ursprung sowohl des Begriffs des Gesetzes wie der außerordentlichen Bedeutung, die das Gesetz und die Gesetzesausgestaltung im römischen politischen Denken erfuhr. Denn die römische »lex«, durchaus im Unterschied und selbst Gegensatz zu dem, was die Griechen unter »nomos« verstanden, bedeutet eigentlich »dauernde Bindung« und dann sehr bald Vertrag sowohl im Staats- wie im Privatrecht. Also ist ein Gesetz etwas, was Menschen miteinander verbindet, und es kommt zustande nicht durch eine Gewalthandlung oder ein Diktat, sondern durch eine gegenseitige Abmachung und Abrede. Das Machen des Gesetzes, dieser dauernden Bindung, die dem gewaltsamen Krieg folgt, ist selbst also durchaus an Rede und Gegenrede gebunden und damit an etwas, was griechischer wie römischer Meinung nach im Zentrum alles Politischen stand.

Dabei ist aber entscheidend, daß nur für die Römer die gesetzgeberische Tätigkeit und damit die Gesetze selbst in den Bereich des eigentlich Politischen fallen, während griechischer Vorstellung zufolge die Tätigkeit des Gesetzgebers von den eigentlich politischen Tätigkeiten und Beschäftigungen der Bürger innerhalb der Polis so radikal geschieden war, daß der Gesetzgeber noch nicht einmal Bürger der Stadt zu sein brauchte und von auswärts für sein Geschäft beauftragt werden konnte – wie ein Bildhauer oder ein Architekt, bei dem man sich ebenfalls bestellen konnte, was für die Stadt benötigt wurde. Im Gegensatz hierzu ist schon das Zwölftafelgesetz in Rom, wiewohl es im einzelnen von griechischen Vorbildern bestimmt sein mag, nicht das Werk eines einzelnen Mannes, sondern der Vertrag zwischen zwei im Kampf liegenden Parteien, dem Patriziat und den Plebejern, der der Zustimmung des Gesamtvolkes bedurfte, jenes »consensus omnium«, dem die römische Geschichtsschreibung bei der Abfassung von Gesetzen immer »eine einzigartige Rolle« zuteilte (Altheim[44]). Für diesen Vertragscharakter des Gesetzes ist von Bedeutung, daß es bei diesem Grundgesetz, auf das wirklich die Gründung des römischen Volkes, des »populus Romanus«, zurückgeht, sich nicht darum handelt, die in Streit geratenen Parteien in dem Sinne zu vereinigen, daß der Unterschied zwischen Patriziat und Plebejertum schlechthin aufgehoben wurde. Das Gegenteil war der Fall; ein ausdrückliches, später dann wieder aufgehobenes Eheverbot zwischen Patriziern und Plebejern betonte die Trennung eher ausdrücklicher als zuvor. Nur das Feindschaftsverhältnis wurde beigelegt, aber das im römischen Sinne spezifisch Gesetzliche der Regelung lag darin, daß von nun an ein Vertrag, eine ewige Bindung, Patrizier und Plebejer miteinander verband. Die »res publica«, die öffentliche Angelegenheit, die aus diesem Vertrag entstand und zur Römischen Republik wurde, war in dem Zwischenraum zwischen den ehemals feindlichen Partnern lokalisiert. Das Gesetz ist hier also etwas, was Bezüge zwischen Menschen neu stiftet, und wenn es Menschen miteinander verbindet, so nicht im Sinne des Naturrechts, in welchem alle Menschen gleichsam mit einer Stimme des Gewissens von Natur dasselbe als gut und als böse erkennen, und nicht im Sinne von Geboten, die von außen an alle Menschen gleichermaßen ergehen, sondern im Sinne der Abmachung zwischen Kontrahenten. Und so wie eine solche Abmachung nur zustande kommen kann, wenn das Interesse beider Seiten gewahrt ist, so handelte es sich bei dem römischen Urgesetz ebenfalls darum, »ein gemeinsames Gesetz aufzurichten, das beiden Parteien Rechnung trage« (Altheim[45]).

Um die außerordentliche politische Fruchtbarkeit des römischen Gesetzesbegriffs jenseits alles Moralischen, das für unsere Betrachtung sekundär bleiben muß, recht einzuschätzen, muß man sich die so anders geartete griechische Vorstellung von dem, was ein Gesetz ursprünglich ist, kurz vergegenwärtigen. Das Gesetz, griechisch verstanden, ist weder Abrede noch Vertrag, es ist überhaupt nicht zwischen Menschen im Hin- und Herreden und Hin- und Widerhandeln entstanden und daher selbst nicht etwas eigentlich in den politischen Bereich Fallendes, sondern es ist wesentlich von einem Gesetzgeber erdacht und muß bestehen, bevor es zu dem eigentlich Politischen erst kommen kann. Als solches ist es prä-politisch, aber in dem Sinn, daß es konstitutiv ist für alles weitere politische Handeln und Politisch-miteinander-Umgehen. So wie die Mauern der Stadt, [mit] denen Heraklit einmal das Gesetz vergleicht, erst gebaut sein müssen, bevor es eine in ihrer Gestalt und ihren Grenzen identifizierbare Stadt geben kann, so bestimmt das Gesetz die eigentliche Physiognomie seiner Bewohner, durch die sie sich von allen anderen Städten und deren Bewohnern abheben und abzeichnen. Das Gesetz ist der von einem Menschen erstellte und hergestellte Grenzwall, innerhalb dessen nun der Raum des eigentlich Politischen ersteht, in dem die Vielen sich frei bewegen. Darum ruft auch Plato Zeus, den Beschützer der Grenzen und der Feldsteine, an, bevor er darangeht, seine Gesetze für eine neu zu gründende Stadt zu erlassen. Es geht im wesentlichen um Grenzziehung und gerade nicht um Bindung und Verbindung. Das Gesetz ist gleichsam das, wonach eine Polis ihr weiteres Leben angetreten hat, das sie nicht abschaffen kann, ohne die eigene

Identität aufzugeben, und gegen das zu verstoßen dem Überschreiten einer dem Dasein gesetzten Grenze gleichkommt und daher Hybris ist. Das Gesetz gilt nicht außerhalb der Polis, seine bindende Kraft erstreckt sich nur auf den Raum, den es einschließt und begrenzt. Das Gesetz zu überschreiten und sich aus den Grenzen der Polis herauszubegeben sind noch für Sokrates im wörtlichsten Wortsinne ein und dasselbe.

Dabei ist entscheidend, daß das Gesetz – wiewohl es den Raum einschließt, in dem Menschen unter Verzicht auf Gewalt miteinander leben – selbst etwas Gewaltsames hat, und zwar sowohl was seine Entstehung wie was sein Wesen angeht. Es ist entstanden durch Herstellung und nicht durch Handeln; der Gesetzgeber gleicht dem Städtebauer und Architekten, nicht dem Staatsmann und dem Bürger. Das Gesetz stellt den Raum des Politischen her und enthält das Gewaltsam-Gewalttätige, das allem Herstellen eigen ist.

Als solch ein Gemachtes steht es im Gegensatz zu dem, was natürlich geworden ist und keiner Beihilfe, weder von Göttern noch Menschen, bedurft hatte, um überhaupt zu sein. Dabei ist jeglichem, was nicht Natur ist und nicht durch sich selbst entstanden, ein Gesetz eigen, durch das es hervorgebracht wird, ein jegliches nach einem anderen, und zwischen diesen Gesetzen gibt es keinen Bezug, so wenig wie zwischen dem von ihnen Gesetzten. »Ein Gesetz«, so meint Pindar in einem berühmten Fragment (Nr. 48, Ed. Boeckh), das auch bei Plato zitiert wird, »ist der König von allen, den Sterblichen wie den Unsterblichen, und indem [es] Recht schafft, führt es mit übermächtiger Hand das Gewaltsamste.«[46] Den ihm unterstellten Menschen gegenüber kommt dies Gewaltsame darin zum Ausdruck, daß die Gesetze befehlen, daß sie die Herren und Befehlshaber in der Polis sind, in der sonst kein Mensch das Recht hat, dem ihm

Gleichgestellten zu befehlen. Dabei sind die Gesetze Vater und Despot in einem, wie Sokrates im *Kriton* dem Freund auseinandersetzt (50–51[47]) – und dies nicht nur, weil im antiken Haushalt das Despotische vorwaltete und auch das Verhältnis von Vater und Sohn bestimmte, so daß es nahelag, »Vater und Despot« zu sagen, sondern auch, weil das Gesetz den Bürger gleichsam erzeugt hat wie der Vater den Sohn (jedenfalls ebensosehr die Voraussetzung von dessen politischer Existenz ist wie der Vater die Bedingung des physischen Daseins des Sohnes) und ihm daher nach Meinung der Polis – wenn auch nicht mehr nach Meinung von Sokrates und Plato – die Erziehung der Bürger oblag (*Apologie* – *Nomoi*). Da aber dies Gehorsamsverhältnis zum Gesetz kein natürliches Ende [hat] wie das zum Vater, kann es auch wieder dem Verhältnis zwischen Herrn und Sklaven verglichen werden, so daß der freie Bürger der Polis dem Gesetz gegenüber, das heißt der Grenze gegenüber, innerhalb derer er frei war und [wo] der Raum der Freiheit lag, ein »Sohn und Sklave« zeitlebens war. So konnten die Griechen, die innerhalb der Polis der Befehlsgewalt keines Menschen unterstellt waren, die Perser warnen, ihre Kampfkraft ja nicht zu unterschätzen, denn sie alle fürchteten das Gesetz ihrer Polis nicht weniger als die Perser den großen König. Wie immer man diesen griechischen Gesetzesbegriff auslegen will, auf keinen Fall konnte Gesetz je dazu dienen,* eine Brücke von einem Volk zum anderen, von einem politischen Gemeinwesen innerhalb desselben Volkes zum andern zu schlagen. Auch im Falle der Gründung einer neuen Kolonie reichte das Gesetz der Mutterstadt nicht aus, sondern diejenigen, die auszogen, um eine andere Polis zu

* Im Original: Wie immer man dieses griechisch verstandene Gesetz auslegen will, auf keinen Fall konnte es je dienen, …

gründen, bedurften wieder eines Gesetzgebers, eines Nomothetes, eines Setzers von Gesetzen, bevor der neue politische Bereich als gesichert anerkannt werden konnte. Es liegt auf der Hand, daß unter diesen Grundbedingungen die Bildung eines Reiches schlechterdings ausgeschlossen war – und zwar auch, als durch die Perserkriege eine Art hellenischen Nationalbewußtseins, das Bewußtsein derselben Sprache und derselben politischen Verfassung ganz Hellas', erwacht war. Der Zusammenschluß von ganz Hellas hätte das griechische Volk vor dem Untergang bewahren können, das eigentlich griechische Wesen wäre auch in diesem Falle untergegangen.

Vielleicht ermißt man den Abstand, den diese Vorstellung vom Gesetz als dem einzigen unbeschränkten Befehlshaber in der Polis von der römischen trennt, am leichtesten, wenn man sich erinnert, daß Vergil die Latiner, zu denen Aeneas kommt, als ein Volk hinstellt, das »ohne Fessel und Gesetze ... sich aus eigenem Antrieb an die Sitte des ältesten Gottes hält« (VII, 203-4[48]). Das Gesetz entsteht dort überhaupt erst, weil es nun gilt, einen Vertrag zwischen den Ansässigen und den Neuankömmlingen zu machen. Auf diesem Vertrag ist Rom gegründet, und wenn es Roms Sendung ist, »den gesamten Erdkreis unter Gesetze zu bringen« (IV, 231[49]), so heißt dies nichts anderes, als den gesamten Erdkreis in ein Vertragssystem einzuspannen, zu dem dies Volk einzig befähigt war, weil es seine eigene geschichtliche Existenz aus einem Vertrag herleitete.

Will man dies in modernen Kategorien ausdrücken, so muß man sagen, daß bei den Römern Politik als Außenpolitik begann, also genau mit dem, was griechischem Denken zufolge außerhalb aller Politik überhaupt lag. Auch für die Römer konnte der politische Bereich nur innerhalb des Gesetzlichen entstehen und bestehen; aber dieser Bereich entstand und vermehrte sich nur, wo verschiedene Völker aufeinandertrafen. Dies Aufeinandertreffen selbst ist kriegerisch, und das lateinische Wort »populus« meint ursprünglich »Heeresaufgebot« (Altheim[50]), aber dieser Krieg ist nicht das Ende, sondern der Anfang der Politik beziehungsweise eines neuen, im Friedens- und Bündnisvertrag entstehenden politischen Raumes. Dies denn ist auch der Sinn der im Altertum so berühmten römischen »Milde«, des »parcere subiectis«, der Schonung der Unterlegenen, durch die Rom erst die Landschaften und Völker Italiens und dann die der außeritalischen Besitzungen organisierte. Gegen dieses auch in der realen politischen Wirklichkeit durchgeführte Prinzip, niemals zu vernichten, sondern immer nur zu erweitern und neue Verträge zu schließen, ist auch die Zerstörung Karthagos kein Einwand. Was hier vernichtet wurde, ist nicht die Militärmacht, der Scipio nach dem römischem Sieg so beispiellos günstige Bedingungen anbot, daß der moderne Historiker sich fragt, ob er mehr in seinem oder mehr in Roms Interesse gehandelt habe (Mommsen[51]), und es war auch nicht die konkurrierende Handelsmacht im Mittelmeer, sondern vor allem »eine Regierung, die nie Wort hielt und nie verzieh« und so das eigentlich anti-römische politische Prinzip verkörperte, gegen das römische Staatskunst machtlos war und das Rom vernichtet hätte, wäre es von Rom nicht vernichtet worden. So oder ähnlich jedenfalls mag Cato gedacht haben, und ihm folgen die modernen Historiker, die die Zerstörung der Stadt, der einzigen noch bestehenden Rivalin Roms im damaligen Weltmaßstab, rechtfertigen.

Wie immer es mit dieser Rechtfertigung bestellt sein mag, in unserem Zusammenhang ist entscheidend, daß gerade die Rechtfertigung nicht römischem Denken entsprach und sich bei den römischen Historikern nicht hat durchsetzen können. Römisch wäre gewesen, die feindliche Stadt als Gegenspielerin bestehen zu lassen, wie der ältere Scipio, der Sieger über Hannibal,* es versuchte; römisch war es, des Schicksals der Ahnen zu gedenken und wie der Zerstörer der Stadt, Aemilius Scipio, über den Ruinen der Stadt in Tränen auszubrechen und, eigenes Unheil vorausahnend, Homer zu zitieren: »Einst wird kommen der Tag, da die heilige Ilios hinsinkt, / Priamos selbst, und das Volk des lanzenkundigen Königs«[52]; römisch schließlich war es, aus diesem Sieg, der mit einer Vernichtung endete, welche Rom zur Weltmacht machte, den Beginn des Untergangs herzuleiten, wie nahezu alle römischen Historiker bis Tacitus es zu tun pflegten. Römisch, mit anderen Worten, war es zu wissen, daß die Gegenseite der eigenen Existenz, gerade wenn sie sich im Kriege als solche offenbart hatte, geschont und am Leben gehalten werden muß – nicht aus Barmherzigkeit für den Anderen, sondern um der Mehrung der Stadt willen, die von nun an in einer neuen Bundesgenossenschaft auch dies Fremdeste mit umschließen sollte. Diese Einsicht hat die Römer dann bestimmt, sich allen eigenen unmittelbaren Interessen zum Trotz so entschieden für die Freiheit und Unabhängigkeit der Griechen einzusetzen, auch wenn ein solches Verhalten, angesichts der faktisch bestehenden Zustände in den griechischen Poleis, oft wie sinnlose Torheit sich ausnahm. Nicht weil man an Griechenland gutmachen wollte, was man an Karthago gesündigt hatte, sondern weil man gerade griechisches Wesen als die eigentliche, dem römischen zugehörende Kehrseite empfand. Für die Römer war es, als ob Hektor dem Achill nochmals begegnete und ihm nach erfolgtem Krieg die Bundesgenossenschaft anbot. Nur war Achill leider inzwischen alt und zänkisch geworden.

---

* Im Original: der Sieger Hannibals.

Auch hier wäre es verfehlt, moralische Maßstäbe anzulegen und an ein das Politische übergreifendes Sittengefühl zu denken. Karthago war die erste Stadt, mit der Rom es zu tun bekam, die Rom an Macht ebenbürtig war und gleichzeitig ein dem Römischen entgegengesetztes Prinzip verkörperte. Und an dieser Stadt erwies sich daher zum ersten Mal, daß das römische politische Prinzip des Vertrags und der Bundesgenossenschaft nicht überall anwendbar war, daß es seine Grenzen hatte. Um dies zu verstehen, müssen wir uns vergegenwärtigen, daß die Gesetze, mit denen Rom erst die italischen Landschaften und dann die Länder der Welt organisierte, nicht nur Verträge in unserem Sinn waren, sondern auf eine dauernde Bindung hinzielten, daß sie also im wesentlichen ein Bündnis beinhalteten. Aus diesen Bundesgenossen Roms, den »socii«, die nahezu alle besiegte ehemalige Feinde waren, erwuchs die römische »societas«, die nichts mit Gesellschaft, wohl aber etwas mit Sozietät und der in ihr enthaltenen Beziehung zwischen Partnern zu tun hat. Was die Römer selber erstrebten, war nicht so sehr jenes Imperium Romanum, jene römische Herrschaft über Völker und Länder, die, wie wir seit Mommsen wissen, ihnen eher gegen ihren Willen zugefallen war und sich ihnen aufgedrängt hatte, als eine Societas Romana, ein von Rom gestiftetes und unendlich erweiterbares Bündnissystem, in welchem Völker und Länder nicht nur durch zeitweilige und erneuerbare Verträge an Rom gebunden waren, sondern zu ewigen Bundesgenossen wurden. Woran die Römer im Falle Karthagos scheiterten, war gerade, daß hier höchstens ein Vertrag zwischen Gleichberechtigten, eine Art Koexistenz, modern gesprochen, möglich gewesen wäre und daß ein solcher moderner Vertrag außerhalb der Möglichkeiten römischen Denkens lag.

Dies ist kein Zufall und nicht einer Borniertheit zuzuschreiben. Das, was die Römer nicht kannten und innerhalb der Grunderfahrung, von der ihre politische Existenz von Anfang bis Ende bestimmt war, auch gar nicht kennen konnten, waren genau diejenigen dem Handeln inhärenten Charakteristika, welche die Griechen dazu bestimmt hatten, es in den Nomos einzugrenzen und überhaupt unter dem Gesetz nicht eine Bindung und einen Bezug, sondern eine Grenze und etwas Einschließendes zu verstehen, das man nicht überschreiten durfte. Denn dem Handeln wohnt, gerade weil es seinem Wesen nach immer Bezüge und Bindungen herstellt, wohin immer es sich erstreckt, eine Maßlosigkeit und, wie Aischylos meinte, »Unersättlichkeit« inne, die nur von außen durch einen Nomos, ein Gesetz im griechischen Sinne, in Schranken gehalten werden kann. Die Maßlosigkeit, wie die Griechen meinten, liegt nicht in der Maßlosigkeit des handelnden Menschen und seiner Hybris, sondern darin, daß die Bezüge, die durch das Handeln entstehen, solcher Art sind und sein müssen, daß sie ins Grenzenlose gehen. Jeder durch Handeln gestiftete Bezug nämlich fällt, weil er handelnde Menschen verbindet, in ein Netz von Bezügen und Beziehungen, in welchem er neue Bezüge auslöst, die Konstellation schon bestehender Beziehungen entscheidend ändert und so immer weiter greift und mehr in Verbindung und in Bewegung bringt, als der Handelnde je hat vorhersehen können. Diesem Zug ins Grenzenlose stellt sich der griechische Nomos entgegen und beschränkt das Gehandelte auf das, was innerhalb einer Polis zwischen Menschen vor sich geht, und bindet das jenseits dieser Polis Liegende, mit dem die Polis in ihren Taten in Verbindung treten muß, in die Polis zurück. Dadurch wird, griechischer Denkart gemäß, das Handeln überhaupt erst politisch, und das heißt an die Polis gebunden und damit an die höchste Form menschlichen Zusammenlebens. Vom

Nomos her, der es beschränkt und verhindert, daß es sich in einem unübersehbaren, ständig wachsenden Bezugssystem verflüchtigt, erhält das Gehandelte die bleibende Gestalt, die es zur Tat macht, die in ihrer Größe, und das heißt in ihrem Überragen, erinnert und bewahrt werden kann. Damit tritt der Nomos der eigentümlichen und von den Griechen des tragischen Zeitalters so überdeutlich empfundenen Flüchtigkeit alles Sterblichen entgegen, der Flüchtigkeit des gesprochenen Wortes wie dem Sich-Verflüchtigen des vollendeten Tuns. Diese Gestalten produzierende Kraft ihres Nomos haben die Griechen damit bezahlt, daß sie zu einer Reichsbildung unfähig waren, und es besteht kein Zweifel, daß schließlich ganz Hellas an dem Nomos der Poleis, der Stadt-Staaten, die wohl kolonisierend sich vervielfachen, aber nie sich einigen und in einer bleibenden Bindung vereinigen konnten, zugrundeging. Aber mit gleichem Recht könnte man sagen, daß die Römer das Opfer ihres Gesetzes, ihrer »lex«, wurden, die ihnen zwar ermöglichte, dauernde Bindung und Bundesgenossenschaft zu stiften, wo immer sie hinkamen, die aber in sich selbst unbegrenzbar war und ihnen so, sehr gegen den eigenen Willen und ohne allen Machtwillen oder gar Herrschsucht, die Herrschaft über den Erdball aufzwang, die, war sie erst einmal erreicht, nur wieder in sich zusammenfallen konnte. Dabei liegt es fast noch in der Natur derselben Sache, daß mit dem Fall Roms der Mittelpunkt einer Welt und damit vielleicht die spezifisch römische Möglichkeit, die gesamte Welt um einen Mittelpunkt zu zentrieren, für immer zugrundeging, während uns noch heute, wenn wir an den Untergang Athens denken, die Vermutung anwandeln kann, als sei damit zwar keineswegs ein Mittelpunkt der Welt, aber doch ein Höchstes menschlich-weltlicher Möglichkeiten für immer verschwunden.

Aber die Römer bezahlten ihre unerhörte Fähigkeit der Bundesgenossenschaft und der ständig sich erweiternden dauernden Bindung nicht nur mit einer schließlich ins unermeßliche gehenden Reichsmehrung, an der die Stadt und das von ihr beherrschte Italien zugrundeging. Sie bezahlten politisch weniger katastrophal, aber geistig nicht weniger entscheidend mit dem Verlust der griechisch-homerischen Unparteiischkeit, dem Sinn für das Große und Überragende in allen seinen Gestalten, wo immer es sich findet, und dem Willen, es durch Rühmen unsterblich zu machen. Die Geschichtsschreibung und Dichtung der Römer ist in einem ausschließlichen Sinne römisch, wie griechische Dichtung und Geschichtsschreibung nie griechisch* war, auch nicht im Niedergang; hier handelt es sich immer nur um die Aufzeichnung der Geschichte der Stadt und alles dessen, was sie unmittelbar betraf, also im wesentlichen ihre Vermehrung und Ausbreitung seit ihrer Gründung: »ab urbe condita«, oder, wie bei Vergil, um die Erzählung dessen, was zur Gründung der Stadt führt, die Taten und Fahrten des Aeneas: »dum conderet urbem«.[53] In gewissem Sinne könnte man sagen, daß die Griechen, die ihre Feinde vernichteten, historisch gerechter waren und uns erheblich mehr von ihnen überlieferten als die Römer, die sie zu ihren Bundesgenossen machten. Aber auch dies Urteil ist falsch, wenn es moralisch verstanden wird. Denn gerade das spezifisch Moralische an der Niederlage haben die römischen Sieger ausgezeichnet verstanden und sich durch den Mund besiegter Feinde selbst gefragt, ob sie nicht »raubende Welteroberer (seien), deren Zerstörungstrieb kein Land mehr findet,« ob ihre Sucht, überall Beziehungen zu schaffen und

* Im Original: wie es griechische Dichtung und Geschichtsschreibung nie war, ...

[Anderen] die ewige Bindung des Gesetzes zu bringen, nicht auch gedeutet werden könne, als seien [sie] das »einzige von allen Völkern, das mit gleicher Leidenschaft die Fülle wie die Leere begehre« – [so] daß es, jedenfalls vom Standpunkt der Unterlegenen her, sehr gut so aussehen konnte, als sei, was sie »Herrschaft« nennten, gleichbedeutend mit Rauben, Morden und Stehlen und als sei die »pax Romana«, der berühmte römische Friede, nur der Name für die Wüste, die sie hinterließen. (Tacitus, *Agricola*, 30[54]) Aber so eindrucksvoll solche und ähnliche Bemerkungen sein mögen, wenn man sie an moderner patriotischer und nationalistischer Geschichtsschreibung mißt, die Gegenseite, die sie hervorkehren, ist ja doch nur [die] allgemein menschliche Kehrseite eines jeden Sieges, die Seite der Geschlagenen qua Geschlagenen. Die Vorstellung, daß es etwas schlechthin Anderes geben könnte, das doch Rom an Größe ebenbürtig und daher der erinnernden Geschichte gleich würdig sein könne: Dieser Gedanke, mit dem Herodot die Perserkriege einleitet, lag den Römern ganz fern.

Wie immer es um die eigentümliche römische Begrenztheit in diesen Dingen bestellt sein mag: Es ist unzweifelhaft, daß der Begriff einer Außen*politik* und damit die Vorstellung einer politischen Ordnung außerhalb der Grenzen des eigenen Volks- oder Stadtkörpers ausschließlich römischen Ursprungs sind. Diese römische Politisierung des Raumes zwischen den Völkern steht am Beginn der abendländischen Welt, ja hat die abendländische Welt qua Welt überhaupt erst geschaffen. Bis zu den Römern hat es viele und außerordentlich reiche und große Zivilisationen gegeben, aber was immer zwischen ihnen lag, war keine Welt, sondern eine Wüste, durch die, wenn es gut ging, sich Verbindungen spannen wie dünne Fäden und Pfade durch unbebautes Land, und die, wenn es schlecht ging, in vernichtenden

Kriegen sich ausbreitete und bestehende Welt ruinierte. Wir sind so gewöhnt, Gesetz und Recht im Sinne der Zehn Gebote als Gebote und Verbote zu verstehen, deren einziger Sinn darin besteht, daß sie Gehorsam fordern, daß wir den ursprünglich räumlichen Charakter des Gesetzes leicht in Vergessenheit geraten lassen. Jedes Gesetz schafft vorerst einen Raum, in dem es gilt, und dieser Raum ist die Welt, in der wir uns in Freiheit bewegen können. Was außerhalb dieses Raumes ist, ist ohne Gesetz und genau gesprochen ohne Welt; im Sinne menschlichen Zusammenlebens ist es eine Wüste. Es liegt im Wesen der innen- wie außenpolitischen Bedrohungen, mit denen wir seit dem Aufkommen totaler Herrschaftsformen konfrontiert sind, daß sie das eigentlich Politische aus der Innen- wie aus der Außenpolitik zum Verschwinden bringen. Wenn Kriege wieder Vernichtungskriege werden sollten, so ist das seit den Römern spezifisch Politische der Außenpolitik verschwunden, und die Beziehungen zwischen den Völkern [sind] wieder in jenen Raum des Gesetz- und Politiklosen gefallen, der Welt zerstört und Wüste erzeugt. Denn was in einem Vernichtungskrieg vernichtet wird, ist erheblich mehr als die Welt des besiegten Gegners; es ist vor allem der Zwischenraum zwischen den Kriegspartnern und zwischen den Völkern, der in seiner Gesamtheit die Welt auf der Erde bildet. Und für diese Zwischenwelt, die nicht dem Herstellen, sondern dem Handeln der Menschen ihre Entstehung verdankt, gilt nicht, was wir am Anfang sagten, daß sie, so wie von Menschenhand vernichtet, so auch von Menschenhand wieder hergestellt werden könne. Denn die Welt der Bezüge, die aus dem Handeln, der eigentlich politischen Tätigkeit des Menschen, entsteht, ist zwar erheblich schwerer zu zerstören als die hergestellte Welt der Dinge, in der der Hersteller und Erzeuger der alleinige Herr und Meister bleibt. Ist diese

Bezugswelt aber erst einmal verwüstet, so ist an die Stelle der Gesetze des politischen Handelns, dessen Prozesse in der Tat innerhalb des Politischen nur sehr schwer rückgängig gemacht werden können, das Gesetz der Wüste getreten, die, da sie eine Wüste zwischen Menschen ist, verwüstende Prozesse entfesselt, die in sich die gleiche Maßlosigkeit tragen, die dem bezügestiftenden freien Handeln des Menschen innewohnt. Wir kennen solche Verwüstungsprozesse aus der Geschichte, und wir kennen kaum einen Fall, in dem sie zum Stillstand haben gebracht werden können, bevor sie eine ganze Welt mit ihrem ganzen Bezugsreichtum in den Untergang rissen.

Fragment 3d

Einleitung: Der Sinn von Politik

§ 1 Hat Politik überhaupt noch einen Sinn?
Diese Frage stellt sich unausweichlich jedem, der heute beginnt, über Politik nachzudenken. Das Zeitalter von Kriegen und Revolutionen, das Lenin diesem Jahrhundert vorausgesagt hat und in dem wir nun wirklich leben, hat zwar in einem bisher kaum bekannten Ausmaße das Politisch-sich-Ereignende zu einem elementaren Faktor in dem persönlichen Schicksal aller Menschen auf der Erde gemacht. Aber dies Schicksal ist überall, wo es sich voll auswirkte und wo die Menschen wirklich in den Strudel der Ereignisse gerissen wurden, ein Unheil gewesen. Und für dieses Unheil, das die Politik über die Menschen gebracht hat, und für das größere Unheil, mit dem sie die Menschheit im ganzen bedroht, gibt es keinen Trost. Denn es hat sich herausgestellt, daß Kriege in unserem Jahrhundert keine »Stahlgewitter«[55] sind, welche

die politische Luft reinigen, und keine »Fortsetzung der Politik mit anderen Mitteln«[56], sondern ungeheure Katastrophen, welche die Welt in eine Wüste und die Erde in leblose Materie verwandeln können. Revolutionen wiederum, wenn man sie im Ernst mit Marx als »Lokomotiven der Geschichte«[57] ansieht, haben schwerlich etwas klarer bewiesen, als daß dieser Zug der Geschichte offenbar ohnehin einem Abgrund zueilt und daß Revolutionen – weit davon entfernt, dem Unheil Einhalt [ge]bieten zu können – das Tempo seiner Entfaltung nur furchtbar beschleunigen.

Kriege und Revolutionen, nicht das Funktionieren parlamentarischer Regierungen und demokratischer Parteiapparate, bilden die politischen Grunderfahrungen unseres Jahrhunderts. Geht man an ihnen vorbei, so ist es, als hätte man in der Welt, die die unsrige ist, gar nicht gelebt. Verglichen mit ihnen, verglichen mit den Einbrüchen tatsächlichster Art, die sie in unserer Welt verursachten und die wir täglich noch in ihr feststellen können, muten uns diejenigen, welche, so gut es eben gehen mag, die täglichen Regierungsgeschäfte erledigen und die Ordnung der menschlichen Angelegenheiten zwischen den Katastrophen bestellen, an wie Reiter über den Bodensee; und wir mögen wohl auf den Gedanken kommen, daß nur solche, die aus welchen Gründen immer in den politischen Grunderfahrungen der Zeit nicht sonderlich erfahren sind, noch imstande sind, die Last eines Risikos zu tragen, von dem sie so wenig wissen wie der Reiter von dem See zu seinen Füßen.[58]

Kriege und Revolutionen haben miteinander gemein, daß sie im Zeichen der Gewalt stehen. Sind die politischen Grunderfahrungen unserer Zeit Erfahrungen mit Kriegen und Revolutionen, so heißt dies, daß wir uns im wesentlichen im Felde der Gewalt bewegen und daß wir aufgrund unserer Erfahrungen geneigt sein werden, politisches Handeln mit gewalttätigem Handeln gleichzusetzen. Diese Gleichsetzung mag verhängnisvoll sein, weil aus ihr unter heutigen Bedingungen nur folgen kann, daß politisches Handeln sinnlos geworden ist; aber angesichts der ungeheuren Rolle, die der Gewalt tatsächlich in der Geschichte aller Völker der Menschheit zukommt, ist sie nur zu verständlich. Es ist, als würde in unserem Erfahrungshorizont nur das Fazit aller Erfahrungen gezogen, welche die Menschen mit dem Politischen gemacht haben.

Zu den hervorragenden Kennzeichen gewalttätigen Handelns gehört, daß es materieller Mittel bedarf und daß es in den Verkehr zwischen Menschen Werkzeuge einschaltet, die dazu dienen, zu zwingen oder zu töten. Das Arsenal dieser Werkzeuge sind die Gewaltmittel, die wie alle Mittel dazu dienen, einen Zweck herzustellen. Dieser Zweck kann im Falle der Verteidigung die Selbstbehauptung und im Falle des Angriffes die Eroberung und Herrschaft sein; im Falle einer Revolution kann der Zweck die Zerstörung sein oder auch die Wiederherstellung eines vergangenen und schließlich der Aufbau eines neuen politischen Körpers. Diese Zwecke sind nicht dasselbe wie die Ziele, welche im politischen Handeln immer verfolgt werden; die Ziele einer Politik sind niemals mehr als Richtlinien und Direktiven*, an denen man sich zwar orientiert, die aber als solche nicht feststehen, sich vielmehr in ihrer konkreten Ausgestaltung dauernd dadurch ändern, daß mit anderen, die auch ihre Ziele haben, verhandelt wird. Erst wenn die Gewalt sich einschaltet und ihr Arsenal von Mitteln in den Raum zwischen den Menschen stellt, in dem bis dahin die bloße, von allen handgreiflichen Mitteln entblößte Rede hin- und hergegangen ist, werden aus den Zielen einer Politik die Zwecke,

---

* Im Original: Direktionen.

welche so feststehen wie das Modell, nach dem ein beliebiger Gegenstand hergestellt wird, und die gleich ihm die Wahl der Mittel bestimmen, sie rechtfertigen und sogar heiligen. Wenn ein politisches Handeln, das nicht im Zeichen der Gewalt steht, seine Ziele nicht erreicht – und es erreicht sie eigentlich niemals –, so ist es deshalb weder zwecklos noch sinnlos. Es kann nicht zwecklos sein, denn es hat Zwecke niemals verfolgt, sich nur mit mehr oder minder Erfolg nach Zielen gerichtet; und es ist nicht sinnlos, weil durch das Hin- und Widerreden – zwischen den Menschen und den Völkern, den Staaten und Nationen – der Raum überhaupt erst erstanden und dann in der Wirklichkeit gehalten ist, in welchem alles weitere sich abspielt. Das, was man in politischer Sprache den Abbruch der Beziehungen nennt, gibt diesen Raum preis, und alles Handeln mit den Mitteln der Gewalt zerstört erst einmal diesen Zwischenraum, bevor es dazu übergehen kann, diejenigen zu vernichten, die jenseits des Zwischenraums wohnen.

Wir müssen also in der Politik zwischen Zweck und Ziel und Sinn unterscheiden. Der Sinn einer Sache im Unterschied zu ihrem Zweck liegt immer in ihr selbst beschlossen, und der Sinn einer Tätigkeit kann nur so lange bestehen, als diese Tätigkeit währt. Dies gilt für alle Tätigkeiten, auch für das Handeln, ob sie nun einen Zweck verfolgen oder nicht. Mit dem Zweck einer Sache steht es gerade umgekehrt; er beginnt überhaupt erst in die Wirklichkeit zu treten, wenn die Tätigkeit, die ihn hervorbrachte, an ihr Ende gekommen ist – genauso wie das Dasein irgendeines hergestellten Gegenstandes in dem Augenblick anhebt, in dem der Hersteller den letzten Handschlag an ihn gelegt hat. Die Ziele schließlich, an denen wir uns orientieren,[59] erstellen die Maßstäbe, nach denen alles, was getan wird, beurteilt werden muß; sie übersteigen oder transzendieren das Gehandelte in dem gleichen Sinn, in dem jedes Maß das transzendiert, was es zu messen hat.

Zu diesen drei Elementen in jedem politischen Handeln – zu dem Zweck, den es verfolgt, dem Ziel, das ihm vorschwebt und an dem es sich orientiert, und dem Sinn, der sich in ihm während seines Vollzugs offenbart – tritt nun als viertes dasjenige, was zwar niemals der unmittelbare Anlaß des Handelns ist und doch dieses erst eigentlich in Gang bringt. Ich will dies vierte das Prinzip des Handelns nennen und damit Montesquieu folgen, der in seiner Diskussion der Staatsformen im *Esprit des lois* dies Element zum ersten Mal entdeckte. Will man dies Prinzip psychologisch verstehen, so kann man sagen, daß es die Grundüberzeugung ist, die eine Gruppe von Menschen miteinander teilt, und solche Grundüberzeugungen, die in dem Gang des politischen Handelns eine Rolle gespielt haben, sind uns in großer Zahl überliefert, wenngleich Montesquieu ihrer nur drei kennt – die Ehre in den Monarchien, die Tugend in den Republiken und die Furcht in der Tyrannis. Zu diesen Prinzipien kann man unschwer auch den Ruhm rechnen, wie wir ihn aus der Homerschen Welt kennen, oder die Freiheit, wie wir sie in Athen in der klassischen Zeit finden, oder die Gerechtigkeit, aber auch die Gleichheit, wenn wir darunter die Überzeugung von der ursprünglichen Würde aller, die Menschenantlitz tragen, verstehen.

Von der außerordentlichen Bedeutung dieser Prinzipien, welche die Menschen zum Handeln allererst bewegen und aus deren Ursprung sich ihr Handeln dauernd nährt, werden wir später zu sprechen haben.[60] Einer Schwierigkeit müssen wir aber hier bereits gedenken, um Mißverständnisse zu vermeiden. Nicht nur sind die Prinzipien, welche das Handeln inspirieren, in den verschiedenen Staatsformen und zu verschiedenen Zeiten der Geschichte nicht die gleichen:

Dasjenige [vielmehr], was für ein Zeitalter Prinzip des Handelns war, kann für ein anderes zum Ziel werden, an dem es sich orientiert, oder auch zum Zweck, den es verfolgt. So war zum Beispiel der unsterbliche Ruhm nur in der Homerschen Welt das Prinzip des Handelns, aber er blieb durch das gesamte Altertum doch eines der Ziele, an denen man sich orientierte und demgemäß man Handlungen beurteilte. So kann Freiheit, um ein anderes Beispiel zu wählen, ein Prinzip sein, wie in der athenischen Polis; aber sie kann auch ein Maßstab werden, an dem man in einer Monarchie mißt, ob der König die Schranken seiner Macht etwa überschritten hat; und sie wird in Zeiten der Revolution sehr leicht zu einem Zweck, den man meint, direkt verfolgen zu können.

Für uns muß es erst einmal genügen festzuhalten, daß, wenn wir angesichts der Not, die politische Ereignisse über die Menschen gebracht haben, danach fragen, ob Politik überhaupt noch einen Sinn hat, wir undeutlich und ohne uns über die verschiedenen möglichen Bedeutungen dieser Frage Rechenschaft zu geben, immer schon eine ganze Reihe von ganz anders gearteten Fragen mitgefragt haben. Die Fragen, die in der Frage, von der wir unseren Ausgang nahmen, mitschwingen, sind: *Erstens.* Hat Politik überhaupt noch einen Zweck? Und diese Frage meint: Sind die Zwecke, die politisches Handeln verfolgen kann, der Mittel wert, die für ihre Erreichung unter Umständen eingesetzt werden können? *Zweitens.* Gibt es im Feld des Politischen überhaupt noch Ziele, an denen wir uns zuverlässig orientieren könnten? Und wenn es sie geben sollte, sind ihre Maßstäbe nicht ganz und gar ohnmächtig und daher utopisch, so daß jedes politische Unternehmen, ist es erst einmal in Gang gekommen, sich um Ziele und Maßstäbe nicht mehr kümmert, sondern einem ihm innewohnenden Gang folgt, der von nichts, was außerhalb seiner liegt, aufzuhalten ist? *Drittens.*

Ist politisches Handeln wenigstens in unserer Zeit nicht gerade typisch für das Fehlen aller Prinzipien, so daß es, statt aus einem der vielen möglichen Ursprünge menschlichen Zusammenseins zu stammen und aus seiner Tiefe sich zu nähren, vielmehr opportunistisch an der Oberfläche von täglichem Geschehen haftet, von ihm in die verschiedensten Richtungen verschlagen wird, so daß, was heute angepriesen wird, immer dem widerspricht, was gestern geschah? Hat sich das Handeln nicht selbst ad absurdum geführt und damit auch die Prinzipien oder die Ursprünge verschüttet, von denen her es vielleicht früher in Gang gesetzt wurde?

§ 2*

Dies sind die Fragen, die sich heute unweigerlich jedem stellen, der beginnt, über Politik in unserer Zeit nachzudenken. So, wie sie sich stellen, sind die Fragen nicht zu beantworten; sie sind gewissermaßen rhetorische oder besser exklamatorische Fragen, die notwendigerweise in dem Erfahrungsrahmen befangen bleiben, dem sie entsprangen und der von den Kategorien und Vorstellungen der Gewalt bestimmt und begrenzt ist. Es liegt im Wesen des Zweckes, daß er die Mittel, die notwendig sind, um ihn zu erreichen, rechtfertigt. Aber welcher Zweck könnte Mittel rechtfertigen, welche unter Umständen die Menschheit und das organische Leben auf der Erde vernichten können? Es liegt im Wesen der Ziele, sowohl die Zwecke wie die Mittel einzugrenzen und so das Handeln selbst gegen eine ihm immer inhärente Gefahr der Maßlosigkeit abzudichten. Aber wenn das so ist, dann haben die Ziele bereits versagt, bevor sich herausgestellt hat, daß zweckmäßiges Handeln zwecklos geworden ist; denn dann hätte es nie dazu kommen dürfen,

* Eine Überschrift für diesen Teil ist nicht vorhanden.

daß man die Gewaltmittel, über welche heute die großen Mächte verfügen und welche in einer nicht fernen Zukunft im Besitz aller souveränen Staaten sein dürften, überhaupt in den Dienst politischen Handelns stellt.

Die außerordentliche Begrenztheit des Erfahrungshorizonts, in welchem Politik uns gemäß den Erfahrungen unseres Jahrhunderts zugänglich ist, zeigt sich vielleicht nirgends deutlicher als darin, daß wir unwillkürlich bereit sind, den Sinn von Politik überhaupt in Frage zu stellen, sobald wir uns von der Zweck- und Ziellosigkeit des Handelns für überzeugt halten. Die Frage nach den Prinzipien des Handelns bewegt unser Denken über Politik nicht mehr, seit die Frage nach den Staatsformen und nach der besten aller Formen menschlichen Zusammenlebens zum Schweigen gekommen ist, und das heißt seit den Jahrzehnten der Amerikanischen Revolution am Ausgang des 18. Jahrhunderts, während derer die möglichen Vorteile und Nachteile der Monarchie, der Aristokratie und der Demokratie beziehungsweise einer Staatsform, welche als Republik monarchische, aristokratische und demokratische Elemente mischen und in sich vereinigen könnte, lebendig diskutiert wurden. Und die Frage nach dem Sinn von Politik, das heißt nach den bleibenden und der Erinnerung würdigen Gehalten, die sich nur im politischen Zusammenleben und Zusammenhandeln überhaupt offenbaren können, ist eigentlich seit dem klassischen Altertum kaum mehr im Ernst gestellt worden. Wir fragen nach dem Sinn politischen Handelns, aber wir meinen seine Zwecke und Ziele und nennen dies den Sinn nur deshalb, weil wir an einen Sinn im wörtlichen Verstande ohnehin nicht mehr glauben. Aus dieser Unerfahrenheit heraus sind wir geneigt, die verschiedenen möglichen Elemente des Handelns zusammenfallen zu lassen und zu meinen, eine solche Unterscheidung wie die in Zweck und Ziel,

Prinzip und Sinn wäre zu nichts gut als zur Übung in Haarspalterei.

Unser Mangel an Bereitwilligkeit, Unterscheidungen zu machen, hindert natürlich nicht, daß die faktisch bestehenden Unterschiede sich in der Wirklichkeit durchsetzen; er hindert nur uns, das, was wirklich geschieht, adäquat zu begreifen. Zwecke, Ziele und Sinn von Handlungen sind so wenig miteinander identisch, daß sie in ein und derselben Handlung in solche Widersprüche zueinander geraten können, daß sie die Handelnden selbst in die schwersten Konflikte stürzen und die nachfolgenden Historiker, welchen die Aufgabe zufällt, das Ereignete wirklichkeitsgetreu zu erzählen, in endlose Interpretationsstreitigkeiten verwickeln* können. So ist der einzige Sinn, den ein Handeln mit den Mitteln der Gewalt offenbaren und in der Welt sichtbar machen kann, die ungeheure Macht, die dem Zwang in dem Verkehr der Menschen miteinander zukommt, und dies ganz unabhängig von den Zwecken, für welche die Gewalt eingesetzt wird. Auch wenn der Zweck die Freiheit ist, ist der Sinn, der in der Handlung selbst beschlossen ist, das gewalttätige Zwingen; aus diesem höchst realen Konflikt entstehen dann jene uns aus der Geschichte der Revolutionen nur zu vertrauten, paradoxen Redewendungen wie, daß man die Menschen zur Freiheit zwingen müsse oder daß es – in den Worten Robespierres[61] – darum gehe, der Despotie der Könige die Tyrannis der Freiheit entgegenzustellen. Das einzige, was diesen in der Tat mörderischen Konflikt zwischen Sinn und Zweck, der den Kriegen nicht weniger inhärent ist als den Revolutionen, beilegen oder doch zum mindesten mildern kann, ist das Ziel. Denn das Ziel aller Gewalt ist ja der Friede – das Ziel, aber nicht der Zweck, das

* Im Original: verwirren.

heißt dasjenige, wonach alle einzelnen Gewalthandlungen im Sinne des berühmten Wortes von Kant, daß nichts in einem Kriege geschehen dürfe, was den darauffolgenden Frieden unmöglich machen würde,[62] beurteilt werden müssen. Das Ziel liegt in der Handlung selbst nicht beschlossen, aber es liegt auch nicht wie der Zweck in der Zukunft. Soll es überhaupt erreichbar sein, so muß es ständig gegenwärtig bleiben – und zwar gerade dann, wenn es nicht erreicht ist. Im Falle des Krieges ist die Funktion des Zieles zweifellos, die Gewalt einzudämmen; aber damit gerät das Ziel des Friedens mit den Zwecken, für welche die Mittel der Gewalt mobilisiert wurden, in Konflikt; denn diese Zwecke könnten besser und schneller erreicht werden, wenn den Mitteln freier Lauf gelassen würde beziehungsweise wenn die Mittel zweckentsprechend organisiert würden. Der Konflikt zwischen Ziel und Zweck entsteht dadurch, daß es im Wesen des Zweckes liegt, alles, was ihm dient, zu Mitteln zu degradieren, und alles, was ihm nicht dient, als nutzlos zu verwerfen. Da nun aber alles gewalttätige Handeln im Sinne der Zweck-Mittel-Kategorie erfolgt, ist es keine Frage, daß ein Handeln, das das Ziel des Friedens nicht anerkennt – und die Kriege, welche die totalen Herrschaftsformen entfesseln, haben an die Stelle des Friedensziels die Ziele der Welteroberung oder der Weltherrschaft gesetzt –, sich gerade im Felde der Gewalt immer als überlegen herausstellen wird.

Weil unsere Erfahrungen mit Politik wesentlich im Felde der Gewalt gemacht sind, ist es uns nur natürlich, politisches Handeln in den Kategorien des Zwingens und Gezwungenwerdens, des Herrschens und Beherrschtwerdens zu verstehen, denn in diesen offenbart sich der eigentliche Sinn alles gewalttätigen Tuns. Den Frieden, der als Ziel der Gewalt diese in ihre Schranken weisen und ihren Vernichtungslauf eindämmen soll, sind wir geneigt, als etwas zu betrachten, was aus einem transpolitischen Bereich stammt und die Politik selbst in ihren Grenzen halten soll – so wie wir geneigt sind, die Friedenszeiten, die sich auch in unserem Jahrhundert zwischen die Katastrophen schieben, als die Jahrfünfte oder Jahrzehnte zu begrüßen, in denen die Politik uns eine Atempause gewährt. Ranke hat einmal das Wort geprägt von dem Primat der Außenpolitik,[63] und er mag sich dabei nicht mehr gedacht haben, als daß die Sicherheit der Grenzen und das Verhältnis der Nationen zueinander für den Staatsmann allen anderen Sorgen vorangehen müßten, weil von ihnen die nackte Existenz von Staat und Nation abhänge. Erst der Kalte Krieg, ist man versucht zu meinen, hat uns darüber belehrt, was es mit dem Primat der Außenpolitik wirklich auf sich hat. Wenn nämlich der einzig relevante Gegenstand der Politik die Außenpolitik beziehungsweise die Gefahr geworden ist, die immer in den zwischenstaatlichen Beziehungen lauert, so heißt das nicht mehr und nicht weniger, als daß das Clausewitz-Wort, daß Krieg nichts anderes sei als die Fortsetzung der Politik mit anderen Mitteln, sich umgekehrt hat, so daß Politik überhaupt zu einer Fortsetzung des Krieges wird, während der zeitweilig die Mittel der List an die Stelle der Gewaltmittel getreten sind. Und wer könnte leugnen, daß die Bedingungen eines Rüstungswettlaufs, unter denen wir leben und leben müssen, es zum mindesten nahelegen zu meinen, auch das Kantsche Wort, daß während des Krieges nichts geschehen dürfe, einen späteren Frieden unmöglich zu machen, sich umgekehrt habe und wir in einem Frieden leben, in dem nichts ungeschehen bleiben darf, um einen Krieg immerhin noch möglich zu machen.

Zweiter Teil
Kommentar der Herausgeberin

Hannah Arendts Pläne für eine »Einführung in die Politik«

Im Herbst 1955 traf Hannah Arendt während ihres Besuches bei Karl Jaspers in Basel den Verleger Klaus Piper, der ihr den Vorschlag machte, eine »Einführung in die Politik« zu schreiben. Piper orientierte sich dabei vermutlich an der von ihm verlegten, äußerst erfolgreichen *Einführung in die Philosophie* von Karl Jaspers,[1] und Hannah Arendt hat ihrerseits diese aus Rundfunkvorträgen hervorgegangene Veröffentlichung als eine Art Modell betrachtet. »Das Büchlein«, schrieb sie nach dem Gespräch an den Verleger, »sollte möglichst nicht länger sein als die Jaspersche Einleitung in die Philosophie und ähnlich gemeinverständlich geschrieben.« Gleichzeitig legte sie die grundsätzliche Linie fest: Sie habe nicht die Absicht, »eine Einführung in die Staatswissenschaft oder in Politik ›als Wissenschaft‹ zu schreiben«; vielmehr gehe es ihr »um eine Einführung in das, was Politik eigentlich ist und mit welchen Grundbedingungen menschlichen Daseins das Politische zu tun hat«.[2]

Im September 1956 schloß Arendt mit Piper einen entsprechenden Vertrag ab, eine amerikanische Ausgabe verabredete sie mit Harcourt, Brace and Comp. Zu beiden Veröffentlichungen ist es aber nie gekommen; letztes Stadium des Projektes war die Annullierung des amerikanischen Vertrages im Oktober 1960.[3]

Doch hat Hannah Arendt sich mehrere Jahre mit diesem Einführungsprojekt beschäftigt. Einige für die geplante Veröffentlichung verfaßte Manuskripte, welche sie aufbewahrt hatte, wurden nach ihrem Tod (1975) zusammen mit ihrem sonstigen literarischen Nachlaß der Library of Congress in Washington übergeben.[4] Sie werden unter Hinzufügung eines weiteren einschlägigen Fragments in dem vorliegenden Band erstmals veröffentlicht.*

Die insgesamt sieben Manuskripte sind, mit einer Ausnahme, maschinenschriftlich überliefert. Die meisten haben Kapitel- oder Paragraphencharakter, und offensichtlich handelt es sich bei einigen um Versuche, die im Verlauf der Arbeit wieder verworfen wurden. Alle Texte sind undatiert. Die hier vorgenommene Anordnung sei zunächst begründet.

1. Zur Datierung und Anordnung der Manuskripte

Es ist anzunehmen, daß die handschriftlichen Notizen, die als eine Art Outline für das Gesamtwerk angesehen werden können,** das zeitlich erste Dokument für Hannah Arendts Beschäftigung mit der »Einführung« sind. Sie könnten in der Zeit zwischen dem Gespräch mit Piper und dem Brief Arendts, der die Verlagsverhandlungen einleitete,[5] entstanden sein und stehen in direkter Verbindung zu den hier als Fragmente 2 a und 2 b veröffentlichten Manuskripten (Vorurteils-Version). Die Fragmente 3 a bis 3 d (Sinn-Version) werden von dieser Outline nicht mehr mitgetragen. In anderen Worten: Es gibt deutlich zu unterscheidende konzeptionelle Phasen, und diese lassen sich unter Rückgriff auf briefliche Mitteilungen genauer bestimmen.

---

* Zu den genauen Fundstellen und technischen Details siehe in dieser Ausgabe S. 230ff.

** Als Dokument 1 im Anhang S. 191ff.

Für den Sommer/Herbst 1957 hatte Hannah Arendt den Beginn ihrer Arbeit an der »Einführung in die Politik« geplant.[6] Dies war zu einer Zeit, als sie die Veröffentlichung ihrer Walgreen Lectures[7] und einen deutschsprachigen Essayband[8] vorbereitete sowie ferner den Aufsatz über die Ungarische Revolution[9] schrieb.[10] Im Frühjahr 1958 sollte das Manuskript abgeschlossen werden.[11]

Aber es kam anders. *The Human Condition* nahm mehr Zeit in Anspruch als geplant.[12] Erst Anfang 1958 scheint Hannah Arendt wieder in der Lage gewesen zu sein, sich mit der »Einführung« zu befassen. Im Januar teilte sie Jaspers mit, sie habe »nahezu alles Englische gerade aus dem Weg geräumt«, um Deutsch schreiben und »ganz in das Piper-Buch reinsteigen« zu können.[13] Im Februar gratulierte sie Jaspers zum 75. Geburtstag und erwähnte gegen Schluß des Briefes: »Bin mitten in dem Piper-Buch, das aber länger wird, als ich dachte, und länger dauern wird, als Piper dachte.«[14] Die entsprechende Unterrichtung Pipers erfolgte im März,[15] und gleich darauf erhielt Jaspers den folgenden Arbeitsbericht: »Ich sitze in Korrekturen und anderem Kram. Muß auch die Vorträge ausarbeiten für Europa. Schreibe gewissermaßen heimlich an dem Buch für Piper, das mir Freude macht.«[16]

Im Mai, Juni und Juli des Jahres 1958 hielt sich Hannah Arendt in Europa auf. Um die Reise zu finanzieren, hatte sie eine Reihe von Vortragsverpflichtungen übernommen.[17] In »einer deutschen Sprachatmosphäre« hoffte sie darüber hinaus, »ruhig« schreiben zu können.[18] Wahrscheinlich hat sich dieser Wunsch nicht erfüllt. Auch nach der Rückkehr in die USA war ihre Agenda mit Korrekturlesen für die zweite Auflage des Totalitarismus-Buches anderweitig besetzt.[19] Unerwartet kam hinzu, daß sie ausgewählt wurde, die Festansprache bei der Verleihung des Friedenspreises des Deutschen Buchhandels an Karl Jaspers zu halten. So mußte sie nicht nur eine Rede ausarbeiten, sondern 1958 ein zweites Mal nach Europa reisen.[20] Die Arbeit an der »Einführung« stockte erneut, und weiteren Aufschub bewirkten Vorlesungsvorbereitungen, zum einen für die University of Notre Dame über »The Role of Violence in Politics« (Dezember 1958) und zum anderen mit besonderem Aufwand[21] für die Princeton University über »On Revolution« (Frühjahrssemester 1959).

Im Frühjahr 1959 wurde Piper über den neuesten Stand informiert.* Offenbar unter dem Einfluß der Beschäftigung mit dem Revolutionsthema[22] hatte sich der ursprüngliche Plan verändert. »Krieg und Revolution: Die Rolle der Gewalt in der Politik« sollte als erster Band dem vorangestellt werden, was Hannah Arendt die »eigentliche Einführung«, die »unter dem Zeichen der Macht [steht]«, nannte. Eine Einleitung für diese zweibändige Publikation hatte sie unter dem Titel »Hat Politik überhaupt noch einen Sinn?« verfaßt. Diesem Piper mitgeteilten Plan sind die Fragmente 3a bis 3d zuzuordnen. Allerdings war die Geschichte des geplanten Einführungsbuches damit noch nicht beendet.

Als Arendt Piper von der veränderten Konzeption schrieb, wußte sie schon, daß ihr im September der Lessingpreis der Stadt Hamburg verliehen werden würde[23] und daß für die Ausarbeitung der Dankesrede zusätzliche, nicht eingeplante Zeit vonnöten wäre. Hinzu kam, daß sie dabei war, eine amerikanische Essaysammlung zusammenzustellen,[24] und den Umzug in die Wohnung 370 Riverside Drive zu bewältigen hatte. Die »Einführung« mußte also wieder einmal hinausgeschoben werden. Jetzt aber war Arendt

---

* Siehe den als Dokument 2 im Anhang, S. 197ff., abgedruckten Brief vom 7. April 1959.

offenbar zu der Auffassung gelangt, daß dieses Werk nicht in Nebenarbeit zu schaffen wäre, daß sie vielmehr eine längere Zeitperiode benötigte, um sich, in englischer und deutscher Sprache, dem herangewachsenen Buchprojekt widmen zu können.

Aus diesem Grunde beantragte sie im Dezember 1959 bei der Rockefeller Foundation Gelder, die ihr für zwei Jahre eine vorlesungsfreie Zeit ermöglichen sollten – sie war seinerzeit noch nicht fest als Professorin angestellt. Dem Antrag war eine »Description of Proposal« für ein Buch »Introduction into Politics« beigefügt,* die ein zweigeteiltes Werk vorsah, bei dem aber offensichtlich das Gliederungsprinzip »Gewalt« (Band 1) und »Macht« (Band 2), das dem Piper-Plan zugrunde lag, in den Hintergrund getreten war. Die Zweiteilung war jetzt eher methodisch: Der eine Teil sollte eine kritische Überprüfung (»critical re-examination«) traditioneller Begriffe des politischen Denkens und der entsprechenden begrifflichen Bezugsfelder leisten, der andere eine eher systematische Untersuchung (»a more systematic examination«) jener Bereiche der Welt und des menschlichen Lebens, die »wir strenggenommen das Politische nennen«. Die »eigentliche Einführung«, wie sie für den zweiten Band im Piper-Plan bestimmt war, verbarg sich im zweiten Teil, wohingegen der erste Teil dieses Rockefeller-Projektes nur noch sehr wenig mit dem ersten für Piper geplanten Band zu tun hatte. Zwischenzeitlich nämlich hatte Hannah Arendt das Angebot erhalten, ihre Princeton-Vorlesungen über die Revolution zu veröffentlichen.[25]

So war eine neue Lage entstanden, die sich möglicherweise zugunsten einer »Einführung« in erweiterter Form, das heißt unter Einschluß jener Übungen im politischen Den-

---

* Als Dokument 3 im Anhang S. 200f.

ken, die dann in dem Sammelwerk *Between Past and Future*[26] veröffentlicht wurden, entwickelt hätte, wenn Arendts Antrag von der Rockefeller Foundation bewilligt worden wäre. Dies aber ist nicht geschehen, und Hannah Arendt hat das ganze Projekt eines Einführungsbuches schließlich aufgegeben,[27] ohne allerdings die hierfür bereits verfaßten Manuskripte zu vernichten.

Die geschilderten werk- und lebensgeschichtlichen Tatsachen rechtfertigen die folgende Ordnung der Manuskripte: Die handschriftlichen Notizen mit Outline-Charakter und die unter I zusammengefaßten Fragmente (Vorurteils-Version) gehören zu einer ersten Phase (1956/57) der Beschäftigung mit der »Einführung«, der Brief an Piper vom 7. April 1959 und die Fragmente unter II (Sinn-Version) zu einer zweiten Phase (1958/59). Für eine dritte, dem Rockefeller-Vorschlag entsprechende konzeptionelle Phase gibt es keine Niederschriften. Innerhalb der genannten Phasen sind die Manuskripte nach dem vermuteten Entstehungsdatum geordnet, wobei das Fragment »Einleitung: Hat Politik überhaupt noch einen Sinn?« vorgezogen wurde, weil es, obwohl wahrscheinlich später geschrieben, so komponiert ist, daß es direkt in das Fragment »Erstes Kapitel: Der Sinn von Politik« überleitet.

Aus der zweiten Phase stammt, wie erwähnt, der Hinweis auf eine »eigentliche Einführung«, und in der Projektbeschreibung für die Rockefeller Foundation ist von einem Teil im Rahmen des Gesamtprojektes die Rede, welcher das Politische im eigentlichen Sinne behandeln soll. Beide Angaben beziehen sich vermutlich auf das in der Outline anfänglich skizzierte Vorhaben. Dieses Werk mit grundlegender Absicht (ob nun als selbständige Schrift oder Teil einer ein- oder zweibändigen Publikation konzipiert) ist es, das in unserem Zusammenhang vor allem interessiert; aufgrund der nachgelassenen Manuskripte soll sein Horizont umrissen werden. Bevor das in den Abschnitten 3 und 4 dieses Kommentars geschieht, ist es sinnvoll, sich die Stellung des Projektes »Einführung in die Politik« in Hannah Arendts Gesamtwerk zu vergegenwärtigen.

2. Die »Einführung in die Politik« in Arendts Gesamtwerk

Mit dem Themenkreis, der in ihrer »Einführung in die Politik« zur Sprache gekommen wäre, hat sich Hannah Arendt, werkgeschichtlich belegbar, bereits im August 1950 beschäftigt.[28] Unter diesem Datum enthält ihr »Denktagebuch« eine längere Eintragung mit dem Titel »Was ist Politik?«* Daran schließt sich eine kurze Notiz zum »radikal Bösen« an, die eindeutig auf das letzte Kapitel und die »Concluding Remarks« von *The Origins of Totalitarianism*[29], dessen Manuskript etwa zur gleichen Zeit fertig wurde, verweist. Das Nachdenken über die Politik und das Politische steht folglich in engstem Zusammenhang mit den Erkenntnissen des Totalitarismus-Buches. Jedoch war es keineswegs zur Ruhe gekommen, nachdem das Buch selbst abgeschlossen war. Eine längere Mitteilung an Karl Jaspers, nach Erscheinen der ersten amerikanischen Auflage geschrieben, kann zum Beleg herangezogen werden. Hannah Arendt schreibt am 4. März 1951:

»Das Böse hat sich als radikaler erwiesen als vorgesehen. Oder: Die abendländische Tradition krankt an dem Vor-

---

* Als Fragment 1 in dieser Ausgabe S. 9ff.

urteil, daß das Böseste, was der Mensch tun kann, aus den Lastern der Selbstsucht stammt; während wir wissen, daß das Böseste oder das radikal Böse mit solchen menschlich begreifbaren, sündigen Motiven gar nichts mehr zu tun hat. Was das radikal Böse nun wirklich ist, weiß ich nicht, aber mir scheint, es hat irgendwie mit den folgenden Phänomenen zu tun: Die Überflüssigmachung von Menschen als Menschen (nicht sie als Mittel zu benutzen, was ja ihr Menschsein unangetastet läßt und nur ihre Menschenwürde verletzt), sondern sie qua Menschen überflüssig zu machen. Dies geschieht, sobald man alle unpredictability [alles nicht Voraussagbare] ausschaltet, der [dem] auf Seite des Menschen die Spontaneität entspricht. Dies alles wiederum entspringt [aus], oder besser hängt zusammen mit, dem Wahn von einer Allmacht (nicht einfach Machtsucht) *des* Menschen. Wäre *der* Mensch qua Mensch allmächtig, dann wäre in der Tat nicht einzusehen, warum es *die* Menschen geben sollte – genauso wie im Monotheismus nur die Allmacht Gottes ihn zu EINEM macht. In diesem Sinne: die Allmacht *des* Menschen macht die Menschen überflüssig. ...

Nun habe ich den Verdacht, daß die Philosophie an dieser Bescherung nicht ganz unschuldig ist. Nicht natürlich in dem Sinne, daß Hitler etwas mit Plato zu tun hätte. (Ich habe mir nicht zuletzt solche Mühe gegeben, die Elemente der totalitären Regierungsformen herauszukriegen, um die abendländische Tradition von Plato bis Nietzsche inklusive von solchen Verdächten zu reinigen.) Aber wohl in dem Sinne, daß diese abendländische Philosophie nie einen reinen Begriff des Politischen gehabt hat und auch nicht haben konnte, weil sie notgedrungen von *dem* Menschen sprach und die Tatsache der Pluralität nebenbei behandelte.«[30]

In dieser Briefpassage wird angedeutet, was Hannah Arendt dann einige Monate später genauer und zielgerichteter formuliert, als sie bei der John Simon Guggenheim Memorial Foundation einen Antrag auf finanzielle Unterstützung für ein Projekt »Totalitarian Elements in Marxism«, das sich an das Totalitarismusbuch anschließen soll, einreicht.[31] Dort führt sie u. a. aus, daß in ihrem Buch zwar die Strömungen in der Geschichte des »Westens« – der Rassismus, der Imperialismus, der völkische Nationalismus der Pan-Bewegungen und der Antisemitismus –, aus denen die Elemente stammen, welche sich in totalitären Formen der Bewegung und der Herrschaft kristallisieren, untersucht worden seien. Doch wären die politischen und philosophischen Traditionen ausgeklammert gewesen. Desideratum sei deshalb eine »adäquate geschichtliche und begriffliche Analyse des ideologischen Hintergrundes des Bolschewismus«.

Man muß wohl davon ausgehen, daß einige Formulierungen in diesem Projektentwurf ein Zugeständnis an den Zeitgeist waren, wenn sie nicht gar bewußt eingesetzt worden sind, um beim Auswahlkomitee eine positive Entscheidung zu bewirken. Wie dem auch sei, was Hannah Arendt seinerzeit anstrebte, bleibt sichtbar und wird durch spätere Veröffentlichungen bestätigt: Es ging ihr darum herauszufinden, ob und in welcher Weise die »philosophische Tradition« (das ist eine Kurzformel für die europäisch-abendländische Tradition seit dem griechischen Altertum) dazu beigetragen hat, daß die (politische) Wirklichkeit in Europa (einschließlich der UdSSR) und Amerika so aussieht, wie sie sich im 20. Jahrhundert zeigt. Sie wollte, wie es in dem zitierten Brief an Jaspers heißt, dem Verdacht nachgehen, »daß die Philosophie an dieser Bescherung nicht ganz unschuldig ist«. Zur Schlüsselfigur bei diesem Abfragen der Tradition wird Karl Marx, und so spitzt sich der Antrag auf ein Buchprojekt zu, in dem Marx im Zentrum des ersten von drei aufeinander aufbauenden Teilen stehen sollte.

Das für ein Jahr gewährte Stipendium reichte natürlich nicht aus, um ein Werk in den vorgesehenen Dimensionen herzustellen. Deshalb beantragte Hannah Arendt im Januar 1953 eine Verlängerung, die aber nicht bewilligt wurde.[32] Der negative Bescheid hat sie – man ist versucht zu sagen: glücklicherweise – nicht davon abgebracht, ihre Marx-zentrierten Studien weiterzutreiben. Die sechs Vorlesungen, die sie im Oktober/November 1953 im Rahmen der »Christian Gauss Seminars in Criticism« an der Princeton University hielt, sind hierfür Beweis. Sie wurden unter dem Titel »Karl Marx and the Tradition of Political Thought« angezeigt.[33] Gleich zu Anfang erklärt Hannah Arendt, warum Marx für sie so wichtig ist: »Die abendländische Tradition politischen Denkens hat einen klar datierbaren Anfang, sie beginnt mit den Lehren Platos und Aristoteles'. Ich glaube, sie hat in den Theorien von Karl Marx ein ebenso definitives Ende gefunden.«[34]

In dem so abgesteckten historischen Feld arbeitet Arendt, auf im einzelnen verschlungenen Pfaden, zwei Traditionsstränge heraus: zum einen das sich in den Lehren von den Herrschaftsformen kristallisierende politische Denken, das Marx insofern an ein Ende gebracht habe, als es in allen von ihm unterschiedenen historischen Gesellschaftsformationen: Sklavenherrschaft, Feudalismus, bürgerliche Gesellschaft und Diktatur des Proletariats, tatsächlich nur noch Herrscher und Beherrschte gebe. Die in Hannah Arendts Auffassung »vor-politische« Erfahrung des Herrschens und Beherrschtwerdens, die im antiken Haushalt ihren Ort habe, sei für alle Herrschaftslehren modellhaft geworden. Marx habe diese Wurzel freigelegt und im entsprechenden Erfahrungs- und Vorstellungshorizont konsequent weitergedacht.[35] Der zweite Traditionsstrang ist das sich im Arbeitsbegriff (im Reich der Notwendigkeit und nicht der Freiheit) kristallisierende Denken. Ähnlich wie beim Herrschaftsdenken werde auch hier an Marx klar, daß die philosophische Tradition defizitär sei. Die Erfahrung des in Freiheit handelnden Menschen sei aus dem Begriffshorizont verschwunden; man habe sich auf das Arbeiten, die dem biologischen Prozeß des menschlichen Körpers entsprechende Tätigkeit, und das Herstellen konzentriert.

Beide Traditionsstränge werden nur zu analytischen Zwecken getrennt. In Wirklichkeit sind sie zutiefst miteinander verbunden; denn im Denkhorizont von Herrschen und Beherrschtwerden gibt es kein Handeln im eigentlichen Sinne mehr, sondern – wie dann im Anschluß an Marx konsequent bei Engels und Lenin – »mere execution«, reines Ausführen oder Verwalten der Dinge. Aus dem Zusammenleben der Menschen, das in den Begriffen Herrschen/Beherrschtwerden erfahren und konzipiert wird, sind Freiheit und Spontaneität prinzipiell ebenso ausgeschlossen wie aus einer Welt, die nur das (biologisch bedingte) Arbeiten und das Herstellen kennt. Ungefähr zur gleichen Zeit faßt Hannah Arendt diesen Zusammenhang in eine sehr klare Meinungsäußerung: »Ich bin der Meinung, daß die Rückführung aller menschlichen Tätigkeiten auf das Arbeiten oder Herstellen und die Reduzierung aller politischen Verhältnisse auf das Herrschaftsverhältnis nicht nur historisch nicht zu rechtfertigen sind, sondern in verhängnisvoller Weise den Raum des Öffentlichen und die Möglichkeiten des Menschen als eines für Politik begabten Wesens verkrüppelt und pervertiert haben.«[36]

So kann festgehalten werden, daß Hannah Arendt nach dem Totalitarismus-Buch, werkgeschichtlich gesehen, auf *zwei* Hauptwegen weitergegangen ist, die von *einem* Horizont begrenzt sind. Der eine Weg trägt die Markierung »Herrschaft«, der andere die Markierung »Arbeit«. Auf dem ersten sollte sie weniger weit voranschreiten als auf dem zweiten. Der Arbeitsbegriff ist Zentrum ihres Werkes *Vita activa*[37] geworden, während eine entsprechende, den Herrschaftsbegriff reflektierende Veröffentlichung nicht zustande gekommen ist.

Anfangs jedoch sah es so aus, als wenn eher die herrschaftsorientierten Studien die Oberhand gewännen. Man denke nur an den Aufsatz »Ideologie und Terror« (1953), der ab der zweiten Auflage von *The Origins of Totalitarianism* und in allen deutschen Ausgaben der *Elemente und Ursprünge totaler Herrschaft* das Kapitel 13 bildet und von dem Hannah Arendt meinte, sie habe in ihm eine neue Herrschaftsform entdeckt.[38] Ferner: In einem Brief an Jaspers aus dem Jahre 1955 erwähnte Arendt das Buch, an dem sie arbeitete, als »Buch über politische Theorien«, das sie »Amor Mundi« nennen wolle.[39] Young-Bruehl bezieht diese Aussage auf *The Human Condition* beziehungsweise *Vita activa*.[40] Das mag ex post berechtigt sein, doch zu jener Zeit hatte die *Vita activa* ebenso wenig Gestalt angenommen wie die »Einführung in die Politik«. Mit »Buch über politische Theorien« ist ein Komplex von Studien gemeint, aus dem sich als Buchveröffentlichungen zunächst *The Human Condition* (1958), dann *Between Past and Future* (1961) und schließlich *On Revolution* (1963) herauslösen werden und in den zusätzlich die nicht-geschriebene »Einführung in die Politik« gehört.[41]

Deshalb auch konnte Hannah Arendt 1959 in ihrer Projektbeschreibung für die Rockefeller Foundation ihr gerade erschienenes Buch *The Human Condition* mit einem gewissen Recht als eine Art »Prolegomenon« zu der geplanten Arbeit bezeichnen: »Introduction into Politics« werde dort beginnen, wo das Buch geendet habe.* *Vita activa* endet mit einer Zustandsbeschreibung der Neuzeit, deren letzter Paragraph »Der Sieg des Animal laborans« überschrieben ist. Hier wird zum Schluß die Hoffnung auf das Denken als Tätigkeit gerichtet. Nun kann man (was ja auch geschehen ist) diesen Paragraphen als eine Ankündigung des späten Werkes *Das Denken*, also des ersten Bandes der postumen, von Mary McCarthy herausgegebenen Veröffentlichung *Vom Leben des Geistes*, lesen.[42] Nimmt man jedoch Arendts Aussage aus den fünfziger Jahren, die »Einführung« sei als eine Fortsetzung der *Vita activa* anzusehen, ernst, so muß man darüber hinaus berücksichtigen, daß auf dem Weg von der Vita activa zur Vita contemplativa eine Zwischenstation vorgesehen war. Das Denken »ist möglich und sicher auch wirklich«, heißt es am Ende der *Vita activa*, »wo immer Menschen unter den Bedingungen politischer Freiheit leben. Aber auch nur dort.«[43] Der mit »unter den Bedingungen politischer Freiheit« angesprochene Raum des Politischen sollte sie erst einmal intensiver beschäftigen und u. a. Thema ihres Einführungsbuches sein.

Unter diesen Vorzeichen sind »Exerzitien im politischen Denken«[44] der verschiedensten Art zur Veröffentlichung gekommen.[45] Das Thema »Was ist Politik?« allerdings wird in ihnen nicht direkt behandelt, sondern es werden einmal einige in der politischen Wissenschaft gebräuchliche Begriffe wie »Autorität«, »Freiheit«, »Revolution« mit der Fragestellung »Was ist?« abgeklopft, und sodann wird »Politik« zu anderen Bereichen der menschlichen Angelegenheiten (»Erziehung«, »Kultur«, »Religion«) in Beziehung gesetzt. Beides geschieht im Rahmen des großen lebenslangen Themas »Philosophie und Politik«, wofür die Aufsätze

* In dieser Ausgabe S. 200.

»Understanding and Politics«[46] und »Wahrheit und Politik«[47] sowie die Vorlesung »Philosophy and Politics« aus dem Jahre 1954[48] frühe Zeugnisse sind.

Hätte Hannah Arendt ihre »Einführung in die Politik« geschrieben und veröffentlicht, dann hätte erkennbar werden können, daß *Vita activa* hinsichtlich der Politik und des Politischen eben tatsächlich nur »Vorbemerkungen« enthält; daß zur Zeit der Niederschrift dieses Werkes in Arendts Gedankenwelt das Politische in einem umfassenderen Sinne präsent war; daß zum Beispiel »Staat« und »Demokratie« nicht deshalb so unbefriedigend bearbeitet sind, weil sie für ihre philosophische Position keine Bedeutung hätten, sondern eher deshalb, weil die Zeit (und Lust?) fehlte, sich mit diesem in das Gesamtgebäude – zugegeben – kompliziert einzubauenden Themenbereichen zu beschäftigen. Das sind natürlich Spekulationen, die hier nicht weiter ausgesponnen werden können und sollen. Sozusagen auf dem Boden der Tatsachen läßt sich dagegen die folgende These formulieren: Bei Berücksichtigung von Hannah Arendts Plänen für das Einführungsbuch wird deutlich, daß die markanten werkgeschichtlichen Stationen: das Totalitarismus-Buch, die *Vita activa* und *Vom Leben des Geistes*, untereinander verbunden sind. Den Veröffentlichungen *Between Past and Future* und *Über die Revolution*, einigen nicht-gesammelten Aufsätzen und im Grunde auch dem Bericht *Eichmann in Jerusalem*[49] kann in diesem Rahmen der Status von Zwischenstationen zugesprochen werden.

Die Bedeutung dieser These zeigt sich, wenn man darauf aufbauend im Hinblick auf einen Punkt, der unter Arendt-Kennern kontrovers diskutiert wird, festhält: Es gibt im Denken der politischen Philosophin keinen »Bruch«. In *The Life of the Mind* äußert sich dieselbe Hannah Arendt, die die vorausgegangenen Werke geschrieben hat.[50] Auch ist die

Behauptung von einer Rückkehr zur »ersten Liebe«, der Philosophie, wiewohl von Arendt selbst in die Welt gesetzt,[51] eher irreführend. Ein philosophisch zu nennendes Grundanliegen – zu verstehen, was sich im eigenen Erlebnishorizont ereignet hat – ist diesem Werk in früher wie später Zeit eigen, worauf weiter unten zurückzukommen sein wird. Zudem hat Hannah Arendt das, was sie verstehen wollte, stets in philosophische Begriffe und/oder Fragestellungen gefaßt. Die Gegenstände, die ihre Aufmerksamkeit fesselten, sind naturgemäß unterschiedlich, aber insofern miteinander verwandt, als sie dem Bereich des Politischen im weitesten Sinne angehören. Freilich sind es eher die extremen, die nicht-alltäglichen – oder soll man sagen: die philosophisch interessanten?[52] – politischen Erscheinungen und Figuren, an denen Arendts Neugier sich entzündet.

Ein philosophisches Interesse am Politischen also durchzieht Hannah Arendts gesamtes Werk. Doch artikuliert es sich zu verschiedenen Zeiten und in den verschiedenen Werken unterschiedlich. So ist auch die »Einführung in die Politik« als ein zeitgebundenes Buchprojekt, grob gesprochen der Dekade 1950 bis 1960, anzusehen. Nur in Arendts Vorlesungsprogramm lebte sie noch nach 1960, nachdem der Vertrag mit dem amerikanischen Verlag aufgelöst worden war,[53] weiter. Im Herbst 1963 hielt Arendt eine Vorlesung unter dem Titel »Introduction into Politics« an der University of Chicago, 1969 las sie an der New School for Social Research in New York über »Philosophy and Politics: What Is Political Philosophy?« In letztgenannter Veranstaltung allerdings war die Aufmerksamkeit schwerpunktmäßig dann voll auf das Thema »Thinking and Acting« gerichtet, was sich im übrigen in der Projektbeschreibung für die Rockefeller Foundation bereits angekündigt hatte. Damit war die Fragestellung »Was ist Politik?«, wie sie in den fünfziger

Jahren bestanden hatte, in den Hintergrund getreten. Die Vorlesung von 1963 ist demgegenüber, wie unten im vierten und fünften Abschnitt deutlich werden wird, für die nichtskizzierten Kapitel 3 und 4 der frühen, undatierten Outline aufschlußreich.

3. Zu den nachgelassenen Texten

Die handschriftlichen Notizen mit Outline-Charakter[*] kündigen ein eindrucksvolles Programm an. Als Leitsatz könnte gelten: »Politik beruht auf der Tatsache der Pluralität der Menschen.« Das ist die von Hannah Arendt schon 1950 als erste These auf die im »Denktagebuch« selbstgestellte Frage »Was ist Politik?« niedergeschriebene Aussage. Es lag also nahe, mit dieser frühen Eintragung das vorliegende Bändchen einzuleiten.[**] Am Gedanken der »Pluralität der Menschen« sollten sich, gemäß der Outline, alle Kapitel des geplanten Werkes orientieren: das erste, in dem sich die Autorin die Aufgabe stellte, die gängigen Vorurteile gegen Politik kritisch zu beleuchten, das zweite über die »philosophischen« Vorurteile »gegen Pluralität, Zusammenscin und Meinungen«, das dritte, »die Sokratische Position« überschrieben, und das vierte mit dem Titel »Pluralität in den Staatsformen«.

Ebenso bedeutsam für das Gesamtprojekt ist ein zweiter, wahrscheinlich in der Auseinandersetzung mit einer Zeitungsmeldung niedergeschriebener Satz: »Im Mittelpunkt der Politik steht immer die Sorge um die Welt und nicht um den Menschen.«[***] So wird nicht nur explizit formuliert,

[*] Als Dokument 1 in dieser Ausgabe S. 191–197.
[**] Als Fragment 1 in dieser Ausgabe S. 9–12.
[***] Vgl. in dieser Ausgabe S. 23 f.; ferner S. 192.

sondern diese Feststellung ist darüber hinaus in den hinterlassenen Texten insofern präsent, als die eigene Sorge um die Welt die Feder der Autorin geführt hat.[54]

Beide Aussagen wenden sich gegen die »traditionelle Philosophie«, die *den* Menschen und nicht *die* Menschen in das Zentrum ihres Interesses gerückt und die Sorge um die Welt vernachlässigt habe. Ebenso sind sie gegen die modernen naturwissenschaftlich orientierten Sozialwissenschaften (seinerzeit unter dem Stichwort »Behaviorismus« oder »Behavioralismus«) gerichtet, von denen Arendt behauptet, sie hingen im Kern der Auffassung an, daß der Mensch verändert und so eine bessere Welt geschaffen werden könne, denen sie ferner eine politikferne »Sorge um das Leben« anlastet. Abgrenzung und Polemik allerdings sind nicht Selbstzweck, sie stehen vielmehr im Dienst des Arendtschen Bemühens um eine eigene politische Theorie. Diese soll sozusagen selbstbestimmt, nicht fremdbestimmt sein; sie soll so konzipiert sein, daß »die Maßstäbe des Politischen ... aus diesem selbst ... geschöpft sind«*. Die Frage nach *dem* Menschen, nach dem »Wer bin ich?« und »Was bin ich?« wird mit dieser Forderung ausgegliedert. Sie gehört, so kann unter Hinzuziehung einer Äußerung aus Arendts Buch *Vita activa*[55] behauptet werden, in den Rahmen der Philosophie, ja eigentlich der Theologie. Nur *die* Menschen interessieren, wenn es um Politik und das Politische[56] geht, und zwar die Menschen in ihrer Verschiedenheit und relativen Gleichheit. Zwischen den Menschen, in ihrem Zusammenleben, -handeln, -reden entsteht die Welt als Ort der Macht und nicht der Gewalt. Die Welt, so wie Hannah Arendt sie begreift, ist »Menschenwelt«; sie ist – vom einzelnen Menschen her gesehen – »Außenwelt«, nicht »Innenwelt« und,

---

* In dieser Ausgabe S. 54; vgl. auch S. 79.

im Zusammenhang mit den Überlegungen zur Politik, genauer bestimmt als »Mitwelt« (weniger als »Dingwelt«).

Die Sorge um diese »Mitwelt«, diese »durch Handeln und Sprechen entstandene Welt menschlicher Bezüge«*, bestimmt die Manuskripte, die die »Vorurteils- und Urteils«-Problematik im Titel tragen (Fragmente 2a und 2b), ebenso wie diejenigen, die sich an der »Sinn«-Frage ausrichten (Fragmente 3a bis 3d). Unsere heutige Frage nach dem Sinn von Politik, schreibt Arendt, »entsteht aus sehr realen Erfahrungen, die wir mit Politik gemacht haben; sie entzündet sich an dem Unheil, das Politik bereits in unserem Jahrhundert angerichtet hat, und dem größeren, das aus ihr zu erwachsen droht.«** Gemeint sind konkret und in Stichworten: der Totalitarismus und die Atombombe, genauer: die »totalitären Staatsformen« und die »ungeheuerliche Entwicklung moderner Vernichtungsmöglichkeiten, deren Monopol die Staaten haben« als »die politischen Grunderfahrungen unseres Zeitalters«***. Gemeint sind also sowohl innen- wie außenpolitische Erscheinungen der neuzeitlichen Entwicklung. Für Arendt handelt es sich um eine Situation, »in der wir uns gerade politisch nicht oder noch nicht zu bewegen verstehen«****. Die Lage sei dadurch gekennzeichnet, daß unsere Vorurteile (das Vor-Geurteilte, das wir ohne Prüfung übernommen haben) in Konflikt mit der Realität geraten seien, daß die Maßstäbe versagt haben. Es komme darauf an, die Vorurteile auf Urteile und diese auf die ihnen zugrunde liegenden Erfahrungen zurückzuführen. Diese selbstgestellte Aufgabe, eine Hintergrundbefragung in

* In dieser Ausgabe S. 89.

** In dieser Ausgabe S. 28; vgl. S. 123.

*** In dieser Ausgabe S. 29f.

**** In dieser Ausgabe S. 13.

aufklärerischer Absicht, führt in eine ähnliche Tiefendimension wie die Frage nach dem Sinn von Politik. Insofern besteht Verwandtschaft zwischen den beiden Versionen, in denen Manuskripte zur »Einführung in die Politik« erhalten geblieben sind. Man könnte auch sagen, daß sie in ein und denselben Rahmen hineingehören[57] – ohne allerdings ihrerseits ein durchkomponiertes Bild zu zeigen.

Die hinterlassenen Manuskripte sind Entwürfe zu einleitenden Abschnitten, wobei zwei, die weit ausholenden Fragmente 3b* und 3c**, so ausgearbeitet sind, daß sie als selbständige Kapitel gelesen werden können.[58] Sie lassen ansatzweise erkennen, was sich Hannah Arendt unter einer politischen Theorie, die ihre Maßstäbe aus dem Politischen selbst schöpft, vorgestellt haben mag. Der Grundgedanke ist von verblüffender Einfachheit: Politik ist in der Neuzeit, spätestens im 20. Jahrhundert, in besonderer Weise fragwürdig geworden, Vorurteile und abgenutzte Begriffe beherrschen das Denken, und die Sinnfrage ist nur allzu berechtigt. Auf der Suche nach Erklärungen für diese Lage, die auf dem Weg der Hintergrundbefragung und Spurensuche vor sich zu gehen hat, stößt man unweigerlich auf das Wort »Polis«, das im deutschen Wort »Politik« (ebenso wie in dessen Äquivalenten in anderen europäischen Sprachen) enthalten ist. In ihm und der realen Erfahrungswelt der Polis ebenso wie in den Gebilden und Theorien, die sich im Umkreis beider Worte entwickelt haben, muß das Politische aufgespürt werden. Die Frage nach dem Sinn von Politik führt zur Exposition der Antworten, die im Laufe der Geschichte auf sie gegeben worden sind. Die griechische, die römische, die mittelalterliche und die neuzeitliche Auffassung von Politik

* In dieser Ausgabe S. 35–80.
** In dieser Ausgabe S. 80–123.

und die jeweils entsprechende Organisation des politisch-öffentlichen Bereichs werden insbesondere im Fragment 3b zum Thema.

Das Besondere an den Fragmenten nun ist, daß der Leser sozusagen Zuschauer bei den Suchbemühungen der Autorin wird. Manches, was Hannah Arendt in gleichzeitig und später veröffentlichten Schriften formuliert, ist hier in einer Art Rohzustand und/oder in Zusammenhängen, die sich anschließend verwischt haben, erhalten geblieben. Das erschwert die Lektüre, die andererseits insofern gewinnbringend ist, als die ursprünglichen Gedankengänge als einzelne erkennbar und noch nicht zu Kürzeln geworden sind beziehungsweise sich zu schwer entwirrbaren Komplexen (die auch Anlaß für manches Mißverständnis bei Arendt-Lesern gewesen sein mögen) verdichtet haben. Diese Gedankengänge sind, methodisch gesehen, das Ergebnis eines originären Zugangs: einer Mischung aus altertumskundlichen Interpretationen (unter Berufung vor allem auf Theodor Mommsen, Jacob Burckhardt und Franz Altheim), geschichtlichem Periodendenken (mit den folgenden wichtigen Stationen: Griechenland, Rom, Christentum, Neuzeit) sowie systematischen Gesichtspunkten auf der Grundlage begrifflicher Distinktionen (etwa zwischen Vorurteil und Urteil, Urteilen im Sinne des Subsumierens und des Unterscheidens, zwischen Freiheit und Notwendigkeit, Macht und Zwang/Gewalt) und unter Benutzung bestimmter Denkschemata (etwa der Zweck-Mittel-Kategorie).

Die Polis beispielsweise wird sowohl konkret beschrieben wie auch geschichtlich eingeordnet und systematisch charakterisiert. Ihr Bild ist von einer Differenziertheit (durch Hinweise auf die Gleichheitsvorstellungen im Sinne der »isonomia«, den Unterschied zwischen Reden als Handeln und Reden als Meinungsäußerung, oder die Konfrontation von griechischem und römischem Politikverständnis u. ä. m.), die in deutlichem Kontrast zu einer nicht selten in der Arendt-Diskussion anzutreffenden – und dann meistens der Autorin kritisch angelasteten – stereotypen Polis-Vorstellung steht. Hier wird die Polis nicht als »Modell« gekennzeichnet, und sie soll auch nicht rehabilitiert oder gar wiederbelebt werden. Sie ist vielmehr ein »Glücksfall«* in der Geschichte des Politischen, als ein »Höchstes menschlich-weltlicher Möglichkeiten« wird sie gerühmt, wobei die Tatsache, daß sie »für immer verschwunden« ist, theoretisch nicht unberücksichtigt bleibt.[59]

Historisch gesehen habe es Epochen gegeben, die das Politische kannten, und andere, denen seine volle Erfahrung versagt blieb. Letzteres gelte ganz besonders für das 20. Jahrhundert, in dem der »politisch-öffentliche Raum ... zu einem Ort der Gewalt«** geworden sei. Unsere Erfahrungen mit Politik hätten wir »wesentlich im Felde der Gewalt«*** gemacht. Arendt schreibt seinerzeit unter der konkreten Bedrohung eines dritten Weltkrieges.[60] Allgemein sieht sie die Gefahr des gänzlichen Verschwindens des Politischen und der Politik. Diese Gefahr sei einmal dadurch gegeben, daß »die Menschheit ... sich durch Politik und die ihr zur Verfügung stehenden Gewaltmittel [im konkreten Fall: die Atombombe, U. L.] selbst aus der Welt schaffen [könnte]«, und zum anderen dadurch, daß »die Menschheit ... ein Einsehen haben und statt sich selbst die Politik aus dem Wege räumen [werde]«****. Die zweitgenannte Gefahr – in ironischer Weise wird hiermit auf das »sozialistische

* In dieser Ausgabe S. 42.
** In dieser Ausgabe S. 73.
*** In dieser Ausgabe S. 132.
**** In dieser Ausgabe S. 79; vgl. auch S. 29f.

Ideal von einem staatslosen, und das heißt bei Marx politiklosen, Endzustand der Menschheit« angespielt – sei als Perspektive »grauenhaft«. Für Arendt, die hier vermutlich insbesondere Kant folgt, kann diese Gefahr der des totalen Krieges an die Seite gestellt werden.

Solch apokalyptische Gedankengänge erhalten ein Gegengewicht durch Vorstellungen, die an Hegels »List der Vernunft« erinnern und dem Zufall in der Geschichte der menschlichen Angelegenheiten eine Rolle zuweisen. »Das Anwachsen der Gewalt im staatlich-öffentlichen Raum«, heißt es, hat sich »gleichsam hinter dem Rücken der handelnden Menschen vollzogen – in einem Jahrhundert, das vermutlich zu den friedfertigsten, wenigst gewalttätigen der Geschichte rechnet.«* Außerdem erfolgt die Gegensteuerung unter Zuhilfenahme der Vorstellung, daß Extremlagen den Blick schärfen – nicht nur für die Gefahr, sondern auch für das, was in einer festgefügten, nicht hinterfragten politischen Welt (aus welchen Gründen auch immer) übersehen wurde. Konkret: »Trotz Kants politischer Philosophie, die aus der Erfahrung der Französischen Revolution eine Freiheitsphilosophie wurde, weil sie im Kern um den Begriff der Spontaneität zentriert ist, haben wir die außerordentliche politische Bedeutung dieser Freiheit, die im Anfangen-Können liegt, vermutlich erst heute realisiert, da die totalen Herrschaftsformen sich nicht damit begnügten, der freien Meinungsäußerung ein Ende zu machen, sondern darangingen, die Spontaneität des Menschen auf allen Gebieten prinzipiell zu vernichten.«** Eine ähnliche Rolle spielt die Vorstellung, daß im Ende immer auch schon der neue Anfang liegen kann: »Wie die Philosophie, die sich auf den

* In dieser Ausgabe S. 74; vgl. auch S. 76.
** In dieser Ausgabe S. 49f.

Menschen im Singular bezieht, ernstlich erst dann beginnt, nachdem der Mensch verstanden hat, daß er Ja oder Nein zum Leben sagen kann, so beginnt die Politik, die sich auf den Menschen im Plural bezieht, ernstlich erst heute, da wir wissen, daß wir Ja oder Nein zur Menschheit sagen können.«[61]

Es gibt, anders gesagt, keinen rationalen Entwurf der Geschichte – weder zum Bösen noch zum Guten. Hannah Arendts Kritik an endzeitlichen ebenso wie Fortschritts-Vorstellungen, die aus ihrem veröffentlichten Werk bekannt ist, leuchtet auch in den nachgelassenen Fragmenten auf. Der »Fortschritts«-Prozeß, wie sie ihn sieht, ist »notwendigerweise katastrophal« verlaufen und gibt Anlaß, daran zu zweifeln, daß die Menschen »noch Herr und Meister der von ihnen erbauten Welt und der menschlichen Angelegenheiten in ihr bleiben könnten«.* Von der scheinbar ausweglosen gegenwärtigen Extremlage scheint andererseits ein gewisser Zwang auszugehen, der die Menschen zum Nachdenken über die Gefahr, in die sie sich selbst hineinmanövriert haben, bringen mag. Die Hoffnung würde dann darin bestehen, daß solches Nachdenken den Boden für ein Handeln im Sinne des Ja zur Menschheit bereitet. Das steht so nicht bei Arendt, entspricht aber ihren Gedankengängen der damaligen Zeit.[62] In den Manuskripten selbst findet sich die Formulierung, daß »eine entscheidende Änderung zum Heil ... nur durch eine Art Wunder geschehen«** könne und daß »Wundertäter« in diesem Zusammenhang der Mensch sei, der, selbst ein Anfang, etwas Neues beginnen, der handeln kann.***

* In dieser Ausgabe S. 83.
** In dieser Ausgabe S. 31.
*** In dieser Ausgabe S. 34.

Auf diese Weise wird auch so etwas wie ein Gebäude der Rechtfertigung für die eigene Tätigkeit des politischen Philosophierens oder Theoretisierens errichtet. Doch Vorsicht ist bei der Bewertung geboten! Arendt ist nicht eitel, in ihrer spezifischen Sorge um die Welt ist sie glaubwürdig. Sie will nicht erziehen, sondern überzeugen – und dies in der Einsicht, daß ihr eigener Weg auch ein Irrweg sein könnte, daß die von ihr in die Öffentlichkeit getragenen Urteile und Vorschläge auch verworfen werden mögen. Ein Appell im Sinne »innerer Umkehr«, wie ihn Karl Jaspers in seinem Buch *Die Atombombe und die Zukunft des Menschen* so eindringlich formuliert, findet sich bei ihr nicht, und ganz fern liegt ihr die Absicht, ein Programm zur Änderung/Verbesserung der Welt zu initiieren. Sie will »verstehen«, so hat sie nicht nur einmal gesagt[63] und klargemacht, daß es sich um ein aus der Pluralitäts-Sicht entwickeltes Verstehen handelt.[64] Alles in ihren Schriften, was darüber hinausgeht, bleibt in diesen Manuskripten wie auch im veröffentlichten Werk im Raum stehen. Es zu instrumentalisieren ist verlokkend; aber der Autorin wird man auf diese Weise nicht gerecht.[65] Das Verstehen andererseits ist ein nicht endender Prozeß, er kann angehalten, darf aber nicht ganz zum Stillstand gebracht werden. Hannah Arendts Arbeiten zur politischen Theorie sind durchweg »Übungen«, »Exerzitien« – »exercises in political thought«.

Ein neben der Hintergrundbefragung und Spurensuche wesentlicher Bestandteil des Verstehens im Arendtschen Sinne ist das Messen gegenwärtiger Erfahrungen an den vergangenen oder das historische Vergleichen. Immer wieder fragt sie, ob und inwiefern es das, was wir heute erleben, in der Geschichte schon einmal gegeben hat, was also das Neue, das Einmalige ist und wie es bestimmt werden kann. In den hinterlassenen Manuskripten richtet sich dieses Frageinteresse, angesichts der Verwüstungen durch Bomben und Atombomben im Zweiten Weltkrieg, auf den totalen oder Vernichtungs-Krieg – jenen Krieg, der »sich nicht mit der Zerstörung einzelner militärisch wichtiger Punkte begnügt, sondern darangeht – und nun auch technisch darangehen kann –, die gesamte zwischen Menschen entstandene Welt zu vernichten«*.

Als »Ur-Beispiel« eines solchen Krieges wird der Trojanische Krieg diskutiert – der Krieg der Griechen gegen Troja, »der mit einer so vollständigen Vernichtung der Stadt endete, daß man bis in die jüngste Zeit hat glauben können, es habe sie überhaupt nie gegeben«. Nach einem kühn geschlagenen Bogen, der mit dem Hinweis abhebt, daß Homers Lied, die Ilias, »nicht schweigt von dem überwundenen Mann, daß es für Hektor nicht weniger zeugt als für Achill und daß ... [der] Sieg Achill nicht größer und Hektor nicht kleiner, die Sache der Griechen nicht gerechter und die Verteidigung Trojas nicht ungerechter macht«**, weitergeführt wird über die Aristotelische »phronesis« und schließlich bei Kants »erweiterter Denkungsart« und der Bemerkung, daß in der Kantschen Philosophie das eigentliche politische Vermögen die Urteilskraft ist,[66] wieder aufsetzt, formuliert Hannah Arendt das Ergebnis ihres Nachdenkens in einem eindrucksvollen Plädoyer für die Pluralität von Menschen und Völkern, von Standorten und Weltsichten. Sie kommt weiterhin auf »zentrale Konzeptionen des Politischen« zu sprechen, auf Vertrag und Bündnis, und in einem ausführlichen Vergleich des römischen Erfahrungs- und Denkhorizonts mit dem griechischen (Außenpolitik vs. Innenpolitik; Gesetz als Bindung/Verbindung von Menschen

---

* In dieser Ausgabe S. 90.

** In dieser Ausgabe S. 92.

und Völkern vs. Gesetz als Grenzziehung etc.) verdeutlicht sie, daß das Politische in den verschiedensten inhaltlichen Gestaltungen auftreten und wieder verschwinden kann. Was bis heute, trotz Totalitarismus und Atombombe, dagegen nicht verschwunden ist, ist die im Begriff »Politik« tradierte Vorstellung eines durch Gesetze geschaffenen politischen Raums: »Jedes Gesetz schafft vorerst einen Raum, in dem es gilt, und dieser Raum ist die Welt, in der wir uns in Freiheit bewegen können. Was außerhalb dieses Raumes ist, ist ohne Gesetz und genau gesprochen ohne Welt; im Sinne menschlichen Zusammenlebens ist es eine Wüste.«*[67] Welt zerstören heißt Wüste erzeugen. Um ihre Sorge um die Welt auszudrücken, hat sich Hannah Arendt immer wieder auch der Wüste-Oase-Metapher bedient.[68]

Soweit zu den hinterlassenen und hier veröffentlichten Fragmenten. So erhellend ihre Lektüre im einzelnen sein mag, insgesamt wird der Leser unbefriedigt bleiben, weil Arendt die Teile, die ihrer »Einführung in die Politik« erst die eigentlichen Konturen gegeben hätten, nämlich die unter den Überschriften »Die Sokratische Position« und »Pluralität in den Staatsformen« vorgesehenen Kapitel, nicht in Angriff genommen hat. Man kann aber versuchen, deren Horizont – unter Rückgriff auf Vorlesungsmanuskripte aus den fünfziger und sechziger Jahren und das veröffentlichte Werk – abzustecken, was im folgenden Abschnitt geschehen soll.

* In dieser Ausgabe S. 122.

4. »Die Sokratische Position« – »Pluralität in den Staatsformen«: Zwei nicht geschriebene Kapitel

Die Bedeutung von Sokrates für Hannah Arendts Vorstellungen zur politischen Theorie kann nicht hoch genug eingeschätzt werden.[69] Sokrates' Erfahrungen mit der Politik in der athenischen Polis stehen, nach Arendt, am Anfang dessen, was im Verlauf der abendländischen Geschichte die »politische Philosophie« oder »politische Theorie« werden sollte. Die politische Philosophie, notiert sie, »ist durch ein Ereignis verursacht, und zwar durch ein politisches Ereignis: den Prozeß gegen Sokrates, der aus einem Konflikt zwischen Polis und Philosophie erwachsen ist«.[70] An anderer Stelle heißt es: »Unsere Tradition politischen Denkens begann, als für Plato der Tod des Sokrates zum Anlaß wurde, den Glauben an die Polis zu verlieren und gleichzeitig bestimmte Grundlagen der Lehren des Sokrates anzuzweifeln. Die Tatsache, daß Sokrates nicht fähig gewesen war, seine Richter von seiner Unschuld und seinen Verdiensten, die für den besseren und jüngeren Teil der Bürgerschaft Athens so offen zutage gelegen hatten, zu überzeugen, nährte Platos Zweifel an der Geltung der Überzeugungskunst. Das Schauspiel, in dem Sokrates seine ›doxa‹ den unverantwortlichen Meinungen der Athener zu unterbreiten hatte und in dem man mitansehen mußte, wie sie von einer Stimmenmehrheit besiegt wurde, brachte Plato dazu, Meinungen zu verachten und nach absoluten Maßstäben zu verlangen, mit denen menschliche Taten zu beurteilen wären und menschliche Handlungen ein gewisses Maß an Verläßlichkeit erhalten könnten.«[71] Mit der Verurteilung und dem Tod des Sokrates trat für Arendt die Entwicklung ein, in deren Verlauf sich Philosophie und Politik immer mehr – bis hin zur Feindseligkeit – voneinander entfernten. Es begann jene Traditionslinie, die sich auf *den* Menschen statt auf *die* Menschen konzentrierte, in der »Herrschaft« und »Gewalt« in das Zentrum des Nachdenkens über die politischen Angelegenheiten rückten und »Freiheit« und »Macht« in den Hintergrund gedrängt wurden beziehungsweise ganz verloren gegangen sind. Plato, nicht Sokrates, wurde »der Vater der politischen Philosophie des Abendlandes«*. Erst bei Kant, den sie gerne, unter Berufung auf Moses Mendelssohn, den »Alles-Zermalmer« nennt, findet Hannah Arendt dann Ansätze eines neuen politischen Denkens,[72] die aber auf die Hauptrichtung politischen Denkens bis ins 20. Jahrhundert hinein ohne Einfluß, ja weitgehend unentdeckt geblieben seien. Diese Ansätze sucht sie – geleitet von der Forderung nach einer politischen Theorie, die ihre Maßstäbe aus dem Politischen selbst (nicht aus der Philosophie und nicht aus ihm äußerlichen Zwecken) zu schöpfen habe – in die Diskussion einzuführen und weiterzuentwickeln.

Doch ist Sokrates nicht nur insofern von Bedeutung, als dem mit seiner Person verbundenen politischen Ereignis eine so erhebliche Rolle für Ursprung und Entwicklung der politischen Philosophie zugewiesen wird, sondern auch deshalb, weil Hannah Arendt an den Sokratischen Lehren sozusagen die Gegentradition festmacht. Unter Berufung auf Sokrates arbeitet sie das heraus, was ihrer Meinung nach auf dem philosophiebestimmten Wege des abendländischen Nachdenkens über die politischen Angelegenheiten verdrängt wurde und grundlegend sein könnte für eine politische Philosophie neuer Art, in deren Mittelpunkt die Pluralität des Menschen stehen müsse. Pluralität, heißt es in einem unveröffentlichten Manuskript von 1953, hätte Plato als

---

* In dieser Ausgabe S. 54.

»lästig« (»annoying«) empfunden, weil sie die vom Philosophen bevorzugte Einsamkeit beeinträchtige, weil sie für Meinungen (anstatt für Wahrheit) stehe und weil sie den Einen von den Anderen abhängig mache.[73] Dieses Vorurteil Platos gegen die Pluralität habe die abendländische politische Philosophie belastet. Auf die Philosophen vor Plato wird also derjenige verwiesen, der nach den Wurzeln pluralistisch orientierten politischen Philosophierens sucht.

Spätestens 1971, mit der Veröffentlichung ihres Aufsatzes »Thinking and Moral Considerations«[74], ist in der Öffentlichkeit bekannt geworden, wie wichtig für Arendt in diesem Zusammenhang Sokrates gewesen ist, beziehungsweise das, was dieser »Philosoph«, der kein eigenes Werk hinterlassen hat, der Überlieferung zufolge gelehrt hat. An ihn, den »Denker, der immer unter Menschen blieb, der den Markt nicht scheute, der Bürger unter Bürgern war,«[75] wandte sie sich damals vor allem, um zu klären, was ihr an der Figur des Adolf Eichmann zur drängenden Frage geworden war, ob nämlich ein Zusammenhang zwischen der Unfähigkeit zu denken und verbrecherischem Tun bestehe. Ungefähr zur gleichen Zeit hatte sie Sokrates auch im Zusammenhang mit ihren Überlegungen zum zivilen Ungehorsam bemüht.[76] Ohne ausdrücklich genannt zu werden, ist er jedoch bereits im frühen Totalitarismus-Buch präsent, worauf weiter unten hingewiesen werden wird.

Das für die »Einführung in die Politik« geplante Kapitel mit dem Thema »Die Sokratische Position« sollte sich den Lehren des Sokrates zuwenden, was sich aus den wenigen Stichworten in den erhalten gebliebenen handschriftlichen Notizen entnehmen läßt.* Die Stichworte sind darüber hinaus eindeutig genug, um die Annahme zu rechtfertigen,

* Siehe im Anhang, S. 195 f.

daß das geplante Kapitel im wesentlichen Gedanken zu Sokrates enthalten hätte, wie sie in dem Aufsatz »Thinking and Moral Considerations« zu finden sind. Eine weitere Quelle für Arendts Sokrates-Interpretation ist der jüngst von Jerome Kohn herausgegebene dritte Teil der Vorlesung »Philosophy and Politics«, die Arendt 1954 an der University of Notre Dame gehalten hat.[77] Beim Vergleich dieses frühen Textes, der zum Teil bis in die Formulierungen hinein dem der Princeton-Vorlesung »Karl Marx and the Tradition of Political Thought«[78] entspricht, mit dem späten, der seine letzte Gestalt in den beiden Sokrates-Kapiteln in *Das Denken*[79] erhielt, fällt auf, daß sich Arendts Gedanken zu Sokrates zwar verfeinert, aber im Kern nicht geändert haben. Das gilt auch, wenn man zusätzlich die zeitlich zwischen beiden liegenden Aufzeichnungen für die Vorlesung »Introduction into Politics« von 1963[80] berücksichtigt.

Zwei Punkte sind es vor allem, die Arendt besonders heraushebt: zum einen die Sokratische Methode, mit den Begriffen »Hebamme«, »Stechfliege« und »Zitterrochen« (d. i. ein Fisch aus der Familie der elektrischen Fische, der bei Berührung Lähmungen hervorruft) näher gekennzeichnet; zum anderen die Sokratischen Vorstellungen von »Schein« und »Sein« und von dem »Zwei-in-Einem«.

Zunächst zur Sokratischen Methode. In der Vorlesung »Introduction into Politics«[81] fragt sich Hannah Arendt: Wie kann unser Sinn für das Politische durch die Frage »Was ist Politik?« gesteigert werden, wenn das Ergebnis des Fragens gerade nicht eine explizite, unzweideutige Antwort ist? Oder konkreter: Wenn wir über ein Thema, etwa die Gerechtigkeit, debattieren, heißt das nicht, daß wir dann auch eher geneigt sind, gerecht zu handeln? Die zweite Frage wird bejaht, und dies begründet Arendt unter Hinweis auf den

Dialog des Sokrates mit Euthyphron, in dem es darum geht, was »fromm« ist. Wie soll sich Euthyphron verhalten, nachdem er herausgefunden hat, daß sein Vater einen Sklaven, der selbst ein Mörder gewesen sein soll, getötet hat? Ist es »fromm«, denjenigen, der Unrecht tut, zu verfolgen, ist »fromm«, was den Göttern lieb ist? – wer tut Unrecht, und was ist den Göttern lieb? Im Gespräch werden die Meinungen des Gesprächspartners erfragt und ins Bewußtsein gehoben (unterstützt von der »Hebamme« Sokrates »geboren«); mit Fragen und Antworten wird versucht, die Wahrheit zu finden. Doch am Ende des hin- und hergehenden Dialogs steht die Erkenntnis, daß man, um weiterzukommen, wieder von vorne beginnen müsse. Nichts allerdings, so Hannah Arendt, deute darauf hin, daß die mäeutische Frage-Antwort-Untersuchung beim nächsten Mal nicht genauso ausgehen werde. Dieser wie auch die anderen Sokratischen Dialoge sei, so zitiert sie Ernest Barker[82], »mehr aporetisch als didaktisch und mehr auf die Stimulierung des Denkens gerichtet als darauf, eine Lösung für das Problem zu bieten«. In der Diskussion über das, was fromm ist, würde man – Sokrates folgend – in die Lage versetzt, »fromme Dinge« zu tun, obwohl man im Sinne einer Definition nicht herausfinden könne, was eigentlich Frömmigkeit sei. Darüber hinaus: Auch wenn diese Art Gespräch es möglich mache, »fromme«, »gerechte« etc. Dinge zu tun, sei damit nicht automatisch gegeben, daß die Menschen auch fromm und gerecht werden. Der Akzent für Arendt liegt, mit anderen Worten, auf dem (öffentlichen) Bereich des Handelns und seiner Beeinflussung durch ein Denken, das der Sokratischen Methode verpflichtet ist – jener Methode, deren zusätzliche Funktion darin besteht, ideologisch verkrustete Meinungen, auch Institutionen aufzubrechen (Sokrates als »Stechfliege« oder »Zitterrochen«).

Impliziert ist die Annahme, daß Menschen, zwischen denen durch Denken und Handeln Macht entsteht, unmenschliche, nicht-menschenwürdige Zustände gemeinsam beseitigen und etwas Neues, Besseres begründen können.[83] Das klingt verdächtig nach »heiler Welt«. Doch so heil ist diese Welt nun auch wieder nicht; sie steht auf keinem festen Untergrund, denn sie ist Gefahren ausgesetzt. Gefährlich ist das Denken selbst, weil es, »von der Stechfliege erregt«, auch zu Zynismus, Zügellosigkeit und Nihilismus führen, weil es »sich jederzeit gegen sich selbst wenden« kann. Und Gefahr droht vom Nicht-Denken, genauer: von der Tatsache, daß den Menschen das Nicht-Denken soviel leichter fällt als das Denken.[84]

Der zweite Gesichtspunkt, unter dem die Lehren des Sokrates für Arendts politische Theorie so überaus bedeutsam sind, wird in den handschriftlichen Notizen in dem Satz zusammengefaßt: »Pluralität dringt in das Alleinsein.«* Diese Feststellung sollte offenbar aus der Interpretation von zwei in der philosophiegeschichtlichen Tradition dem Sokrates zugeschriebenen »positiven« Aussprüchen erläutert werden: Es wäre besser für mich, wenn meine Lyra verstimmt wäre oder ein von mir dirigierter Chor laut in Dissonanzen ertönte, als wenn ich, der ich einer bin, mit mir selbst nicht übereinstimmte und mir widerspräche, und: Sei so, wie du erscheinen möchtest.[85] Beide Maximen und eine weitere: Es ist besser, Übel zu leiden als Übel zu tun,[86] werden in allen einschlägigen Passagen des Arendtschen Werkes erwähnt und besprochen. Das in unserem Zusammenhang Wesentliche ist, daß Hannah Arendt in ihrem interpretierenden Nachdenken über diese Sätze Aspekte dessen sichtbar werden läßt, wie sie »Pluralität«

* Im Anhang S. 195.

anthropologisch begründet, und was sie unter »Pluralität« versteht.

Es gibt für Arendt so etwas wie ein Grunderlebnis »Pluralität«, und das ist das Denken, das, was sich im Menschen als Bewußtsein/Gewissen abspielt; es ist das Sokratische »Zwei-in-Einem«. Dies im einzelnen zu erläutern und zu diskutieren, würde hier zu weit führen.[87] Festgehalten seien aber einige grundsätzliche Einsichten des Arendtschen Pluralitäts-Verständnisses: Der Mensch kann nur dann im Einklang mit sich sein, wenn es einen Zwei- oder Mehrklang gibt, um also Einer zu sein, braucht er die Anderen; nur im Verkehr mit Anderen kann er – politisch zugespitzt – »Freiheit« erfahren;[88] er muß in sich sowie zwischen sich und den Anderen Widerspruch zulassen, anders gesagt: nicht, wie in totalitären Systemen, aus der Furcht leben, sich in Widersprüchen zu verlieren,[89] was zugleich heißt, daß er sich nicht widersprechen darf, weder logisch noch ethisch; er muß sich darum kümmern, wie und was die Anderen wahrnehmen, und dies bei der eigenen Wahrnehmung berücksichtigen, ja er kann sich gar nicht so kennen, wie die Anderen ihn kennen;[90] die Welt – wenn sie wirklich nur die Alternative Übeltäter oder Leidender zuläßt –, die Anderen sind wichtiger als das Selbst, anders gesagt: zur Pluralität gehört das Spannungsverhältnis zwischen dem Einen und den Anderen, zwischen dem (plural begriffenen) Einzelnen und der Welt.[91]

Zusammen mit der Pluralität begründet Hannah Arendt die Gleichheit im politisch-öffentlichen Raum aus ihrer Sokrates-Interpretation heraus. Die entsprechenden Ableitungen im einzelnen wiederzugeben, die Implikationen für den Gleichheitsbegriff und die daraus resultierende Kritik am Rousseauistischen Gleichheitsbegriff herauszuarbeiten: auch das überstiege den Rahmen dieses Kommentars.[92] Nur das generelle »Ergebnis« sei mitgeteilt. Beide, Pluralität und Gleichheit, werden von Arendt aufs engste aneinander gekoppelt: Keine Pluralität im recht verstandenen Sinne ohne Gleichheit, keine Gleichheit im recht verstandenen Sinne ohne Pluralität!

Im Horizont dieser selbst-geschaffenen Vorstellungswelt diskutiert Arendt unter anderem auch die Lehre von den politischen Herrschaftsformen.

Damit wenden wir uns dem vierten projektierten Kapitel, »Pluralität in den Staatsformen«, zu. Der Titel wird Programm gewesen sein: »Pluralität« – als die Tatsache des Menschseins, die grundlegend für Politik ist – soll der Maßstab sein, unter dem die »Staatsformen« untersucht werden. Gleichzeitig verbirgt sich in ihm mit großer Wahrscheinlichkeit eine Verlegenheit. Staatsformen steht für »Herrschaftsformen«, den in diesem Zusammenhang weit geläufigeren Begriff, den Hannah Arendt möglicherweise deshalb nicht verwandte, weil sich Pluralität und Herrschaft, wie sie sie bestimmt, gegenseitig ausschließen. Aber ist »Staatsformen« deshalb die bessere Wahl? Ist dieser Begriff – einmal abgesehen von der Belastung, die der Begriff »Staat« seinerseits beisteuert – nicht genauso wie »Herrschaftsform« mit traditionellen Inhalten besetzt, die ihn für eine politische Theorie neuer Art untauglich machen?[93]

Ob und wie Hannah Arendt dieses Dilemma gelöst hätte, wissen wir nicht. In den handschriftlichen Notizen ist außer dem Titel »Pluralität in den Staatsformen« nicht viel mehr notiert, als daß der Herrschaftsbegriff kritisch durchleuchtet werden soll. »Politik ist Herrschaft« wird unter den Vorurteilen gegen Politik beziehungsweise den »anti-politischen Gemeinplätzen« aufgeführt, und offensichtlich sollte (wie etwa in den veröffentlichten Arbeiten über »Autorität«[94]) herausgearbeitet werden, daß das Herrschaftsdenken, wie es sich in der abendländischen politischen Philosophie entwikkelt hat, römisch (und nicht griechisch) geprägt ist.* Was sonst noch Gegenstand des geplanten Kapitels gewesen wäre, läßt sich bis zu einem gewissen Grade aus dem veröffentlichten und unveröffentlichten Werk erschließen. Hinweise scheinen in konzentriertester Form in dem Vorlesungsmanuskript von 1953 »Karl Marx and the Tradition of Political Thought«[95] überliefert. Für die folgenden Bemerkungen, die sich, wie im Falle des Kapitels »Die Sokratische Position«, auf eine Art Kurzreferat über die Hauptwege (unter Außerachtlassung der Nebenwege) von Arendts Überlegungen zum Thema Staats-/Herrschaftsformen beschränken müssen, soll dieses Manuskript daher die Grundlage bilden.

Vom Gesichtspunkt der »Pluralität« stellt sich als wichtigste Frage: Wie leben die Menschen zusammen? Grundlegend für das Zusammenleben der Menschen sind nach Arendt – und das gilt auch schon für die frühe Vorlesung – das Handeln und das Reden. Grundlegend ist weiterhin, daß das politische Zusammenleben sich in einem abgegrenzten Raum abspielt – eine Annahme, auf der natürlich auch die Lehre von den Staats- und Herrschaftsformen basiert.

Diese allgemein bestimmte Grundlage vorausgesetzt, arbeitet Hannah Arendt unter expliziter Berufung auf Montesquieu – teilweise im Rahmen der tradierten »Herrschafts«-lehre, teilweise über diese hinausgehend – verschiedene »Prinzipien« heraus, die das Zusammenleben der Menschen prägen können und historisch im politischen Bereich vorgekommen und deshalb für ihn relevant sind.[96] Das unsere Tradition des politischen Denkens fast ausschließlich bestimmende Prinzip ist das von Herrschen und Beherrscht-

---

* Siehe im Anhang S. 193; vgl. auch Fragment 3c, S. 102ff.

werden (»ruling and being ruled«).[97] Andere Prinzipien und die entsprechenden Erfahrungen sind, angesichts des Übergewichts dieses Traditionsstranges, überlagert oder ganz verlorengegangen. Es sind dies: das Handeln im Sinne des Anfangens, dessen Erfahrungsbasis im Königtum der griechischen Vor-Polis-Zeit, also im wesentlichen in kriegerischen Auseinandersetzungen, liegt; ferner das Zusammenleben im Sinne des »aristeuein«, nämlich das Sich-unterscheiden-, Sich-auszeichnen-Wollen, wie es für die Aristokratie als Herrschaftsform, also in der in Arendts Verständnis relevanten Geschichte erstmals für das Leben in der Polis, typisch war; dann die Freude an der Gefährtenschaft/Kameradschaft unter Gleichen, ebenfalls in der Polis, aber auch im frühen Königtum anzutreffen; weiterhin die Fähigkeit, »societates« zu gründen, das Zwischen-den-Völkern zu gestalten, wie es die Römer verstanden und die »gründenden(!) Väter« der Amerikanischen Revolution im Sinne des »law giving«[98] weiterentwickelt haben; schließlich das, was Arendt hier als Zusammenfallen von Handeln und Vergeben im Christentum apostrophiert und womit sie die Erkenntnis meint, daß jeder, der etwas tut, bereit sein muß zu vergeben, und daß jeder, der vergibt, tatsächlich etwas tut.[99]

Zur traditionellen Sichtweise gehört das Element des Rechts oder der Rechtmäßigkeit. Auf der Basis der Unterscheidung nach Herrschenden-Beherrschten werden als rechtmäßige Herrschaftsformen bestimmt: die Ein-Mann-Herrschaft (oder Monarchie), die Herrschaft der Wenigen (oder Oligarchie), die Herrschaft der Vielen (oder Demokratie) und – in einer für Arendt typischen Verlängerung der Reihe – die Herrschaft des Niemand (oder Bürokratie). Eine Art negative Folie für alle bildet die Tyrannis, die philosophisch niemals als Herrschaftsform anerkannt worden ist. Für diese Traditionslinie zieht Hannah Arendt vor allem

Plato und Aristoteles heran und stellt fest, daß sie mit Kant endet, der nur noch zwischen einer Rechtsherrschaft, die er »republikanisch« nennt, und einer Unrechtsherrschaft, der »Tyrannis«, unterschieden hat.

Die Rechts-/Unrechts-Komponente in der traditionellen Lehre von den Staatsformen – das Recht in seiner Funktion, den politischen Raum einzuzäunen und zu sichern – übernimmt Hannah Arendt. Es gibt lediglich eine Welt, »die Erde«, in der die Menschen wohnen können, so stellt sie fest, und innerhalb dieses »Raumes« können nur gewisse Regeln, die gemeinsam geschaffen wurden und werden, ein menschenwürdiges Zusammenleben garantieren. Die Betonung liegt dabei auf einem gemeinsamen Schaffen, »Herstellen« dieses Raumes. Das natürlich ist eine Absage an ein vertragstheoretisches Rechtsverständnis, für das Rechte »natürlich« sind und wo die Menschen nichts weiter zu tun brauchen, als diese natürlichen Rechte sich gegenseitig vertraglich zuzusichern. Als im Sinne eines »negativen Maßstabs der Rechtmäßigkeit« (siehe unten) von Menschen selbst »hergestellter«, in diesem Verständnis »künstlicher«[100] Raum erhält die rechtliche Komponente in Arendts von der Pluralität ausgehenden Vorstellungen zur politischen Theorie ihren Platz.

Die alle traditionellen Lehren von den Staatsformen dominierende Herrschaftskomponente dagegen läßt sich nicht mit dem Pluralitätspostulat vereinbaren. Im Gegenteil: Mit dem Sieg des Herrschaftsaspekts im politischen Denken und in der politischen Wirklichkeit, mit der Zweiteilung der politischen Gemeinwesen in Herrschende und Beherrschte, Befehlende und Gehorchende ist der eigentlich politische Bereich – also jener Bereich, in dem sich die Menschen als »plurale« erfahren können – verloren gegangen. Ihn freizulegen, wieder zu Bewußtsein zu bringen und damit in die heutige politische Debatte einzuführen, ist Hannah Arendt ein wichtiges Anliegen. Ihre Untersuchungen also haben eine zweifache Stoßrichtung: Einmal – negativ, wenn man so will – geht es um die Kritik am herrschaftsbestimmten Denken, zum anderen – dementsprechend positiv – um die Herausarbeitung dessen, was es außerdem an Denken und Erfahrungen gegeben hat. Mehr, als damit Denkprozesse und den Meinungsaustausch anzuregen, hat Arendt wahrscheinlich nie gewollt. Gleichzeitig allerdings ist im Auge zu behalten, daß solches Freilegen des Erfahrungshorizontes einen existentiellen Hintergrund hat; es steht im Kontext ihres lebenslangen Bemühens, die politischen Erfahrungen des 20. Jahrhunderts (des Totalitarismus mit allen seinen Begleiterscheinungen) aufzuarbeiten und eine Haltung zur »Welt« zu gewinnen, aus der heraus das Leben als lebenswert erfahren werden kann.

Zur Erläuterung ihrer Position argumentiert Arendt wie folgt: Schon bei Plato war die Lehre von den Herrschaftsformen mit der Frage nach der besten Herrschaftsform verbunden, und darauf basierend entstanden die Thesen von den Mischformen etwa aus Monarchie und Republik oder Aristokratie und Republik. Wenn man nun aber Mischformen als Antwort auf die Frage nach der besten Herrschaftsform vorschlägt, dann kann Herrschaft nicht das letzte Wort haben. Montesquieu sei deshalb zu der Auffassung gelangt, daß es zur Bestimmung eines Staatswesens weniger entscheidend sei, ob Einer, Wenige, Viele oder Alle »herrschen«, daß es vielmehr auf die »Prinzipien« politischen Handelns, die für Herrscher und Beherrschte gelten, ankomme. Hannah Arendt definiert diese als »leitende Kriterien, mit denen alle Taten im öffentlichen Raum jenseits des ausschließlich negativen Maßstabs der Rechtmäßigkeit beurteilt werden und die für das Tun sowohl der Herrscher wie der Beherrschten ausschlaggebend sind«[101]. Ein Bereich der Existenz sei damit abgesteckt, welcher in spezifischem Sinne menschlich sei, »gleich weit entfernt von dem Göttlichen ... und dem Tierischen«* – also der »eigentlich menschliche Bereich«** im Unterschied zu einem tierischen, von der Notwendigkeit bestimmten Bereich und der nur im Göttlichen möglichen uneingeschränkten Freiheit und Eigenständigkeit. Die »Welt« wird dem plural begriffenen Menschen zugeordnet, deshalb: »Weltlosigkeit« des Tieres!

In diesem Sinne läßt sich eine Linie von Montesquieu aus weiterziehen – hin zu Karl Marx, dessen Lehren für Hannah Arendt im vorliegenden Zusammenhang die letzte wichtige Station sind. Bei Marx ist der politische Raum, wie bereits hervorgehoben, vollkommen von der Unterscheidung zwischen Herrschern und Beherrschten, Unterdrückern und Unterdrückten, Ausbeutern und Ausgebeuteten bestimmt, und da das Recht von Marx als »Ideologie« abqualifiziert wird, gilt für den jeweiligen politischen Raum nur noch das Herrschafts-/Gewaltprinzip. Es gibt, genau genommen, keine marxistischen Herrschaftsformen, nur den einen ubiquitären Zustand, in dem sich Herrscher und Beherrschte gegenüberstehen. Marx hat mit der Tradition gebrochen – aber er tat dies in einer Weise, die ihn in deren Horizont verbleiben ließ. Indem er die Tradition radikalisierte, hat er den letzten, entscheidenden Beitrag geleistet. »Die Größe von Marx' Herrschaftsbegriff liegt darin, daß er uns über einen der Ursprünge aufklärt, daß er jenen Anfang sichtbar macht, von dem aus die Vorstellung von Herrschaft ihren Weg in die Definition politisch-staatlicher Gebilde gefunden hat.«[102]

Die »Reinheit« der Marxschen Argumentation öffnet den

* In dieser Ausgabe S. 37f.
** In dieser Ausgabe S. 90.

Weg zur kritischen Aufarbeitung der Tradition.[103] Dabei stellt sich für Arendt, wie auch in ihrem Buch *Vita activa* nachgelesen werden kann, heraus, daß die tatsächliche Erfahrung des Herrschens und Beherrschtwerdens in den Bereich des (griechischen/römischen) Haushalts gehörte, wo der Hausherr der Befehlende war, die Sklaven, Frauen und sonstigen Familienmitglieder die Gehorchenden. Jene Haushaltsherrschaft war die Vorbedingung für den Hausherrn, sich mit seinesgleichen im öffentlich-politischen Raum bewegen zu können.

Der öffentlich-politische Raum hebt sich, systematisch betrachtet, nicht nur von der Haushaltsherrschaft ab, sondern es gibt, wie bereits angedeutet, eine weitere deutlich bestimmbare Grenze: die Tyrannis. Als negative Herrschaftsform sorgt die Tyrannis dafür, daß der Aspekt des Rechts nicht übersehen wird. Der Raum, in dem die Politik zu Hause ist, der Raum der Nicht-Herrschaft, das heißt der Freiheit, ist also auch der Raum des Rechts, mithin ein geschützter Raum. Die Bedeutung eines solchen Raumes für das Politische ist so hoch einzuschätzen, daß Arendt bei der Behandlung des Freiheitsbegriffs formulieren kann, die »Freiheit der Spontaneität« sei »selbst noch gleichsam präpolitisch«*.[104]

Diese Perspektive wird besonders klar, wenn man Hannah Arendts Äußerungen über den Totalitarismus als Herrschaftsform hinzuzieht. In dem Essay »Ideologie und Terror«, in dem sie einer neuen, in der Geschichte zuvor nicht bekannten Staatsform auf der Spur zu sein glaubt,[105] stellt sie die Herrschaftsformenlehre, in Anlehnung vor allem an Montesquieu, als ein nach drei Gesichtspunkten aufgeteiltes Schema dar. Geordnet wird zum einen nach den Strukturen:

---

* In dieser Ausgabe S. 51.

hierarchisch strukturierte politische Gebilde (Monarchie) einerseits und egalitär strukturierte (Republik, Tyrannis, Totalitarismus) andererseits. Zweitens wird nach Recht und Unrecht unterschieden – Recht im Sinne von gesetzlicher Regierung (Monarchie, besser: Königtum) oder verfassungsmäßiger Regierung (Republik); Unrecht im Sinne von Willkür- und Terrorregimes (Tyrannis und Totalitarismus). Im Rechtssystem gibt es den »Zaun des Gesetzes . . ., dessen relative Stabilität den Raum der Freiheit schafft und behütet, in welchem menschliche Bewegungen und Handlungen stattfinden und sich abspielen«[106]. Drittens und besonders wichtig wird der Gesichtspunkt des »einheitlichen Geistes in einer jeden politischen Formation« eingeführt – also das »Prinzip« (siehe oben) oder »Prinzip des Handelns«. In der gesetzlich verankerten Königsherrschaft ist dies die Ehre; in der verfassungsmäßig abgesicherten Republik, für die die Erfahrung, daß alle Menschen gleich (im Sinne von gleich stark und gleich geboren) sind, grundlegend ist, übernimmt die Tugend, die auf der Liebe zur Gleichheit beruht, diese Rolle; in der Tyrannis schließlich wird die Furcht zum »Prinzip«.[107]

Die Argumentation steuert auf die Frage zu, was denn nun das Prinzip sei, das für den Totalitarismus gilt. Hier hat Hannah Arendt offenbar geschwankt, ob die »Furcht« in Anspruch genommen werden kann.[108] Letztendlich scheint sie sich dafür entschieden zu haben, daß die totale Herrschaft dadurch charakterisiert ist, daß es in ihr kein Handlungsprinzip im eigentlichen Sinne gibt.[109] Alle Menschen, die unter totalitären Bedingungen an welcher Stelle des jeweiligen Systems auch immer leben (NB: der Totalitarismus gehört zu den »Volks«-Herrschaften), sind der jeweiligen Ideologie unterworfen. Ideologien erlauben kein spontanes, kein freies, selbstbestimmtes Handeln, weil ihnen die

»Logik des Deduzierens« inhärent ist. »Die Tyrannei des zwangsläufigen Schlußfolgerns, die unser Verstand jederzeit über uns selbst loslassen kann, ist der innere Zwang, mit dem wir uns selbst in den äußeren Zwang des Terrors einschalten und uns an ihn gleichschalten.«[110] Das Prinzip, das in totalitären Formen den Raum, welcher in Rechtssystemen der politische Zwischen-Raum ist, bestimmt, ist jenes »zwangsläufige Schlußfolgern«, jene »logicality« des ideologischen Denkens.[111]

Damit sind einige Aspekte des Arendtschen Denkens zum Thema Staatsformen angedeutet; unter dem Gesichtspunkt der »Pluralität« wären folgende Erkenntnisse festzuhalten: (1) »Pluralität« gibt es weder unter der Tyrannis noch unter dem Totalitarismus. (2) Pluralität hat einen Raum nur in den gesetzlich verankerten Staats-/Herrschafts-/Regierungsformen, aus denen sie jedoch unter dem Diktat des Arbeits-, Herstellungs- und Herrschaftsbegriffs im 20. Jahrhundert mehr und mehr zu verschwinden droht. (3) Unter den geschichtlich anzutreffenden Prinzipien öffentlichen Handelns schließen die folgenden Pluralität aus: Herrschaft im Sinne der Haushaltsherrschaft, Furcht sowie das zwangsläufige Schlußfolgern des ideologischen Denkens.

Denkt man an diesem Punkt konsequent weiter – und das hat auch Arendt an manchen Stellen getan –, dann kommt man zu dem Schluß, daß »revolutionäres« Handeln aus politischen Strukturen heraus, die den totalen Herrschaften (Terror-Ideologie-Kombinationen) zuzuordnen sind, nicht möglich und innerhalb tyrannischer Formen (Terror-Furcht-Kombinationen) nur bedingt möglich ist. Der Ungarische Aufstand von 1956 war innerhalb dieses Theoriegerüsts nicht vorgesehen. Deshalb ist er für Arendt so wichtig geworden. Im Anschluß an diese historische Erfahrung hat sich ihr theoretisch-philosophisches Interesse verlagert.

Überlegungen zu »Krieg und Revolution« und, im Rahmen der Staatsformenlehre, zu den Räte- oder Elementarrepubliken sind in den Vordergrund getreten; die Pläne für eine »Einführung in die Politik« haben sich entsprechend verschoben.* Ob und wie das geplante Kapitel »Pluralität in den Staatsformen« davon tangiert worden wäre, wissen wir nicht. Doch ist es unwahrscheinlich, daß Hannah Arendt ganz darauf verzichtet hätte; denn sie konnte schlecht das übergehen, was sie als die dominante Strömung abendländischen politischen Denkens angesehen, ja sogar selbst implizit immer wieder aufgewertet hat, indem sie darauf hinwies, daß es seit der Antike im Prinzip keine neue Herrschaftsform mehr gegeben habe.

Die Pläne für ein Sokrates- und ein Staatsformenkapitel zeugen von Arendts Bemühen, Ursprünge und Elemente des Politischen herauszuarbeiten beziehungsweise verlorene Traditionskomponenten wieder ins Bewußtsein zu heben und sich so in die politikwissenschaftliche Diskussion um eine neue politische Theorie einzuschalten.[112] Ihre Stimme in der Profession war und ist singulär. Nie zuvor und danach ist mit gleicher Intensität die Pluralität des Menschen als Voraussetzung allen Theoretisierens und Philosophierens über Politik in die Debatte geworfen worden. Selten auch wurde und wird mit gleicher Überzeugungskraft die Linie von der Pluralität zur Freiheit gezogen, so daß die Frage nach dem Sinn von Politik auf der prinzipiellen Ebene die »einfache« Antwort erhalten kann: »Der Sinn von Politik ist Freiheit.«**[113]

---

* Vgl. in dieser Ausgabe S. 197ff. und S. 140f.

** In dieser Ausgabe S. 28; vgl. auch S. 202f., Anm. 4.

5. Ein mögliches Schlußkapitel: »Von der Wüste und den Oasen«

Als sie ihre »Einführung in die Politik« plante und die hier erstmals veröffentlichten Fragmente niederschrieb, kleidete Hannah Arendt ihr Pathos für die Politik, anders gesagt: ihre Sorge um die Welt und das Überleben des Menschen in dieser Welt,[114] häufig in ein Metapherngewand. Sie sprach und schrieb von der »Wüste« und den »Oasen«. Das Metaphernpaar kommt sporadisch im veröffentlichten und unveröffentlichten Werk vor, so auch in den Aufzeichnungen für die »Einführung in die Politik«. »Von der Wüste und den Oasen« notiert sie als Stichpunkt,* ohne allerdings allzu viele weitere Angaben zu machen, und hin und wieder tauchen »Wüste« und/oder »Oase« in den Manuskripten auf.** An einem anderen Ort ihres Nachlasses jedoch befindet sich ein dreiseitiges Manuskript – die »Conclusion« zu der Vorlesung, die sie im Frühjahr 1955 an der University of California at Berkeley gehalten hat[115] –, das als ganzes einschlägig ist. Es könnte auch am Ende der »Einführung in die Politik«, so wie sie sich aufgrund der erhalten gebliebenen Texte darstellt, gestanden haben und soll deshalb hier wiedergegeben werden. Die Übersetzung lehnt sich so eng wie möglich an das Original an; Ungereimtheiten, die dem Umstand zuzuschreiben sind, daß Arendt diese Seiten nur für den Vorlesungsgebrauch und nicht für eine Veröffentlichung niedergeschrieben hat, wurden nicht geglättet.

---

* Siehe im Anhang S. 194; vgl. auch S. 192.

** In dieser Ausgabe S. 80, 121 ff., 124.

Fragment 4

Schlußbetrachtung: Was wir beobachtet haben, kann auch als das Anwachsen von Weltlosigkeit, das Weggleiten des Zwischen beschrieben werden. Dies ist die Ausbreitung der Wüste, und die Wüste ist die Welt, unter deren Bedingungen wir uns bewegen.

Die Wüste ist zuerst von Nietzsche erkannt worden, und er war es auch, der bei der Diagnose und Beschreibung den entscheidenden Fehler machte: In uns selbst befände sich die Wüste, glaubte er – hierin so gut wie allen gleich, die nach ihm kamen. Mit eben dieser Diagnose enthüllte er sich seinerseits als einer der bewußten Bewohner der Wüste.

Diese Vorstellung liegt der modernen Psychologie zugrunde. Sie ist die Psychologie der Wüste und gleichermaßen das Opfer der schrecklichsten Illusion in der Wüste, daß wir nämlich zu denken beginnen, mit uns stimme etwas nicht – und dies, weil wir unter den Bedingungen des Wüstenlebens nicht leben können und deshalb die Fähigkeit zu urteilen, zu leiden und zu verdammen verlieren. Insofern Psychologie versucht, Menschen zu »helfen«, hilft sie ihnen, sich den Bedingungen des Wüstenlebens »anzupassen«. Dies nimmt uns unsere einzige Hoffnung, und zwar die Hoffnung, daß wir, die wir nicht der Wüste entstammen, aber in ihr leben, in der Lage sind, die Wüste in eine menschliche Welt zu verwandeln. Die Psychologie stellt die Dinge vom Kopf auf die Füße; denn genau deshalb, weil wir unter den Wüstenbedingungen leiden, sind wir noch menschlich, sind wir noch intakt. Die Gefahr liegt darin, daß wir wirkliche Bewohner der Wüste werden und uns in ihr zu Hause fühlen.

Die andere große Gefahr in der Wüste ist, daß es die

Möglichkeiten von Sandstürmen gibt, das heißt, daß die Wüste nicht immer Friedhofsruhe ist, [daß sie dort ist,] wo zwar letztlich alles noch möglich ist, aber eine Eigenbewegung auslöst. Die totalitären Bewegungen sind jene Möglichkeiten, ihre Gefahr liegt genau darin beschlossen, daß sie den Bedingungen in der Wüste in so extremem Maße angepaßt sind. Sie rechnen mit nichts anderem und scheinen deshalb die adäquatesten politischen Formen des Wüstenlebens zu sein.

Beide, die Psychologie als die Disziplin des angepaßten menschlichen Lebens in der Wüste und die totalitären Bewegungen – die Sandstürme, in denen alles aus der totengleichen Ruhe heraus plötzlich in Pseudo-Handlung ausbricht –, bedrohen die zwei Vermögen des Menschen, mit denen wir fähig sein mögen, die Wüste (nicht uns selbst) geduldig zu verändern: das Vermögen der Leidenschaft und des Handelns. Es stimmt, daß wir unter den totalitären Bewegungen oder in der durch die moderne Psychologie gestifteten Anpassung weniger leiden, ja die Leidensfähigkeit und mit ihr die Tugend des Aushaltens [»virtue of endurance«] verlieren. Nur denjenigen, die unter Wüstenbedingungen dic Leidenschaft fürs Leben aushalten [»endure«] können, ist zuzutrauen, in sich jenen Mut zu sammeln, der an der Wurzel allen Handelns – all dessen, was dazu führt, daß der Mensch ein handelndes Wesen wird – liegt.

Die Sandstürme bedrohen darüber hinaus sogar jene Oasen in der Wüste, ohne die keiner von uns es aushalten könnte, [während] die Psychologie nur versucht, uns so an das Wüstenleben zu gewöhnen, daß wir keinerlei Bedürfnis nach Oasen mehr fühlen werden. Die Oasen sind all jene Felder des Lebens, die unabhängig oder großenteils unabhängig von politischen Bedingungen existieren. Was schief gegangen ist, ist die Politik, das heißt wir, insofern wir im Plural existieren – und nicht das, was wir tun und herstellen können, insofern wir im Singular existieren: in der Abgeschiedenheit wie der Künstler, in der Einsamkeit wie der Philosoph, in der eigentlich weltlosen Beziehung zwischen Mensch und Mensch, wie sie in der Liebe und manchmal in der Freundschaft gegeben ist (wenn, in der Freundschaft, ein Herz sich direkt dem anderen zuwendet, oder wenn, in der Liebe, die Welt in der Leidenschaft des Zwischen in Flammen aufgeht). Wären diese Oasen nicht intakt, wüßten wir nicht, wie wir atmen sollen. Und Politikwissenschaftler sollten das gerade wissen! Wenn sie, die ihr Leben in der Wüste verbringen müssen, indem sie dies und jenes zu tun suchen und dabei ständig über die Wüstenbedingungen klagen, die Oasen nicht zu nutzen wissen, werden sie sogar ohne die Hilfe der Psychologie Wüstenbewohner werden. In anderen Worten: Sie werden austrocknen. Die Oasen allerdings sind nicht gleichzusetzen mit »Entspannung«; sie sind lebenspendende Brunnen, die uns befähigen, in der Wüste zu leben, ohne uns mit ihr zu versöhnen.

Die entgegengesetzte Gefahr tritt sehr viel häufiger auf. Die gewöhnlich dafür gebrauchte Bezeichnung ist Eskapismus. Man flieht aus der Welt der Wüste, aus der Politik in – was immer es sein mag. Das ist eine weniger gefährliche und verfeinertere Weise, die Oasen zu vernichten, als die Sandstürme, welche deren Existenz sozusagen von außen bedrohen. Wenn wir fliehen, tragen wir den Sand in die Oasen – wie Kierkegaard, der, als er dem Zweifel zu entgehen suchte, eben diesen seinen Zweifel in die Religion hineintrug, weil er gläubig wurde. Mangelndes Aushalten-Können, der Fehler, den Zweifel als das zu erkennen, was er war, und ihn als eine der Hauptbedingungen des modernen Lebens auszuhalten, machte den Zweifel zu einem Bestandteil in dem einzigen Bereich, in den er niemals eindringen sollte: in dem Bereich des Religiösen im strengen Sinne des Wortes, im Bereich des Glaubens. Dies ist nur ein Beispiel, um zu zeigen, was wir tun, wenn wir fliehen. Weil das so ist, weil die Oasen, die Leben spenden können, vernichtet werden, wenn wir uns zum Zwecke der Flucht dorthin begeben, mag es manchmal so scheinen, als ob sich alles miteinander verschwört, um die Wüste allgemein werden zu lassen.

Das aber ist nur Einbildung. Letzten Endes ist die Welt immer ein Produkt der Menschen, ein Produkt des Amor mundi des Menschen. Das menschliche Kunstwerk. Wahr ist immer, was Hamlet sagte: »The time is out of joint, the cursed spite that I was born to set it right.«* Die von den Sterblichen zu ihrer potentiellen Unsterblichkeit erbaute Welt ist stets bedroht – von der Sterblichkeit derjenigen, die sie gebaut haben, und von der Gebürtlichkeit derjenigen, die kommen, um in ihr zu leben. In einem gewissen Sinne ist die Welt immer eine Wüste und bedarf derjenigen, die Anfangende sind, um neu begonnen werden zu können.

Aus den Bedingungen jener Wüste, die mit der Weltlosigkeit (welche nicht mit der christlichen, auf das Jenseits gerichteten Weltlosigkeit verwechselt werden sollte) in der Neuzeit begann, ergab sich die Frage von Leibniz-Schelling-Heidegger: Warum sollte es überhaupt etwas geben und nicht vielmehr nichts? Aus den Bedingungen der modernen Welt, wo wir nicht nur von dem Nicht-Ding-Sein, sondern auch von dem Nicht-Jemand-Sein

* »Die Zeit ist aus den Fugen; Schmach und Gram, / Daß ich zur Welt, sie einzurichten, kam!« (Shakespeare, *Hamlet,* I,5).

bedroht sind, mag sich die Frage stellen: Warum sollte es überhaupt jemanden geben und nicht vielmehr niemanden? Diese Fragen mögen nihilistisch klingen, sind es aber nicht. In der objektiven Lage des Nihilismus, wo das Nicht-Ding-Sein und das Nicht-Jemand-Sein die Welt zu zerstören drohen, sind sie die anti-nihilistischen Fragen.

Leider hat Hannah Arendt diesen Text nicht so durchgearbeitet, daß er ohne Widersprüche wäre. Er bedarf also der Interpretation, zu der hier – im Horizont der für die »Einführung in die Politik« hinterlassenen Fragmente – einige Gesichtspunkte beigesteuert werden sollen.

Vorab jedoch – weil Werk- und Lebensgeschichtliches in der kommentierenden Betrachtung mitberücksichtigt wurde – sei darauf hingewiesen, daß gerade in jener Zeit, die hier interessiert, also in der Mitte der fünfziger Jahre, die Wüste-Oase-Metapher für Hannah Arendt ein Perzeptions- und Ausdrucksmittel bis in den persönlichen Erlebnisbereich hinein gewesen ist. Sie gebraucht sie zum Beispiel, um Karl Jaspers über das zu berichten, was sie erlebt hat, als sie 1955 erstmals auf die andere Seite des amerikanischen Kontinents, also an die Westküste (»...mit dem Zug, drei Tage und drei Nächte«), gereist ist. Zu Kalifornien heißt es in einem der Briefe: »Und dann ist es auch irgendwie wahr, daß dies die schönste, allerschönste aller Wüsten ist.« Die »Oasen« hingegen erscheinen in Gestalt eines Hafenarbeiters (der nur drei bis vier Tage die Woche arbeitet, sonst liest, denkt, schreibt und spazierengeht) und einer Doktorandin (die neben Arendt in einem Apartment, »vollgestopft mit Plato, Aristoteles, Kant und Hegel«, wohnt).[116]

Ganz konkret also ist die Oase das Kultur-, das kultivierte Land[117] und die Wüste all das, was unter Zugrundelegung eines bestimmten Maßstabes abendländischer Kultur und Bildung als nicht kultiviert angesehen werden muß. Auch in der Schlußbetrachtung und den Einführungstexten ist diese allgemein-kultur-/zivilisationskritische Bedeutung des Metaphernpaares erkennbar. Gleichzeitig wird es politisch zugespitzt. Die Wüste ist der politisch nicht gestaltete Raum; die Oasen (»die Welt, in der wir uns in Freiheit bewegen können«) dagegen sind als Raum von den Gesetzen geschaffen und werden durch sie geschützt, und dies gilt für den Raum der Innenpolitik ebenso wie für den Raum der Außenpolitik. »Wüste« in diesem Sinne ist gleichbedeutend mit totaler Herrschaft einerseits und Vernichtungskrieg andererseits, aber steht auch für totalitäre Erscheinungen in den Massendemokratien.

Nun können die Menschen nicht nur Oasen schaffen, sondern diese auch wieder zerstören, sie können »die Welt in eine Wüste... verwandeln«*. Diese Erkenntnis ist, angesichts von Totalitarismus und Atombombe, für die Menschen im 20. Jahrhundert elementar und läßt sich plausibel vermitteln. Aber die Dinge sind für Arendt komplizierter. Wüste und Oase sind wirklich gegensätzliche Begriffe, nämlich Begriffe, die auf miteinander im Kampf befindliche Realitäten verweisen; es besteht ein Spannungsverhältnis zwischen Wüste und Oase, das auszuhalten zur Bedingung menschlichen Lebens auf dieser Erde gehört. Wenn die Menschen sich in der Wüste wohlfühlen, also gar nicht merken, daß sie dort leben, negieren sie die Oasen. Wenn sie andererseits aus der Wüste in die Oasen fliehen, negieren sie die Wüste, was zugleich bedeutet, daß sie die Oasen lediglich nutzen oder ausbeuten. (NB: Die Bedrohung, von der Arendt spricht, die vom »Nicht-Ding-Sein« und »Nicht-

---

* In dieser Ausgabe S. 124.

jemand-Sein« ausgeht, besteht für die Wüste ebenso wie für die Oasen.) Beide Haltungen, das gedankenlose Sich-Wohlfühlen und der Eskapismus, sind gefährlich – einmal weil sie die Anpassung an die Wüstenbedingungen fördern; zum anderen weil sie die Unterschiede verwischen: Wo keine Wüste ist, kann es auch keine »intakte« Oase geben!

Der Gegensatz Wüste – Oase allerdings ist ungleichgewichtig: »Die Wüste ist die Welt, unter deren Bedingungen wir uns bewegen.« Worauf es Hannah Arendt – angesichts dieser Bedingtheit des Menschen – ankommt, ist, »in der Wüste zu leben, ohne uns mit ihr zu versöhnen«. Dazu gehört, daß wir die Welt, mit ihren Wüsten *und* Oasen, wie sie an uns weitergereicht wurde, nicht sich selbst beziehungsweise einer menschengemachten Dynamik überlassen. Die Sorge um die Welt impliziert so etwas wie eine Pflicht, einen Zwang[118], sich zu kümmern. Das kann auf verschiedene Weise geschehen, zum Beispiel auch, indem man »antinihilistische Fragen« in den öffentlich-politischen Raum hineinstellt und dort diskutiert. Es mögen, je nach Situation, die Leidensfähigkeit, die Tugend des Aushaltens oder der Mut zum Handeln erforderlich sein. Allgemein gesprochen, ruht die Hoffnung auf denjenigen, die unter Wüstenbedingungen leidenschaftlich leben und mutig handeln können; denn was sie tun, ist politisch.

Dritter Teil
Anhang

1. Dokumente zur Planung der »Einführung in die Politik«

Erstes Dokument
Hauptgedanken und Gliederung: Arendts handschriftliche Notizen

[022380]

Einführung in die Politik:

Es ist schwer zu sagen, was Politik ist. Für solche Fragen sind wir gewohnt, uns an die Philosophen zu wenden, die z. B. besser wissen, was Natur ist, als die Naturwissenschaftler. Dabei setzen wir voraus, daß der Philosoph für alle Menschen spricht, daß er also nicht ein anderes Verhältnis zur Natur hat als andere Menschen, sondern nur besser und tiefer darüber nachgedacht hat. In diesem Sinne nennt man die Philosophie die Mutter der Wissenschaften etc.

Ist es nun das gleiche mit Politik? *Die Berufskrankheit der Philosophen*. Sie haben eine Voreingenommenheit, und wir können ihnen nicht so blind glauben oder vertrauen, daß sie wirklich ihr Bestes tun. Andererseits: Wenn nicht die Philosophen – wer soll uns Auskunft geben?

Aber die Philosophen sprechen für alle Menschen, also ist ihr Vorurteil ein menschliches. Insofern wir wirklich Menschen sind, haben wir alle ein Vorurteil gegen die Politik.

Vgl. die Qualitätslosigkeit von Kants Anthropologie – was ist der Mensch?! – mit der Realitätslosigkeit von Platos *Nomoi**.

---

* Im Original griechisch.

[022381]

Einführung in Politik

Vorwort oder erster Absatz: Eine Rundfrage ergab: im Mittelpunkt steht »die Sorge um den Menschen«. Der Mensch sorgt sich um sich selbst. (Entd[eckung] des Selbst.) So seit dem Beginn der Neuzeit. Dagegen: im Mittelpunkt aller Politik steht die Sorge um die *Welt*. Die Wüste und die *Oasen*. Die Gefahr, die Wüste in die Oase zu verschleppen. Die Verschleppung der Welt. Politik bezweckt Änderung oder Erhaltung oder Gründung von Welt.

Die einzigen, die noch an die Welt glauben, sind die Künstler – die Beständigkeit des Kunstwerks reflektiert den Bestandscharakter der Welt. Sie können sich Weltentfremdung nicht leisten. Die Gefahr ist, sie in die Verschleppung hineinzureißen, also die Oasen zu verwüsten. Andererseits zeigt allein die Tatsache der Kunst, daß der Mensch das einzige ist, was intakt geblieben ist. Wäre das nicht so, so hätten wir keine Kunst, sondern nur Kitsch.

Die Weltentfremdung der Neuzeit ist eingedrungen in die Politik mit Marx, der von der Selbstentfremdung des Menschen spricht. Entscheidend ist, daß Marx die Welt nur verändern wollte, um den Menschen zu erlösen, und zwar von der Welt. Der Mensch sollte soviel Zeit wie nur möglich für sich selbst, für sein Selbst und dessen Entwicklung haben; dies war der Begriff von Freiheit. Dies der Marxsche Humanismus.

Die Ideologien – weder Religions- noch Politik-Ersatz, sofern der Ersatz noch etwas zu tun hat mit dem zu Ersetzenden.

Wüste: Wenn die Ausrottung des organischen Lebens droht, ist die Sorge nicht mehr der Mensch.

Kants Entdeckung der Öffentlichkeit und der Pluralität an Hand des *Schönen*. Im Schönen aber erscheint *die Welt*[,] nicht die *Menschheit*, aber die von Menschen bewohnte Welt –

[022382]

Einführung in die Politik:

Die antiken Grunderfahrungen: Polis – Gründung – Exil und Rückkehr aus dem Exil

---

Philosophie – Politik: Bei Parmenides wie bei Heraklit bereits der Anspruch, das zu wissen, was die Vielheit der Menschen nie wissen kann, das Unerhörte, der Menge Fremde. Dabei bei Parmenides die Scheinmeinungen der Menge so formuliert, daß sie an Heraklit anklingen – Philosophen unter sich. »Geistige Gewaltherrscher« 653*.

Urteilen: Die Unmöglichkeit, das Individuelle zu subsumieren – Kant. Das Subsumieren: nicht philosophisch, sondern wissenschaftlich. Das Individuelle zu treffen: dies der Gegenstand in der Politik. Kantisch ausgedrückt: Das Problem – das ihn, nach Jaspers, ins Doktrinale verführte und das er auf jeden Fall ungelöst ließ – war der »Schritt vom a priori zum a posteriori«, und Kants Zwischenglied ist das »Schema der Einbildungskraft« (cf. das Hinausgehen über den Verstand, d.h. das Subsumieren, vollzieht sich in der »reflektierenden Urteilskraft«). Reflektierende Urteilskraft: Jaspers 477**: »Wir sind im Besitz der Erfahrung des Besonderen und denken es unter Annahme eines nicht gekannten Allgemeinen« (gegen: Subsumieren, wo wir vom Allgemeinen ausgehen = bestimmende Urteilskraft).

[022383]

Ad Herrschaftsbegriff: Der römische »rex« *war* im Unterschied zum »basileus«*** wirklich in Analogie zur Familie konstruiert und daher im republikanischen Rom erheblich verhaßter. Die Auflösung im Kaiserreich wiederum vollzog sich im Sinne der *Regression*.

---

* Die Zahl bezieht sich auf Karl Jaspers, *Die großen Philosophen: Erster Band,* München: Piper, 1957, S. 653. Dort heißt es: »Beide [Heraklit und Parmenides] begründen ihre Wahrheit nicht durch Gottes Stimme, sondern durch die Überzeugungsmacht des Gedankens. Nicht Gehorsam gegen ein göttliches Wort, sondern Offenbarwerden im Denken selber ist das Entscheidende. Um so gewaltiger ist ihr sie über alle Menschen erhebendes Selbstbewußtsein. Vermöge der ihnen zuteil gewordenen Einsicht, die, unerhört in ihrer Welt, mit unerschütterlicher, nicht mehr fragender Gewißheit da war, nahmen sie die Haltung geistiger Gewaltherrscher an. Sie wußten ihr eigenes Wesen als Sprache des Seins. Durch ihren Mund sprach die Wahrheit selber, eingegeben von der Göttin (im Bilde des Parmenides), eingeatmet von der alldurchdringenden Weltvernunft (in der Vorstellung Heraklits).«

** A.a.O., S. 477.

*** Im Original griechisch und, wie »rex«, ohne Anführungszeichen.

An dieser Allmächtigkeit ändert auch nichts das Den-Gesetzen-unterworfen-Sein. Dies unterscheidet nur König und Tyrann. Das Geben von Gesetzen ohne Handeln und Ausüben ist nicht politische Action und verleiht daher keine Macht. (?) Der König wird gesehen ebenfalls als ein Gehorchender – er gehorcht den Gesetzen (Mommsen, 64–74*).

Ad Urteilen: Das Urteilen nach Praezedentien und nur in deren Ermangelung nach Gründen – Das Besondere, das als Allgemeines behandelt wird.

Von der Wüste und den Oasen: Wenn wir von der Kunst, den Oasen, ausgehen, um uns in die Wüste vorzuwagen, oder besser, die Wüste zurückzudrängen, so können wir uns immerhin auf Kant berufen, dessen eigentliche *politische* Philosophie in der KdU [Kritik der Urteilskraft] zu finden ist und sich am Phänomen des Schönen entzündet hat.

[022384]

Einführung in die Politik:

Einteilung:

1. Kap. An die Gebildeten unter ihren Verächtern. Das Vorurteil der Gebildeten: Politik ist entweder Herrschaft oder Daseinsversorgung. Gegen dies Vorurteil: historische Reflexion: Politik war keineswegs immer Herrschaft – Römer, »rex«, homerische Könige, Herodot; und keineswegs immer Daseinsversorgung: Politik fing an, wo Sorge um das Leben aufhörte. Daher die Kardinaltugend: Mut. Achill und Machiavelli.

Die beiden Vorurteile gehören ferner historisch zusammen. Im Bereich der Lebensversorgung: Herrschaft. Der »rex« und die römische Regression.

Das zugrundeliegende Vorurteil: daß es Politik immer gegeben habe. Dagegen Aristoteles, überhaupt Herkunft des *Wortes*.

Es gebe immer die Notwendigkeit des Lebens, welche wiederum zwingt, Menschen in Gehorchende und Befehlende zu teilen. Um des Lebens willen: Krieg aller gegen alle. Um der Sicherheit willen: Herrschaft. Also point of reference [Bezugs-

---

* Theodor Mommsen, *Römische Geschichte*, 3 Bde., 5. Aufl., Berlin: Weidmann, 1868–1870, Bd. 1.

punkt]: Das Leben. Das Vorurteil ist, daß Politik eine Lebensnotwendigkeit ist.

Historisch also sind nicht alle geschichtlichen Perioden gleich bedeutsam für Politik. Wo die Sorge um das Leben: da keine Politik. Praepolitik.

Die Grunderfahrungen der Politik im Abendland: Polis – Res publica – Exil (Moses) keine wiederholbar – die Juden versuchen es – aber nur an ihnen eine Besinnung möglich.

Wir haben das Lebensproblem gelöst. – Was nun? Nun erst kann man miteinander eine Welt bauen gegen den Tod – oder den »Tag verderben« (Mommsen*).

[022385]

2. Kap. Die philosophischen Vorurteile: gegen Pluralität, Zusammensein, und gegen *Meinungen*. Hier sehr viel ernster, weil nicht ein Vorurteil über Politik, sondern eine Verurteilung dessen, was Politik in der Tat ist.

Historischer Ursprung in Plato - Sokrates. Das Mit-sich-selbst-Sein gegen das Miteinander der Meinungen. Das Handeln tritt gar nicht auf. Stellung von Philosoph und Politiker. (Vorurteil schwächer, wo Philosoph nicht Gott, wie in den angelsächsischen Ländern.)

3. Kap. Die Sokratische Position: Das einzige Philosophieren, das je in der Öffentlichkeit stattfand. Dagegen die Akademie.

Voraussetzung: daß ich, wenn ich mit mir selbst bin (= denken), zwei bin und nicht einer. Pluralität dringt in das Alleinsein. Daher: sich nicht widersprechen – logisch und ethisch (Tugend ist lehrbar – allerdings, wie alle politischen Gemeinwesen bezeugen: Was nicht lehrbar ist, ist Güte.) Sokrates: Sei, wie Du scheinen möchtest, geht aus von der Öffentlichkeit, ihrem Schein und Glanz. Machiavelli: Scheine, wie Du sein möchtest: geht aus vom Sein (vor Gott, aber ohne Gott: Nichtigkeit. Denn keiner kann »sein« ohne einen, der zuschaut. Das ist die Weltlichkeit des Menschen.)

Ausnahme: nicht das Daimonion, sondern das »Versinken«,

---

* Mommsen, a.a.O., Bd. 1, S. 695: »Während im eigentlichen Griechenland ... das Leben kaum der Mühe wert schien, selbst von den Besseren der eine über dem Becher, der andere mit dem Rappier, der dritte bei der Studierlampe den Tag verdarb ...«

wo nicht mehr gedacht wird. Hier, im »thaumazein«*, in der Tat *einer*.

Äußerster Gegensatz dazu: wie ich *einer* werde durch die Anderen.

Ad 1) Hier Erfahrungsgrundlage für das äußerste Allgemeine, das nicht mehr artikulierbar ist. Wo das Sprechen aufhört, hört Politik auf.

[022386]

4. Kap.: Pluralität in den Staatsformen

[022387]

Die anti-politischen Gemeinplätze:
1. Politik ist Daseinsversorgung. (Impliziert: Das Höhere fängt an nach der Politik.)
2. Politik ist notwendig, weil die Menschen keine Engel sind.**
3. Politik ist Herrschaft.
Der pro-politische Gemeinplatz:
Der Mensch ist ein politisches Wesen.

[022388]

Das Folgende richtet sich an alle: Eine Einführung in die Politik und nicht die politische Wissenschaft. Was jeder Bürger wissen soll und muß und kann über die Politik: welches der Bereich ist und welches seine Grenzen, wie es in ihm zugeht und welche Spielregeln in ihm herrschen, welche Eigenschaften man mobilisieren muß und welches die Tugenden sind, die es zu entwickeln gilt. Was das Politische ist, in dem wir immer leben, und welches die jeweiligen Formen sind, die es annimmt und die man Staatsformen nennt. Darüber hinaus werde ich Winke geben für die Gebildeten unter ihren Verächtern. Nicht um der Bildung willen, sondern weil sie durch das Erfahrene nicht zu überzeugen sind – mit Recht –, wenn man nicht darauf hinweist, woher das Einfache stammt.

---

* Im Original griechisch; dt.: sich wundern, bewundern.

** Geht zurück auf ein Zitat von James Madison, siehe in dieser Ausgabe S. 203 f., Anm. 5.

[022389]

§ 1: Die Vorurteile *gegen* Politik und ihre Berechtigung:
Innenpolitisches Interessensystem
Abschaffung der Politik durch die Politik. Absterben des Staates –
Außenpolitik: Atombombe
(Politik heute)

§ 2: Die Vorurteile über Politik und ihre Berechtigung:
Politik in der Neuzeit
Politik als Daseinsordnung – Leben. Welt
– als Abwehr des Bösen
– als Herrschaft

§ 3: Die Verurteilung der Politik durch die Philosophen

Dagegen:

§ 4: Der Mensch ist ein politisches Wesen

Kap. 2: Bestimmte Begriffe wie Ehre – Ruhm – Mut – etc.

Zweites Dokument Hannah Arendt an Klaus Piper, 7. April 1959

Lieber Klaus Piper, auf diesen Brief haben Sie sicher schon lange gewartet, nämlich die Antwort auf Ihren Brief vom 4. März mit der Anfrage wegen der Einleitung in die Politik. Lassen Sie mich gleich in medias res gehen.

Bevor wir uns über Daten verständigen, müssen Sie wissen, wie die Sache steht. Ich weiß nicht mehr, ob ich Ihnen schon in Frankfurt* sagte, daß ich das Buch mit einem ausführlichen Kapitel über die Kriegsfrage beginne. Nicht eine Diskussion über den gegenwärtigen Stand, sondern was der Krieg für die Politik überhaupt besagt. Mein Grund für diesen Beginn war sehr ein-

* Im September 1958 trafen sich Arendt und Piper in Frankfurt/Main anläßlich der Verleihung des Friedenspreises des Deutschen Buchhandels an Karl Jaspers.

fach: Wir leben in einem Jahrhundert der Kriege und Revolutionen, und eine Einführung in die Politik kann nicht gut mit etwas anderem beginnen als mit dem, wodurch wir als Zeitgenossen unmittelbar zur Politik kommen. Ich hatte dies ursprünglich als eine Einführung geplant, weil m. E. Kriege und Revolutionen außerhalb des politischen Bereiches im eigentlichen Sinne stehen. Sie stehen unter dem Zeichen der Gewalt und nicht, wie die Politik, unter dem Zeichen der Macht. Ich ließ also auf das bereits mehrere [Unter-]Kapitel enthaltende Kriegskapitel das folgen, was ich erst dachte, [daß es] ein Revolutionskapitel werden könne. In all dem habe ich mich getäuscht. Es ist ganz klar, daß Krieg und Revolution: Die Rolle der Gewalt in der Politik, ungefähr so lang werden wie ursprünglich das ganze Buch. Und nun ist die Frage die: Sollen wir die Geschichte teilen und die Einführung in zwei Bänden veröffentlichen? 1. Band: Krieg und Revolution. Die Rolle der Gewalt in der Politik. 2. Band: Die eigentliche Einführung, für die wir dann noch einen besonderen Titel brauchen, da ich die Einführung gerne als Titel für das Ganze hätte.

Sie sehen, Sie bekommen, wenn Sie wollen, mehr als Sie wollten, wenn auch mit erheblicher Verspätung. Aber es ist ja klar, daß Sie vertraglich nicht gebunden sind. Sie brauchen sich überhaupt nicht zu entscheiden, bevor Sie die Sache nicht gesehen haben. Ich vergaß zu bemerken, daß ich nun nochmals ein Einführungskapitel zu diesem Gewalt-Buch geschrieben habe, unter dem Titel: Hat Politik überhaupt noch einen Sinn?* Auf diese Frage wird das letzte Kapitel des Revolutionsteils antworten. Also ist das Buch durchaus ein Ganzes, »on its own feet« [steht auf eigenen Füßen].

Das Technische nun, das eher kompliziert ist. Der Teil über den Krieg ist auf deutsch zwar nicht fertig (d. h. nicht in der endgültigen Fassung),** aber doch schnell fertigzustellen. Der Teil über die Revolution aber ist englisch geschrieben, weil ich ihn für Princeton*** brauchte; er wird Ende Mai hoffentlich fertig

* Siehe in dieser Ausgabe Fragmente 3 a und 3 d.

** Damit könnten die Fragmente 3 b und 3 c gemeint sein.

*** Gemeint ist die Vorlesungsreihe »On Revolution«. Siehe oben im Kommentar S. 140.

sein. Ich lasse davon eine Kopie, sobald das Ganze da ist, an Sie gehen. Ich hoffe, die ganze Bescherung kann im Juni und Juli übersetzt werden (das geht Sie nichts an, »my funeral« – wie wir hier sagen), und ich will dann im August und September versuchen, es für den deutschen Druck fertig zu machen. *Versuchen* – ich bin nicht sicher, ich muß Hamburg* vorbereiten und habe einen Essayband** hier noch hängen. Im Juni und Juli will ich den Krieg fertig haben. Das hieße: Sie bekämen den zweiten Teil des Buches zur Ansicht Anfang Juni und den ersten Teil Anfang August.

Mir wäre es am liebsten, wir ließen alle Termine fahren und Sie drucken dann, wann immer es Ihnen paßt. Auf mich haben Termine eine ausgesprochen deprimierende Wirkung, und helfen tut es mir auch nicht, daß ich dauernd [ein] schlechtes Gewissen habe. Hinzu kommt, daß wir vermutlich hier ausziehen müssen. Zu langweilig zu erklären. Aber wenn mir im Sommer zu allem anderen Kummer noch ein Umzug auf den Hals kommt,*** verliere ich glatt einen Monat, und dann stimmt kein Termin mehr.

... Die Frage ist natürlich immer noch, ob Sie mit meinem neuen Plan für Ihre neue Reihe irgendetwas anfangen können. Mir scheint, es müßte gehen. Aber das ist schlecht zu übersehen. Es erhebt sich für Sie natürlich auch die Frage, wie lange es dauern wird, bis auf den ersten Band der zweite bei mir folgen wird. Und das kann ich jetzt nicht sagen. Wenn ich diesen Band fertig habe, muß ich erst die *Human Condition***** zum deutschen Druck fertig machen, bevor ich den zweiten Band schreibe. Wenn Ihnen

---

* Das heißt die Dankesrede für den Lessingpreis, den die Stadt Hamburg am 28. September 1959 an Hannah Arendt vergeben hat. Siehe im Kommentar S. 140.

** Es handelt sich um die Veröffentlichung *Between Past and Future.* Siehe im Kommentar S. 141 f.

*** Im Dezember 1959 ist Hannah Arendt mit ihrem Mann Heinrich Blücher in die neue Wohnung: 370 Riverside Drive, im New Yorker Stadtteil Manhattan, eingezogen. Dort hat sie bis zu ihrem Tod (1975) gelebt.

**** Über die Entstehungsgeschichte von *The Human Condition* (dt.: *Vita activa*...) siehe oben im Kommentar S. 139.

also die Sache mit den zwei Bänden unsicher ist, wäre es mir ev. auch recht, diesen Band getrennt herauszugeben, ohne Hinweis darauf, daß er eigentlich eine Einführung zu einer Einführung ist.

Drittes Dokument
Projektbeschreibung für die Rockefeller Foundation, Dezember 1959

The tentative title of the book I intend to write is *Introduction into Politics*. My plans concerning this project are at least four years old; the book, therefore, is under contract to an American publisher and to my publisher in Germany. Large parts of it exist in first draft. The reason why I had to delay it is the following: The central political human activity is action; but in order to arrive at an adequate understanding of the nature of action, it proved necessary to separate action conceptually from other human activities with which it is usually confounded, such as labor and work. I, therefore, wrote first the book which appeared in 1958 under the title *The Human Condition**; it deals with the three major human activities: Labor, Work, and Action in historical perspective. It should have been called *Vita activa*. It actually is a kind of prolegomena to the book which I now intend to write. It [i. e., the new book] will continue where the other book ends. In terms of human activities, it will be concerned exclusively with action and thought.

The purpose of the book is twofold. *First*: A critical reexamination of the chief traditional concepts and conceptual frameworks of political thinking – such as, means and end; authority; government; power; law; war; etc. By criticism, I do not mean »debunking«. I shall try to find out where these concepts came from before they became like worn-out coins and abstract generalizations. I therefore shall examine the concrete historical and generally political experiences which originally gave rise to political concepts. For the experiences behind even the most worn-out concept remain valid and must be recaptured and

* Siehe oben S. 139 und unten S. 212f., Anm. 7, 12.

re-actualized if one wishes to escape certain generalizations that have proved pernicious. A good example of this method may be the article »What was Authority?«, which appeared in the yearbook of the Association for Political and Legal Philosophy *Nomos** in 1958.

Second: A more systematic examination of those spheres of the world and human life which we properly call political, that is, of the public realm on the one hand, and of action on the other. Here I shall be chiefly concerned with the various modi of human plurality and the institutions which correspond to them. In other words, I shall undertake a re-examination of the old question of forms of government, their principles and their modes of action. In terms of human plurality, there exist two basic modes of being together: to be together with other men and with one's equals from which springs action, and to be together with one's self to which the activity of thinking corresponds. Hence, the book should end with a discussion of the relationship between acting and thinking or between politics and philosophy.

I enumerated these two purposes for brevity's sake. I do not mean that the book will fall into two parts. Ideally, these two trends should be so woven together that the reader hardly becomes aware of the double purpose.

---

* Siehe oben S. 149 und unten S. 225 f., Anm. 94.

2. Anmerkungen zu den Texten von Hannah Arendt*

1 John Emerich Edward Dalberg Acton in einem Brief an Mandell Creighton, 5. April 1887: »Power tends to corrupt and absolute power corrupts absolutely.« In: ders., *Essays on Freedom and Power*, ausgew. und eingel. von Gertrude Himmelfarb, Glencoe, Ill.: Free Press, 1948, S. 364.

2 Zur Urteilskraft hat sich Arendt in den nachgelassenen Manuskripten nicht ausführlich geäußert. Festgehalten sei aber, daß die These, welche sie später so intensiv beschäftigen sollte, daß nämlich »politisches Denken im wesentlichen in der Urteilskraft gründet«, schon in dieser frühen Zeit formuliert wird. Siehe dazu auch Fragment 3c, S. 97f., ferner S. 193 im Anhang und Anm. 66 im Kommentar.

3 Um welche »Rundfrage« (die auch an anderer Stelle in den hier veröffentlichten Manuskripten erwähnt wird, siehe S. 192) es sich handelt, konnte nicht herausgefunden werden. Das ist besonders bedauerlich, weil aus dieser Quelle möglicherweise Rückschlüsse für die Datierung der Fragmente gezogen werden könnten. Vgl. auch im Kommentar S. 152f.

4 Offensichtlich hat Hannah Arendt diese Einleitung später zu überarbeiten begonnen, bevor sie die »EINLEITUNG: Der Sinn von Politik« (Fragment 3 d) schrieb; die erste Seite eines entsprechenden Manuskriptes ist erhalten (Seite Nr. 022377, von H. A. mit »-1-« beziffert). Was technische Details angeht – Maschinentype, Seitengestaltung, Papier –, so entspricht diese Seite dem Fragment 3d, stammt also wahrscheinlich aus der Zeit, als dieses niedergeschrieben wurde. Sachlich gehört sie zu dem

* Hinweise zu den Anmerkungen waren teilweise in Arendts Manuskripten enthalten, teilweise konnte weiteres Nachlaßmaterial herangezogen werden. Die Gestaltung erfolgte durch die Herausgeberin.

früheren Manuskript, weil gleich zu Beginn das Thema »Freiheit« angeschnitten wird. Die Seite hat folgenden Wortlaut:
EINLEITUNG: Hat Politik überhaupt noch einen Sinn?
Auf die Frage nach dem Sinn von Politik gibt es eine so einfache und in sich so schlüssige Antwort, daß man meinen möchte, alles weitere erübrige sich. Die Antwort lautet: Der Sinn von Politik ist Freiheit. Das Merkwürdige an dieser Antwort ist, daß sie einleuchtet und überzeugt, obwohl sie in Widerspruch zu den Definitionen steht, welche die Staats- und politischen Wissenschaften der Neuzeit für das Politische bereitstellen, und sich auch nicht mit den mannigfaltigen Theorien deckt, welche die politische[n] Philosoph[en] seit Plato auf unsere Frage zu geben pflegen. Denn diese Definitionen wie jene Theorien gehen alle davon aus, daß Politik für das Leben der Menschen eine unabweisbare Notwendigkeit ist; sie gilt der Daseinsversorgung der Gesellschaft und der Sicherung des Lebens des Einzelnen. Wenn sie überhaupt etwas mit Freiheit zu tun hat, so nur in dem Sinne, daß die Freiheit ihr Zweck ist, also etwas, was außerhalb ihrer selbst liegt und wofür sie nur ein Mittel ist. Der Sinn einer Sache aber zum Unterschied von ihrem Zweck ist in ihr selbst beschlossen. Wenn Freiheit der Zweck der Politik ist, dann kann sie nicht ihr Sinn sein. Dann fängt Freiheit da an, wo das Politik-Treiben aufgehört hat – genau so wie das Dasein irgendeines hergestellten Gegenstandes in dem Augenblick anhebt, in dem der Hersteller den letzten Handschlag an ihn gelegt hat. Der Satz: Der Sinn von Politik ist Freiheit, aber meint etwas ganz anderes, nämlich daß die Freiheit beziehungsweise das Frei-Sein im Politischen und seinen Tätigkeiten beschlossen liegt.

Nun liegt es uns zweifellos sehr nahe, die Freiheit als einen Zweck der Politik zu verstehen, und das Einleuchtende, das dem Satz, der Sinn von Politik sei Freiheit, anhaftet, mag viel mit diesem Mißverständnis zu tun haben.

5 *The Federalist* No. 51 (Madison): »But what is government itself but the greatest of all reflections on human nature? If men were angels, no government would be necessary. If angels were to govern men, neither external nor internal controls on government would be necessary. In framing a government which is to be administered by men over men, the great difficulty lies in this: you must first enable the government to control the governed;

and in the next place oblige it to control itself.« Zitiert nach: Alexander Hamilton et al., *The Federalist Papers*, mit einer Einleitung ... von Clinton Rossiter, New York: A Mentor Book (ME 2541), 1961, S. 322.

6 Vgl. Victor Ehrenberg, Art. »Isonomia«, in: *Paulys Real-Encyclopädie der classischen Altertumswissenschaften*, Suppl.-Bd. 7 (1950), Sp. 293ff.

7 Theodor Mommsen, *Römische Geschichte*, 3 Bde., 5. Aufl., Berlin: Weidmann, 1868–1870, Bd. 1, S. 62.

8 Das Wort lautet »philopsychia«. Vgl. dazu Jacob Burckhardt, *Griechische Kulturgeschichte*, vollständige Ausg., 4 Bde., München: dtv (6075–6078), 1977, Bd. 2, S. 391: »... Lebensliebe (philopsychia) ist nun einmal ein Vorwurf, gegen welchen der Grieche sich und der Tragiker seine heroischen Personen zu verwahren pflegt. ... Insgemein wird den Dienenden und Sklaven die Liebe zum Leben als ein niedriger Zug zugetraut, der sie von den Freien unterscheide.« Dieses Zitat findet sich auf einem in Arendts Nachlaß in Washington aufbewahrten Notizzettel.

9 Gemeint ist vermutlich das Wort »asty«, für das H. G. Liddle und R. Scott, *A Greek English Lexicon*, Oxford: Clarendon (Ausg. 1968, S. 263), folgende Bedeutung ausweist: »in the material sense, opposite polis«.

10 Ehrenberg, a.a.O.

11 Nach Thukydides, II,41; vgl. Hannah Arendt, *Vita activa oder Vom tätigen Leben*, Neuausgabe 1981, München-Zürich: Piper (SP 217), 1983, S. 190f. Siehe auch unten, S. 102 und Anm. 37.

12 Siehe »Die unter Platons Namen überlieferten Briefe«, übers. von Hieronymus und Friedrich Müller, in: Platon, *Sämtliche Werke*, in der Übers. von Friedrich Schleiermacher mit der Stephanus-Numerierung, 3 Bde., Hamburg: Rowohlt (RK 1, 14, 27), 1957–1958, Bd. 1, S. 285–336, S. 333 (= 11. Brief, 359b).

13 Edmund Burke in seinen »Thoughts on the Cause of the Present Discontents« (1770): »They [i. e., the Whigs in the reign of Queen Anne, Hrsg.] believed that no man could act with effect, who did not act in concert; that no man could act in concert, who did not act with confidence; that no men could act with confidence, who were not bound together by common opinions, common affections and common interests.« Hier zitiert nach dem

Auszug in Edmund Burke, *On Government, Politics and Society*, ausgewählt und hrsg. von B. W. Hill, New York: Internat. Library, 1976, S. 75–119, S. 113.

14 Siehe »Die unter Platons Namen überlieferten Briefe«, a.a.O., S. 303.

15 Gemeint ist die Ferne von der politischen Sphäre, die vor allem den handwerklich und künstlerisch herstellenden Tätigkeiten, aber auch dem denkenden Philosophieren eignet. Auf beides kommt Hannah Arendt in den nachgelassenen Manuskripten nur am Rande (vgl. unten S. 101f.) zu sprechen. Möglicherweise waren entsprechende Ausführungen für das in den handschriftlichen Notizen zur Einführung (siehe im Anhang, Dokument 1) vorgesehene, aber nicht niedergeschriebene dritte Kapitel »Die Sokratische Position« geplant.

16 Siehe weiter unten in diesem Fragment S. 69ff., ferner Fragment 3c, in dem auf die Außenpolitik als eine spezifisch römische Vorstellung hingewiesen wird, S. 121ff.

17 Dieser Hinweis könnte sich auf das geplante Kapitel »Die Sokratische Position« beziehen.

18 Tertullian, *Apologeticus*, 38: »nec ulla magis res aliena quam publica«. Vgl. Arendt, *Vita activa*, a.a.O., S. 71.

19 Im Original schließt sich folgender Text in Klammern an: *Denn die Christen sind es nicht zufrieden, eine Barmherzigkeit zu üben, die über das Politische hinausreicht; sie erheben ausdrücklich den Anspruch, »Gerechtigkeit zu üben« – und das Almosengeben, von dem Mt.6,1ff. die Rede ist, ist jüdischer wie frühchristlicher Auffassung zufolge durchaus Gerechtigkeit und nicht Barmherzigkeit –, nur daß diese Tätigkeit nicht vor den Augen der Menschen erscheinen darf, von ihnen nicht gesehen werden soll, ja so entschieden im Verborgenen bleibt, daß die linke Hand nicht wissen darf, was die rechte tut, also der Täter als Zuschauer seiner eigenen Tat ausgeschlossen wird.*

20 Charles I in seiner Rede vor seiner Enthauptung am 30. Januar 1649: »For the people, truly I desire their liberty and freedom as much as anybody whomsoever. But I must tell you their liberty and freedom consists in having government – those laws by which their life and their goods may be most their own. It is not having a share in government. That is nothing pertaining to them.« Hier zitiert nach Hugh Ross Williamson, *The Day They Killed the*

King, New York: Macmillan, 1957, S. 139–144, S. 143. Williamson macht darauf aufmerksam, daß es mehrere Versionen dieser Rede gibt.

21 Vgl. z.B. Leopold von Ranke, »Die großen Mächte« (1833), in: ders., *Geschichte und Politik: Ausgewählte Aufsätze und Meisterschriften*, hrsg. von Hans Hofmann, Stuttgart: Kröner, 1942, S. 1–53, S. 2. Ob sich Arendt direkt auf diese oder andere Stellen bei Ranke bezieht oder ob ihrer Aussage lediglich eine allgemeine Einschätzung von Rankes Werk zugrunde liegt, konnte nicht herausgefunden werden. Vgl. aber in derselben Ranke-Auswahl »Politisches Gespräch« (1836), S. 78–114, S. 97: Der vermutlich vom Herausgeber formulierte Kolumnentitel auf dieser Seite lautet »Primat der auswärtigen Politik«; Ranke läßt Karl sagen: »In der Politik, scheint es, werden die auswärtigen Verhältnisse eine große Rolle spielen.«

22 Vgl. Theodor Eschenburg, *Staat und Gesellschaft in Deutschland*, Stuttgart: Schwab, 1956, S. 19. Das Zitat bei Eschenburg lautet: »Der Staat als Inhaber der Gewalt ist eine für die Gesellschaft unentbehrliche Einrichtung der Gesellschaft.«

23 In den nachgelassenen Fragmenten wird dieser Gedanke vor allem in Fragment 3 d ausgeführt.

24 Die heute ungebräuchliche Formulierung »zu Rat halten« könnte durch Goethes Gedicht »Amyntas« inspiriert sein, dessen letzte Zeile lautet: »Wer sich der Liebe vertraut, hält er sein Leben zu Rat?« – Diesen Hinweis verdanke ich der Arendt-Nachlaßverwalterin Dr. Lotte Köhler, New York.

25 Im Original schließt sich folgender Text in Klammern an: *Marx war leider ein viel besserer Historiker als Theoretiker, und er hat zumeist als Theorie nur ausgesprochen und begrifflich verschärft, was als historische Tendenz objektiv nachweisbar war. Das Absterben des Politischen gerade gehört zu diesen objektiv nachweisbaren Tendenzen der Neuzeit.*

26 Die Stelle bei Plato (in der Übertragung von Rudolf Rufener) lautet: »Die dritte Art der Besessenheit und des Wahnsinns aber kommt von den Musen. Wenn sie eine empfindsame und unberührte Seele ergreift, erweckt sie sie und begeistert sie zu Gesängen und anderen Werken der Dichtkunst, und indem sie tausend Taten der Alten verherrlicht, bildet sie die Nachkommen.« Platon, *Meisterdialoge: Phaidon, Symposion, Phaidros*, Zürich-

Stuttgart: Artemis (Die Bibliothek der Alten Welt, III/43), 1958, S. 211.

27 Theodor Mommsen, *Römische Geschichte*, a.a.O., Bd. 1, S. 3.

28 Herodot, I,1.

29 Jacob Burckhardt, *Griechische Kulturgeschichte*, a.a.O., Bd. 3, S. 406.

30 Vgl. Thukydides, V,89 (Melierdialog).

31 Heraklit, B53, in: Hermann Diels, *Die Fragmente der Vorsokratiker: Griechisch und Deutsch*, 6., verb. Aufl. hrsg. von Walther Kranz, Bd. 1 (Nachdruck Berlin: Weidmann, 1951), S. 162.

32 Kant, *Kritik der Urteilskraft*, B158; vgl. Hannah Arendt, *Das Urteilen: Texte zu Kants Politischer Philosophie*, hrsg. und mit einem Essay von Ronald Beiner, München-Zürich: Piper, 1985, S. 60ff., S. 95ff.

33 Kant, ibid.

34 A.a.O., B159.

35 Vgl. Mommsen, *Römische Geschichte*, a.a.O., Bd. 1, S. 62.

36 A.a.O., S. 71.

37 Überliefert von Thukydides, II,41.

38 St. Weinstock, Art. »Penates«, in: *Paulys Real-Encyclopädie der classischen Altertumswissenschaften*, Bd. 19 (1938), Sp. 417ff., Sp. 428.

39 Vergil, *Aeneis*, VII,321f.

40 A.a.O., IX,742.

41 A.a.O., IV,232ff.

42 Aus: Lukan, *Pharsalia* (= *Bellum civile*), I,128. Vgl. den Kommentar zu Hannah Arendts Gebrauch dieses Zitates in: Hannah Arendt und Karl Jaspers, *Briefwechsel 1926–1969*, hrsg. von Lotte Köhler und Hans Saner, München-Zürich: Piper, 1985, S. 769f.

43 Siehe Platon, *Sämtliche Werke*, a.a.O. (Anm. 12), Bd. 1, S. 197–283, S. 231.

44 Franz Altheim, *Römische Geschichte II*, 4., erweiterte und ergänzte Aufl., Frankfurt/Main: Klostermann, 1953, S. 232.

45 A.a.O., S. 214.

46 Pindar (Tusculum-Ausgabe), Fragment Nr. 143. Dort ist (von Oskar Werner) wie folgt übersetzt: »Nomos, der Sterblichen all

wie / Unsterblichen König, er lenkt / Als Recht dies fordernd, das Gewaltsame mit / Allzwingender Hand.« Vgl. Platon, *Gorgias*, in: ders., *Sämtliche Werke*, a.a.O., Bd. 1, S. 197–283, S. 239f.
47 Platon, *Kriton*, in: ders., *Sämtliche Werke*, a.a.O., Bd. 1, S. 33–47, S. 42f.
48 Vergil, *Aeneis*, VII,203f.
49 A.a.O., IV,231.
50 Altheim, *Römische Geschichte II*, a.a.O., S. 71.
51 Mommsen, *Römische Geschichte*, a.a.O., Bd. 1, S. 663.
52 Homer, *Ilias*, IV,164f.; VI,448f.
53 Vergil, *Aeneis*, I,5. – Zum römischen Gründungsbegriff bei Hannah Arendt und der Bedeutung Vergils für ihre These von der Gebürtlichkeit siehe Hannah Arendt, *Über die Revolution*, München: Piper, 1963, S. 267ff.; vgl. auch das letzte Kapitel »Der Abgrund der Freiheit und der novus ordo saeclorum« in: dies., *Vom Leben des Geistes: Das Wollen*, München: Piper, 1979, S. 185ff.
54 Im 30. Kapitel seines *De vita Iulii Agricolae Liber*, in dessen Hauptteil er vom britannischen Feldzug des Agricola berichtet, hat Tacitus die Rede eines feindlichen Heerführers vor der Schlacht am Mons Graupius (84 n. Chr.) aufgezeichnet, auf die Arendt hier Bezug nimmt.
55 Anspielung auf das 1920 erschienene Buch *In Stahlgewittern. Aus dem Tagebuch eines Stoßtruppführers*, in dem Ernst Jünger seine Kriegserlebnisse an der Westfront (1915 bis 1918) in der Manier des durch ihn berühmt gewordenen »heroischen Realismus« mitteilt.
56 Carl von Clausewitz, *Vom Kriege* (1832–1834), Neudruck München: Dt. Bibliothek, 1984, S. 35: »So sehen wir also, daß der Krieg nicht bloß ein politischer Akt, sondern ein wahres politisches Instrument ist, *eine Fortsetzung des politischen Verkehrs, ein Durchführen desselben mit anderen Mitteln*.« Vgl. auch a.a.O., S. 465.
57 Karl Marx, *Die Klassenkämpfe in Frankreich*, in: *Karl-Marx-Ausgabe: Werke, Schriften, Briefe*, hrsg. von Hans-Joachim Lieber, 7 Bde., Stuttgart: Cotta, Bd. III/1 (1960), S. 121–245, S. 216.
58 Anspielung auf eine volkstümliche Geschichte. Sie erzählt von dem Reiter, der vor lauter Vorwärtsstürmen nicht merkt, daß er über den zugefrorenen, schneebedeckten Bodensee reitet. Als er,

am anderen Ufer angekommen, darauf aufmerksam gemacht und sich der Gefahr, in der er sich befunden hat, bewußt wird, bricht er tot zusammen. Siehe die Ballade »Der Reiter und der Bodensee« von Gustav Schwab, in: ders., *Gedichte*, gesichtete und neuverm. Ausg. mit einer biographischen Einleitung von Gotthold Klee, Gütersloh: Bertelsmann, 1882, S. 270–273. – Den Hinweis auf die Quelle verdanke ich Dr. Lotte Köhler.

59 Ursprünglich wurde der Text an dieser Stelle wie folgt weitergeführt:

... und von denen unser Handeln inspiriert wird, haben mit den Zwecken gemeinsam, daß sie außerhalb der Handlung liegen und ein von der jeweiligen Tätigkeit unabhängiges Dasein haben; sie haben mit dem Sinn gemeinsam, daß ihre Existenz sehr viel weniger handgreiflich ist als ein Zweck, daß sie dafür aber auch die Vollendung jeder einzelnen Tätigkeit überdauern können.

Wenn es wahr wäre, daß politisches Handeln Zwecke verfolgt und nach seiner Zweckmäßigkeit beurteilt werden muß, so würde daraus folgen, daß es in der Politik überhaupt um Dinge geht, die selbst nicht politisch, sondern der Politik so überlegen sind, wie alle Zwecke den Mitteln überlegen sein müssen, durch die sie hervorgebracht wurden. Es würde weiter daraus folgen, daß politisches Handeln sein Ende findet, wenn sein Zweck erreicht ist, und daß Politik überhaupt, wenn es nur das geeignete, eben zweckmäßige Mittel ist, die nicht-politischen Zwecke zu erreichen, für die sie allein existenzberechtigt ist, irgendwann einmal aus der Geschichte der Menschheit überhaupt verschwinden muß. Für ein zweckmäßiges Handeln schließlich, bei dem wirklich nichts sonst ins Spiel kommt als die Verwirklichung vorgesetzer und feststehender Zwecke, muß die Gewalt eine ausgezeichnete Rolle spielen.

Diese Passage befindet sich auf der Rückseite der mit »ad 4« bezeichneten Seite (= 022398).

60 Dies könnte ein Hinweis auf das geplante Kapitel »Pluralität in den Staatsformen« sein. Vgl. dazu im Kommentar S. 170ff.

61 Gemeint ist vermutlich der folgende Satz Robespierres: »Le gouvernement de la révolution est le despotisme de la liberté contre la tyrannie.« Auf diesen Satz aus Robespierres Rede vor der Convention Nationale am 5. Februar 1794 hat Hannah Arendt an anderen Stellen ihres Werkes Bezug genommen. Siehe

Robespierre, *Œuvres*, hrsg. von Laponneraye, Bd. 3 (Reprint New York: Franklin, 1970), S. 539–567, S. 550; vgl. bei Arendt, *Über die Revolution*, a.a.O., S. 75, S. 266.

62 Kant, *Zum ewigen Frieden*, B12: »Es soll sich kein Staat im Kriege mit einem andern solche Feindseligkeiten erlauben, welche das wechselseitige Zutrauen im künftigen Frieden unmöglich machen müssen ...«

63 Siehe oben Anm. 21.

3. Anmerkungen zum Kommentar der Herausgeberin

1 Zuerst Zürich 1950, dann München 1953; zuletzt 29. Aufl., 248.–255. Tausend, Juni 1991.

2 Hannah Arendt an Klaus Piper, 27. April 1956. Arendts Korrespondenz mit dem Piper Verlag ist in ihrem Nachlaß (siehe unten Anm. 4) in der Library of Congress (LC) in Washington in den Aktenschachteln (Cont.) 30 und 31 aufbewahrt. Bei den Briefen von Arendt handelt es sich jeweils um Kopien, d.h. die tatsächlich abgesandten Briefe mögen Abweichungen enthalten. – Für die These, daß Martin Heideggers *Einführung in die Metaphysik* Pate stehen sollte (siehe Elisabeth Young-Bruehl, *Hannah Arendt: For Love of the World*, New Haven-London: Yale Univ. Press, 1982, S. 519, Anm. 118), konnte kein Beleg gefunden werden.

3 Arendts Exemplar des Vertrages mit dem Piper Verlag, von ihr am 7. Sept. 1956 unterschrieben, befindet sich im Nachlaß, LC-Cont. 30; aus den Unterlagen des Piper Verlages geht hervor, daß der Vertrag – mit Zusatz vom 27. März 1963 – für das Buch *Über die Revolution* (siehe unten Anm. 25) Gültigkeit erlangte. – Die Annullierung des amerikanischen Vertrages erfolgte durch Rücksendung mit dem Vermerk »cancelled by mutual agreement«; Arendts Kopie des entsprechenden Begleitschreibens vom 7. Oktober 1960 ist erhalten (LC-Cont. 26).

4 Als »The Papers of Hannah Arendt« wird der größte Teil des Arendt-Nachlasses in der Manuscript Division der Library of Congress (LC) in ursprünglich 84, heute 92 Containern (Cont.) aufbewahrt; Angaben in dieser Ausgabe nach der neuen Numerierung. – Ein kleiner Teil des Arendt-Nachlasses, vor allem die Briefwechsel mit Kurt Blumenfeld, Martin und Elfride Heidegger sowie Karl und Gertrud Jaspers, lagert im Deutschen Literaturarchiv Marbach a. N.

5 Hannah Arendt an Klaus Piper, 17. Februar 1956.
6 Vgl. Hannah Arendt aus Palenville an Karl Jaspers, 29. Aug. 1957, in: Hannah Arendt und Karl Jaspers, *Briefwechsel*, hrsg. von Lotte Köhler und Hans Saner, München-Zürich: Piper, 1985 (im folgenden zitiert als *Arendt-Jaspers-Briefwechsel*), S. 353. Vgl. auch den Brief an Klaus Piper vom 23. August 1957, wo es heißt: »Ich habe es [das Politik-Buch] gerade angefangen.«
7 Im April 1956 hatte Arendt im Rahmen des Programms »Walgreen Lectures« an der University of Chicago sechs Vorlesungen unter dem Titel »The Labour of Man's Body and the Work of His Hands« gehalten, die die Grundlage ihrer Buchveröffentlichung *The Human Condition* (University of Chicago Press, 1958; dt. *Vita activa oder vom tätigen Leben*, siehe unten Anm. 37) bildeten. Vgl. auch Anm. 12.
8 Es handelt sich um die Veröffentlichung: Hannah Arendt, *Fragwürdige Traditionsbestände im politischen Denken der Gegenwart*, übersetzt von Charlotte Beradt, Europäische Verlagsanstalt [1957]. Das Buch enthält die Essays »Tradition und die Neuzeit«, »Natur und Geschichte«, »Geschichte und Politik in der Neuzeit«, »Was ist Autorität?«. Sie wurden später von Arendt überarbeitet und in die amerikanische Sammlung *Between Past and Future* (s. unten Anm. 24 und 26) aufgenommen.
9 Engl.: »Totalitarian Imperialism: Reflections on the Hungarian Revolution«, in: *Journal of Politics* 20, 1958, Heft 1, S. 5–43 (wieder abgedruckt als »Epilogue« in der 2., erw. Aufl. des Buches *The Origins of Totalitarianism*, 1958); dt.: *Die Ungarische Revolution und der totalitäre Imperialismus*, München: Piper, 1958.
10 Vgl. Hannah Arendt an Kurt Blumenfeld, 19. Mai 1957, wo es heißt: »Dieses Jahr Europa – unmöglich. Ich muß ein paar Sachen unter Dach und Fach bringen. Die Vita Activa ist fast fertig, aber eben nur fast. Der Verlag ist recht begeistert, also alles in bester Ordnung. Danach muß ich für meinen deutschen Verleger ein kleines, kartoniertes Bändchen von Essays fertig machen, die so in den letzten Jahren entstanden sind. Danach kommt die Einführung in die Politik für den Piper Verlag dran. Und dazwischen noch einen prinzipiellen einführenden Artikel über die Sowjetunion seit Stalins Tod für ein Symposium hier, was ich aus politischen Gründen machen will.« – Zitiert nach der Durch-

schrift im Arendt-Nachlaß im Deutschen Literaturarchiv Marbach a. N.

11 Abgabetermin im amerikanischen Verlagsvertrag: 1. Februar 1958, vgl. Arendt an Piper, 23. Aug. 1957.

12 Das Manuskript von *The Human Condition* (s. Anm. 7) wurde gründlich lektoriert, was Hannah Arendt mit Bewunderung akzeptierte. »I must say that I never have known how helpful an editor can be«, schreibt sie an den Managing Editor Alexander J. Morin der University of Chicago Press (24. 11. 1957). – In einem früheren Brief (vom 18. 11. 1957) hatte sie noch eher ironisch-selbstkritisch reagiert: »I think I never wrote a perfect book and I am sure I never shall write one. Don't try to make this book perfect, you will not succeed. Perfection is a very honorable aim and perfectionalism one of the most useful of all neuroses. But quite apart from personal failings, it would be folly on my part to try for this lofty aim, because of the kind of things I am trying to do.« Briefe im Folder »The University of Chicago Press, 1955–1959«, in: LC-Cont. 32.

13 Hannah Arendt an Gertrud und Karl Jaspers, 17. Januar 1958, in: *Arendt-Jaspers-Briefwechsel*, S. 377.

14 Hannah Arendt an Karl Jaspers, 18. Februar 1958, in: *Arendt-Jaspers-Briefwechsel*, S. 379.

15 »Ich hätte Ihnen in diesen Tagen ohnehin geschrieben wegen der Einführung in die Politik. Lieber Herr Piper, ich bin mitten drin, aber das Buch wird nicht so kurz, wie wir es uns vorstellten. Ich habe hin und her probiert: alles zu Kurze wird dogmatisch. Und damit hängt natürlich zusammen, daß es nicht zur Zeit fertig wird. Wenn Sie vom Vertrag zurücktreten wollen, können Sie es doch jederzeit. Ich zeige Ihnen das Buch auf jeden Fall; denn jetzt muß ich es schreiben.« Hannah Arendt an Klaus Piper, 15. März 1958.

16 Hannah Arendt an Karl Jaspers, 16. März 1958, in: *Arendt-Jaspers-Briefwechsel*, S. 383.

17 Stationen der Reise waren: Paris, Bremen, Köln, Zürich, Genf, Heidelberg, Frankfurt, München, Basel – die wichtigsten Vortragsveranstaltungen: »Die Krise in der Erziehung« im Rahmen der »Geistigen Begegnungen in der Boettcherstraße« in Bremen (am 13. Mai); eine Vortragsreihe in Genf im Institut Universitaire des Hautes Etudes Internationales über Themen

ihres Buches *The Human Condition* (27.–30. Mai); »Kultur und Politik« anläßlich des Ersten Internationalen Kulturkritikerkongresses, den die Stadt München zur Feier ihres 800jährigen Bestehens veranstaltete (30. Juni bis 5. Juli). – *Die Krise in der Erziehung* ist als selbständige Schrift erschienen (Bremen: Angelsachsen, 1958); »Kultur und Politik« im Tagungsprotokoll und in der Zeitschrift *Merkur* (Heft 12, 1958, S. 1122–1145).

18 Hannah Arendt an Klaus Piper, 15. März 1958.

19 Vgl. Hannah Arendt an Karl Jaspers, 8. Aug. 1958, in: *Arendt-Jaspers-Briefwechsel*, S. 388.

20 Am 28. September 1958 hielt Arendt in der Frankfurter Paulskirche ihre Laudatio auf Karl Jaspers. Die Rede wurde mehrfach veröffentlicht, zuletzt in dem Essayband Hannah Arendt, *Menschen in finsteren Zeiten*, hrsg. von Ursula Ludz, München-Zürich: Piper, 1989, S. 89–98.

21 Mit den Vorbereitungen für ihre (zweite) Vorlesungsreihe an der Princeton University hatte Arendt schon früh begonnen, vgl. den Brief an Karl und Gertrud Jaspers vom 16. November 1958 (*Arendt-Jaspers-Briefwechsel*, S. 393): »Ich sitze mitten in amerikanischer Geschichte und bereite meine Princeton lectures über den Begriff der Revolution vor. (Wird dann in das Buch für Piper hereingenommen.) Es ist atemberaubend spannend und großartig, nämlich die amerikanische Revolution, die Gründung der Republik, die Verfassung.« Der Satz in Klammern bezieht sich auf das Einführungsbuch.

22 Siehe die in der vorangegangenen Anmerkung zitierte Briefstelle.

23 Am 28. September 1959 übergab Senator Biermann-Ratjen Hannah Arendt den Lessingpreis der Freien und Hansestadt Hamburg, für den sie sich mit der Rede »Von der Menschlichkeit in finsteren Zeiten« bedankte, zuletzt veröffentlicht als »Gedanken zu Lessing: Von der Menschlichkeit in finsteren Zeiten«, in: Arendt, *Menschen in finsteren Zeiten*, a.a.O., S. 17–48.

24 Die Sammlung sollte die englischen Fassungen der in dem Band *Fragwürdige Traditionsbestände im politischen Denken der Gegenwart* (s. oben Anm. 8) und einige weitere seitdem erschienene Aufsätze (u.a. die Lessingrede) enthalten und von der University of Chicago Press verlegt werden. Sie erschien als *Between Past and Future: Six Exercises in Political Thought* im

Jahre 1961 (überarbeitet und auf *Eight Exercises* erweitert 1968) bei Viking. Die Lessingrede ist darin nicht abgedruckt; sie wurde in die amerikanische Sammlung: Hannah Arendt, *Men in Dark Times* (Harcourt, Brace & World, 1968) aufgenommen. Siehe auch Anm. 26.

25 Hannah Arendt an Karl Jaspers, 20. Juli 1959 (*Arendt-Jaspers-Briefwechsel*, S. 406): »Princeton – die Vorlesungen sind gut verlaufen, die University Press will sie haben, und ich bin dabei, sie zu einem Buch auszuarbeiten, was mir doch noch viel mehr Mühe macht, als ich dachte.« NB: Die Princeton University Press hat später die Veröffentlichung des Manuskriptes abgelehnt. *On Revolution* erschien 1963 bei Viking, dt. in Hannah Arendts eigener Übertragung: *Über die Revolution*, 1965 bei Piper.

26 Siehe Anm. 24. Die *Eight Exercises* dieser Publikation sind: »Tradition and the Modern Age«, »The Concept of History: Ancient and Modern«, »What Is Authority?«, »What Is Freedom?«, »The Crisis in Education«, »The Crisis in Culture: Its Social and Its Political Significance«, »Truth and Politics«, »The Conquest of Space and the Stature of Man«. Eine erweiterte deutsche Ausgabe wird derzeit von mir für den Piper Verlag vorbereitet.

27 Der amerikanische Vertrag wurde annulliert (s. oben Anm. 3), und der Piper Verlag erhielt im Sommer 1959 den ersten Manuskriptteil von *On Revolution*, siehe Klaus Piper an Hannah Arendt, 3. August 1959.

28 Das vermutlich erste erhalten gebliebene Manuskript, in dem sich Arendt (zusammen mit Joseph Maier) zu »theoretischen Fragen der Politik« äußert, kann hier außer Betracht bleiben, weil es noch ganz im Dienste von Arendts seinerzeitigem Engagement für jüdische politische Fragen steht. Es ist als Protokoll Nr. 1 der Jungjüdischen Gruppe vom 11. März 1942 überliefert (LC-Cont. 76, Folder »Die Protokolle«) und behandelt zwei Themen: »Freiheit und Notwendigkeit« und »Realpolitik oder Ideenpolitik«. Eine direkte Linie zur späteren Gedankenwelt ist nicht zu ziehen, wenngleich einige Motive bereits anklingen: Öffentlich vs. Privat, die Zerbrechlichkeit der politischen Angelegenheiten, die »politische« vs. die »despotische« Haltung, der »Bankrott der Ismen«, das Cato-Zitat »Victrix causa diis placuit, sed victa Catoni« (zum Zitat vgl. oben, S. 104, und Text-Anm. 42, S. 207).

29 Hannah Arendt, *The Origins of Totalitarianism*, New York: Harcourt, Brace, 1951. Nur diese erste Auflage endet mit einem »Chapter Thirteen: Concluding Remarks« (S. 429–439); in die deutsche, 1955 erschienene Ausgabe (Titel: *Elemente und Ursprünge totaler Herrschaft*) ist es bereits nicht mehr aufnommen worden.

30 *Arendt-Jaspers-Briefwechsel*, S. 202f.

31 Die dem Antrag beigelegte Projektbeschreibung »Project: Totalitarian Elements in Marxism« von Ende 1951 oder Anfang 1952 – die Nachricht über die Bewilligung stammt vom 9. April 1952 – ist im Nachlaß als Durchschrift vorhanden (LC-Cont. 19, Folder »Guggenheim Foundation«). Für ein Jahr, April 1952 bis März 1953, wurden $ 3,000.00 bewilligt.

32 Hannah Arendt an Mr. Henry Allen Moe, 29. Januar 1953; die Ablehnung trägt das Datum 20. April 1953. – Die Vorstellungen über ihr Werk, die Arendt in dem Verlängerungsantrag mitteilte, entbehren einer letzten Klarheit. Es läßt sich aber immerhin daraus entnehmen, daß vier Manuskripte in das Buch aufgenommen werden sollten, von denen drei in den Jahren 1953 und 1954 dann separat veröffentlicht wurden: »Understanding and Politics« (*Partisan Review* 20, 1953, S. 377–392), »Tradition and the Modern Age« (*Partisan Review* 21, 1954, S. 53–75, später in: *Between Past and Future*, a.a.O. [Anm. 24]), »Ideology and Terror: A Novel Form of Government« (*The Review of Politics* 15, 1953, S. 303–327, ab der 2., erw. Aufl., 1958, in: *The Origins of Totalitarianism)*. Wie sich diese, ein weiteres Kapitel über »Law and Power« und schließlich »the Marx analysis itself« zusammengeordnet hätten, ist schwer auszumachen. Vgl. zur Interpretation des Briefes auch Young-Bruehl, *Hannah Arendt: For Love of the World*, a.a.O., S. 277–279, und Dagmar Barnouw, *Visible Spaces: Hannah Arendt and the German-Jewish Experience*, Baltimore, MD: Johns Hopkins, 1990, S. 183f.

33 Soweit ersichtlich, ist die ganze Vorlesungsreihe im Manuskript an unterschiedlichen Stellen des Nachlasses erhalten. Siehe Hannah Arendt, »Karl Marx and the Tradition of Political Thought« (Christian Gauss Lecture, Princeton, 1953), maschinenschriftliche Manuskripte des »Preface« und der Teile I bis V, in: LC-Cont. 71; Teil VI, in: LC-Cont. 76. Die Manuskripte, die mit der in Anm. 48 erwähnten Vorlesung an der University of

Notre Dame teilidentisch sind, liegen zum Teil in mehreren Fassungen vor. Zitiert werden sie im folgenden nach der mutmaßlichen Endfassung unter Angabe des römisch numerierten Teils und der im Manuskript angegebenen Seitenzahl (nicht jeder Teil beginnt mit Seite 1).

34 Das ist die fast wörtliche Übersetzung der Einleitungssätze zu Teil I von »Karl Marx and the Tradition of Political Thought«. Mit ihnen beginnt Arendt die Essaysammlung *Fragwürdige Traditionsbestände...*, a.a.O. (Anm. 8), S. 9.

35 Vgl. dazu auch weiter unten S. 175f.

36 Arendt, *Fragwürdige Traditionsbestände ...*, S. 7.

37 Das ist die von Arendt übersetzte und überarbeitete deutsche Ausgabe des Werkes *The Human Condition*, siehe oben Anm. 7: Hannah Arendt, *Vita activa oder Vom tätigen Leben*, Stuttgart: Kohlhammer, 1960; hier zitiert nach der Neuausgabe 1981, München: Piper (SP 217).

38 Vgl. im einzelnen dazu weiter unten S. 170ff.

39 Hannah Arendt an Karl Jaspers, 6. August 1955, in: *Arendt-Jaspers-Briefwechsel*, S. 301.

40 Young-Bruehl, *Hannah Arendt: For Love of the World*, a.a.O., S. 324.

41 Die deutschsprachige Veröffentlichung *Fragwürdige Traditionsbestände...*, die in den Sammelband *Between Past and Future*, allerdings erheblich überarbeitet, integriert wurde, ist ebenfalls dem Gesamtkomplex zuzuordnen, auch wenn Arendt sie in einem Brief an Jaspers (vom 4. November 1957, in: *Arendt-Jaspers-Briefwechsel*, S. 364) als nicht unbedingt dem »Amor Mundi« verpflichtet ankündigt: »Es sind alles Übergangsarbeiten, und ich fürchte, sie werden Ihnen nicht gefallen, weil sie ganz negativ-destruktiv sind und die positive Seite kaum zu sehen ist.«

42 Hannah Arendt selbst verbindet beide Bücher über ein Zitat, das Cicero (*De re publica*, I,17) dem Cato zugeschrieben hat: »Numquam se plus agere quam nihil cum ageret, numquam minus solum esse quam cum solus esset« (Niemals ist man tätiger, als wenn man dem äußeren Anschein nach nichts tut, niemals ist man weniger allein, als wenn man in der Einsamkeit mit sich allein ist). Vgl. Arendt, *Vita activa...*, S. 317, und Hannah Arendt, *Vom Leben des Geistes, Band I: Das Denken* [aus dem Amerika-

nischen von Hermann Vetter], München-Zürich: Piper, 1979, S. 17.

43 Arendt, *Vita activa...*, ibid.

44 »Exercises in political thought« ist der Untertitel der Essaysammlung *Between Past and Future* (siehe Anm. 24). Als Titel für die deutsche Ausgabe, die seinerzeit nicht zustande gekommen ist, war lt. Vertrag mit Piper vorgesehen: »Exerzitien im politischen Denken«.

45 In deutscher Sprache: Hannah Arendt, »Was ist Autorität?«, in: *Der Monat* 8, Heft 89, Februar 1956, S. 29–44; dies., »Freiheit und Politik: Ein Vortrag«, in: *Die neue Rundschau* 69, 1958, Heft 4, S. 670–694; dies., *Die Krise in der Erziehung*, a.a.O. (Anm. 17); dies., »Kultur und Politik«, a.a.O. (Anm. 17).

46 Arendt, »Understanding and Politics«, a.a.O. (Anm. 32).

47 Hannah Arendt, »Wahrheit und Politik«, in: *Die politische Verantwortung der Nichtpolitiker*, hrsg. von Johann Schlemmer, München: Piper (Paperback 32), 1964, S. 160–176. Dieser für den Druck bearbeitete Rundfunkvortrag ist später in englischer und deutscher Sprache von der Autorin mehrfach überarbeitet und veröffentlicht worden. Letzte deutsche Publikation in: Hannah Arendt, *Wahrheit und Lüge in der Politik: Zwei Essays*, München: Piper (SP 36), 1972, S. 44–92.

48 Im März 1954 hielt Arendt eine dreiteilige Vorlesung über »Philosophy and Politics: The Problem of Action and Thought After the French Revolution« an der University of Notre Dame, deren dritter Teil postum veröffentlicht wurde in: *Social Research* 57, Heft 1, Spring 1990, S. 73–103. Die beiden ersten Teile sind als Manuskripte im Nachlaß (LC-Cont. 76) erhalten. – Zu dieser Vorlesung siehe auch oben Anm. 33 sowie weiter unten im Text S. 163 ff.

49 In deutscher Sprache erstmals 1964; Neuausgabe: Hannah Arendt, *Eichmann in Jerusalem: Ein Bericht von der Banalität des Bösen*, aus dem Amerikanischen von Brigitte Granzow, mit einem einleitenden Essay von Hans Mommsen, München: Piper (SP 308), 1986.

50 Bei näherer Betrachtung der Manuskripte wird zudem erkennbar, wie früh in Hannah Arendts literarischem Leben der »Ideen«-Horizont bereits abgesteckt gewesen ist. Siehe dazu oben Anm. 28 und unten Anm. 66.

51 Eine typische Äußerung stammt aus dem Jahre 1974: »I came back to my first ›amour‹ and am engaged in something awfully ambitious and probably entirely useless called ›The Life of the Mind‹.« Hannah Arendt an Father Pierre Riches, 21. August 1974 (LC-Cont. 36, Folder »Loyola University«). Vgl. Young-Bruehl, *Hannah Arendt: For Love of the World*, a.a.O., S. 327; ferner J. Glenn Gray, »The Winds of Thought«, in: *Social Research* 44, Heft 1, Spring 1977, S. 44–62, S. 44f.

52 Vgl. hierzu Dolf Sternberger, der schreibt: »In der Sprache unseres Lehrers Karl Jaspers zu reden, sind es die ›hohen Augenblicke‹, die sie [Hannah Arendt] zu erhaschen und zu begreifen sucht, nicht freilich die ethischen, wie Jaspers es meinte, sondern eben die politischen, diejenigen, in denen das Politische als Urphänomen, als Kategorie, als ›Existential‹ auftritt, wie flüchtig auch immer.« Sternberger, »Die versunkene Stadt: Über Hannah Arendts Idee der Politik«, in: *Merkur* 30, Heft 10, Oktober 1976, S. 935–945, S. 941.

53 Siehe Anm. 3.

54 Siehe auch weiter unten Abschnitt 5 des Kommentars, S. 180ff.

55 Dort heißt es (*Vita activa*..., S. 318, Anm. 2): »... die Frage nach dem Wesen des Menschen ist genau so eine theologische Frage wie die Frage nach dem Wesen Gottes; beide können nur im Rahmen einer göttlichen Offenbarung beantwortet werden.«

56 »Politik« und »das Politische« werden von Arendt nicht ausdrücklich unterschieden. »Politik« ist das sehr viel häufiger benutzte Wort, das einerseits wie in der Alltagssprache verwandt wird, andererseits aber auch ein Kriterium, einen »Urteilsmaßstab« (Ernst Vollrath) meinen kann, wozu »das Politische« die geeignetere Wortwahl gewesen wäre.

57 Tatsächlich wird das Vorurteilsthema auch in einem der Sinn-Fragmente aufgenommen, siehe in dieser Ausgabe S. 78ff.

58 Vgl. dazu die Entstehungsgeschichte, oben S. 138ff., und den Brief an Piper, S. 197ff.

59 Wenn man aufgrund des hier angedeuteten Polis-Verständnisses – und mit den Augen eines Interpreten, der gewisse Flüchtigkeiten zu übersehen geneigt ist und sich bemüht, seinen Autor nicht mißzuverstehen – Arendts Äußerungen über die Polis Revue passieren läßt, so wird man darüber hinaus feststellen, daß

der »Glücksfall« Polis nur für eine kurze Zeitperiode, im Perikleischen Zeitalter nämlich, bestanden hat, ja daß »dieser Höhepunkt der Polis doch bereits der Anfang vom Ende war« (*Vita activa*..., S. 199), wofür in dem Fragment 3b als Grund angegeben wird, daß die Auffassung vom Reden als Handeln in der Erfahrung der Polis bereits zugunsten der Auffassung vom Reden als Meinungsäußerung und -austausch zurücktritt (siehe in dieser Ausgabe S. 48ff.). Vgl. zu Arendts Einschätzung der Polis in dieser Ausgabe ferner S. 93f., 108f., 112ff. – »Modell«-Charakter übrigens hat die Polis, Arendt zufolge, bei Karl Marx. Für seine »beste Gesellschaftsform« wollte Marx »nur für alle, was Athen der freien Oberschicht zugestanden hatte« (*Fragwürdige Traditionsbestände*..., S. 12). Demgegenüber ist für Arendt die »Polis« – besser: der politisch-öffentliche Raum, wie er für eine gewisse Zeit im antiken Griechenland bestanden hatte – deshalb so überaus bedeutsam, weil »bestimmte Phänomene und Probleme elementarer Art sich in diesem Horizont klarer zeigen und einfacher stellen lassen als zu irgendeiner späteren Zeit« (»Kultur und Politik«, a.a.O. [Anm. 17], S. 42). – Vgl. auch Dolf Sternberger, der eher beiläufig bemerkt (ohne leider diese Wahrnehmung in der Behandlung von Arendts politischer Theorie gebührend zu berücksichtigen), daß die griechische Vorstellung vom agonalen Leben (»beinahe ... ein Gemeinplatz«) nie zuvor »philosophisch so ernst genommen« worden sei wie von Arendt, Sternberger, »Die versunkene Stadt...«, a.a.O. (Anm. 52), S. 937.

60 Siehe in dieser Ausgabe S. 86f.; vgl. auch die zwischen Arendt und Jaspers 1956 nach der Niederschlagung des Ungarnaufstandes und zur Zeit der Suezkrise gewechselten Briefe, *Arendt-Jaspers-Briefwechsel*, S. 339ff.

61 Siehe Hannah Arendts Notizen zu einer Vorlesung »Totalitarianism«, Oberlin College, 28. Oktober 1954, maschinenschriftliches Manuskript, in: LC-Cont. 75 (Folder »Notes for Nine Lectures«), S. 4: »Just as philosophy which concerns man in the singular begins in earnest only after man has understood that he can say yes or no to life, so politics which concerns men in the plural begins perhaps in earnest only now when we know that we can say yes or no to mankind.«

62 Vgl. dazu weiter unten den Abschnitt über »Die Sokratische Position«, S. 163ff.

63 Die bekannteste Äußerung fiel im Interview mit Günter Gaus: »Jetzt fragen Sie nach der Wirkung. Es ist das – wenn ich ironisch werden darf – eine männliche Frage. Männer wollen immer furchtbar gern wirken; aber ich sehe das gewissermaßen von außen. Ich selber wirken? Nein, ich will verstehen. Und wenn andere Menschen verstehen – im selben Sinne, wie ich verstanden habe –, dann gibt mir das eine Befriedigung wie ein Heimatgefühl.« Hannah Arendt, »Was bleibt? Es bleibt die Muttersprache«, in: Günter Gaus, *Zur Person: Porträts in Frage und Antwort*, 2 Bde., München: Feder, 1964, Bd. 1, S. 13–32, S. 16f. – Unter dem Titel »Ich will verstehen« plane ich eine Zusammenstellung relevanter autobiographischer Äußerungen von Hannah Arendt. Sie soll im Rahmen der »Serie Piper« veröffentlicht werden.

64 Deshalb ist ihr Sokrates und sind ihr Kants »erweiterte Denkungsart« wie das »Vermögen der Urteilskraft« so wichtig. Vgl. dazu weiter unten in diesem Kommentar, S. 163ff.

65 Ähnlich in der Sicht Richard Bernstein, der Arendts Anliegen als »descriptive« kennzeichnet: »Hannah Arendt: The Ambiguities of Theory and Practice«, in: *Political Theory and Practice*, hrsg. von Terence Ball, Minneapolis: Univ. of Minnesota Press, 1977, S. 141–158, S. 154. – Diese Sichtweise muß sich gegen die vorherrschende Arendt-Rezeption verteidigen, die in mehr oder minder deutlicher Form bei Arendt so etwas wie ein »Programm« (das dann notgedrungen in politischen Koordinatenkreuzen diskutiert wird) zu finden meint; vgl. hierfür aus der jüngsten Zeit den redaktionellen Vorspann »Aus den Arsenalen: Der öffentliche Raum bei Hannah Arendt«, in: *Babylon*, Heft 9, November 1991, S. 95.

66 Vgl. in dieser Ausgabe S. 97f. Die wichtigsten Aspekte von Arendts Interpretation der Kantschen *Kritik der Urteilskraft*, wie sie in der postum veröffentlichten Vorlesung von 1970 zu finden ist, sind bereits in den fünfziger Jahren erkennbar. Das geht aus Stichworten, die Arendt im Brief an Jaspers vom 29. August 1957 formuliert (*Arendt-Jaspers-Briefwechsel*, S. 355) klar hervor: »Augenblicklich lese ich mit steigender Begeisterung die ›Kritik der Urteilskraft‹. Da ist Kants wirkliche politische Philosophie vergraben, nicht in der ›Kritik der praktischen Vernunft‹. Der Lobgesang auf den so geschmähten ›Gemeinsinn‹, das Phänomen

des Geschmacks als Grundphänomen der Urteilskraft – was er vermutlich in allen Aristokratien wirklich ist – philosophisch ernstgenommen, die ›erweiterte Denkungsart‹, die zum Urteilen gehört, daß man an Stelle aller anderen denken kann. Die Forderung der Mitteilbarkeit. Da sind die Erfahrungen des jungen Kant in der Gesellschaft; und dann von dem alten Mann wieder ganz lebendig gemacht. Ich liebte immer dies Buch am meisten von seinen Kritiken, aber es hat noch nie so zu mir gesprochen wie jetzt, wo ich es nach Ihrem Kant-Kapitel lese.« – Arendts Vorlesung von 1970 ist abgedruckt in: Hannah Arendt, *Lectures on Kant's Political Philosophy*, hrsg. und mit einem erläuternden Essay von Ronald Beiner, Chicago: Univ. of Chicago Press, 1982, S. 7–77 (dt.: Hannah Arendt, *Das Urteilen: Texte zu Kants Politischer Philosophie*, Piper, 1985, S. 17–103). – Wichtig in diesem Zusammenhang ist auch das hier abgedruckte Fragment 2b, siehe S. 17–27; vgl. ferner weiter unten im Kommentar, S. 163ff.

67 Bei dieser allgemein gefaßten Behauptung ist zu berücksichtigen, daß sie aus einem Argumentationszusammenhang, der sich auf die griechisch-römische Antike konzentriert, stammt. Wenn Arendt hier die »Gesetze« totalitärer Staaten zusätzlich im Blick gehabt hätte, hätte sie anders formulieren müssen.

68 Vgl. unten Abschnitt 5: »Von der Wüste und den Oasen«, S. 180ff.

69 Siehe hierzu Margaret Canovan, »Socrates or Heidegger – Hannah Arendt's Reflections on Philosophy and Politics«, in: *Social Research* 57, Heft 1, Spring 1990, S. 135–165. In vielem ist Canovans differenzierter Argumentation zuzustimmen, allerdings nicht ihrer These, daß Arendts Denken von einer Art »philosophischen Sündenfalls« ausgeht (S. 142ff.).

70 Notizen für das Seminar »Political Philosophy or Philosophy and Politics« an der Columbia University New York, datiert 29. September 1960, in: LC-Cont. 44, S. 1.

71 Vgl. »Philosophy and Politics...« (Vorlesung von 1954 an der University of Notre Dame), Teil III, a.a.O. (Anm. 48), S. 73, und »Karl Marx...« (Vorlesung von 1953 an der Princeton University), a.a.O. (Anm. 33), Teil VI, S. 4.

72 Die Philosophie/Theorie/Kritik der politischen Urteilskraft besitzt deshalb, wie vor allem Ernst Vollrath in einer Reihe von

Veröffentlichungen herausgearbeitet hat, einen so hohen Stellenwert in Hannah Arendts Werk. Vgl. aus der jüngsten Zeit Vollraths Überblicksartikel »Hannah Arendt«, in: *Politische Philosophie des 20. Jahrhunderts*, hrsg. von Karl Graf Ballestrem und Henning Ottmann, München: Oldenbourg, 1990, S. 13–32, S. 19ff. – Vgl. auch oben S. 161 und Anm. 66.

73 Siehe Hannah Arendt, »The Great Tradition and the Nature of Totalitarianism: Six Lectures, New School, March 18 – April 23, 1953«, unveröff. maschinenschriftl. Vortragsaufzeichnungen, in: LC-Cont. 75, Folder »Notes for Nine Lectures«, S. 11.

74 Hannah Arendt: »Thinking and Moral Considerations: A Lecture«, in: *Social Research* 38, Heft 3, Autumn 1971, S. 417–446. – Diesen Vortrag hat Arendt mit teilweise wörtlich identischen Formulierungen in die Einleitung und die Sokrates-Kapitel (siehe Anm. 79) des Teiles *Thinking* von *The Life of the Mind* übernommen.

75 A.a.O., S. 427; dt.: *Das Denken*, a.a.O. (Anm. 42), S. 168.

76 In dem auf politische Erscheinungen in den USA reagierenden Artikel von 1970 unter dem Titel »Civil Disobedience« (dt. postum übers. von Eike Geisel) geht es vor allem um die Bedeutung des Sokrates für das Problem des Gehorsams/Ungehorsams gegenüber »dem Gesetz«, siehe den Teil I des Artikels: Hannah Arendt, »Ziviler Ungehorsam«, in: dies., *Zur Zeit: Politische Essays*, hrsg. von Marie Luise Knott, Berlin: Rotbuch, 1986, S. 119–159, S. 123ff.

77 Aus ihr wurde bereits zitiert, siehe Anm. 71; genaue Angaben in Anm. 48.

78 Siehe Anm. 33.

79 Arendt, *Das Denken*, Kap. 17 (S. 166ff.): »Die Antwort des Sokrates«; Kap. 18 (S. 179ff.): »Zwei in einem«.

80 Hannah Arendt, »Introduction into Politics: Chicago, Fall 1963«, unveröffentlichtes Vorlesungsmanuskript in: LC-Cont. 46.

81 A.a.O., Teil II: »What is this course all about?«, S. 1f. (= 023796 und 023801).

82 Ernest Barker, *Greek Political Theory: Plato and His Predecessors*, 4. Aufl., New York: Barnes & Noble (University Paperbacks), 1951, S. 143.

83 Daß Denken, obwohl ohne »Ergebnisse«, eine Tätigkeit ist (also etwas bewirken kann), gilt für Hannah Arendt auch ganz elementar: »Diese Art der grübelnden Reflexion, bringt keine Definition hervor und ist in diesem Sinne gänzlich ohne Ergebnisse; es mag aber sein, daß jene, die aus welchem Grund auch immer über der Bedeutung des Wortes ›Haus‹ gegrübelt haben, dafür sorgen werden, daß ihre Wohnung ein wenig besser ausschaut.« Siehe Arendt, »Thinking and Moral Considerations«, a.a.O. (Anm. 74), S. 431; vgl. dt.: *Das Denken*, S. 171. – »Besser« muß dabei im Sinne von »hausgemäßer«, dem (abstrakten) Begriff Haus besser entsprechend, interpretiert werden. Allerdings sei auf diese Weise – worauf Arendt explizit hinweist – noch nicht gewährleistet, daß man für das eigene Wohnungsproblem, allgemein: für das, was als Problem reflektiert wurde, »eine akzeptable Lösung« gefunden habe, vgl. »Thinking and Moral Considerations«, S. 434, und dt.: *Das Denken*, S. 175. Um eine »Lösung« zu finden, so darf interpretierend fortgefahren werden, muß man handeln – hier Handeln im Sinne eines Zweck-Mittel-Denkens, also, in Arendts begrifflichem Rahmen, »herstellend« tätig sein.

84 Vgl. »Thinking and Moral Considerations«, S. 434; dt. *Das Denken*, S. 175f.

85 Plato, *Gorgias* 482b-c; Xenophon, *Memorabilia*, II,6,39. – Zu der in den handschriftlichen Notizen (siehe Dokument 1 im Anhang S. 195) angekündigten Gegenüberstellung des zweitgenannten Zitates mit Machiavellis »Scheine, wie du sein möchtest« ausführlicher Arendt, *Über die Revolution*, a.a.O. (Anm. 25), S. 128ff.

86 Plato, *Gorgias*, 474b.

87 Der interessierte Leser sei auf das bereits erwähnte Kapitel »Zwei-in-Einem« verwiesen, siehe oben Anm. 79.

88 Vgl. Arendt, »Freiheit und Politik«, a.a.O. (Anm. 45), S. 670. – Dieser Artikel ist an manchen Stellen bis in die Wortwahl hinein identisch mit Fragment 3b. Andererseits enthält Fragment 3b Differenzierungen zum Freiheitsbegriff, die unsere These bestätigen, daß der Verdichtungsgrad der hier abgedruckten Nachlaßtexte geringer ist als der des veröffentlichten Werkes.

89 Vgl. Hannah Arendt, »Ideologie und Terror: Eine neue Staatsform«, in: dies., *Elemente und Ursprünge totaler Herr-*

schaft, hier nach der ungekürzten Ausgabe, München-Zürich: Piper (SP 645), 1986, S. 703–730, S. 722f. Vgl. auch unten Anm. 105.

90 In diesem Sinne unterscheidet Hannah Arendt zwischen dem »Subjektiven« und dem »Personhaften«, siehe dazu ihre Laudatio auf Karl Jaspers, a.a.O. (Anm. 20), S. 90ff.

91 Vgl. Arendt, »Ideologie und Terror...«, S. 728: »Aus der Zwiespältigkeit und Vieldeutigkeit der Einsamkeit werde ich erlöst durch die Begegnung mit anderen Menschen, die mich dadurch, daß sie mich als diesen Einen, Unverwechselbaren, Eindeutigen erkennen, ansprechen und mit ihm rechnen, in meiner Identität erst bestätigen. In ihren Zusammenhang gebunden und mit ihnen verbunden, bin ich erst wirklich als Einer in der Welt und erhalte mein Teil Welt von allen anderen.«

92 Für einige Details zum Gleichheitsbegriff siehe in dieser Ausgabe S. 9ff., 39f., 93 und 127. – Bezogen auf Sokrates siehe den Abschnitt »Dialogue Between Friends«, in der Vorlesung »Philosophy and Politics...« (Notre Dame, 1954), a.a.O. (Anm. 48), S. 82ff.

93 In der Chicagoer Vorlesung von 1963 merkt Arendt zu diesem Problem an, daß »forms of government« eine in die Irre führende Bezeichnung sei; denn es gehe um weit mehr oder weniger als eine Form der Herrschaft/des Staates. Siehe »Introduction into Politics«, a.a.O. (Anm. 80), o. S. (= 023845). Mit »weit mehr« ist »a whole way of life« gemeint (siehe auch unten); »weit weniger« könnte in diesem Zusammenhang darauf verweisen, daß etwas, was weniger genau festgelegt ist als ein »Staat«, nämlich lediglich ein abgegrenzter Raum (des Rechts), grundlegend für die Politik ist.

94 Das erste Manuskript zum Thema »Autorität« ist ein Vortrag unter dem Titel »The Rise and Development of Totalitarian and Authoritarian Forms of Government in the Twentieth Century«, den Arendt für eine vom Congress for Cultural Freedom veranstaltete internationale Konferenz in Mailand (12.–17. September 1955) vorbereitet hatte und der als Konferenzpapier verteilt, aber in dieser Form nicht veröffentlicht wurde. Aus dem dreiteiligen Manuskript sind hervorgegangen: »Was ist Autorität?«, a.a.O. (Anm. 45) – ein Artikel, der überarbeitet als »What Was Authority?« (in: *Nomos: Yearbook of the American Society for Political*

and Legal Philosophy 1, 1959, S. 81–112) erschien und abermals überarbeitet als »What Is Authority?« in die Sammlung *Between Past and Future* übernommen wurde; ferner der Beitrag »Authority in the Twentieth Century«, in: *The Review of Politics* 18, 1956, Heft 4, S. 403–417. – Daß Arendt selbst ihre Gedanken und Arbeiten zur Autoritäts-Problematik in den Rahmen der »Einführung in die Politik« stellte, geht aus ihrer Projektbeschreibung für die Rockefeller Foundation hervor, vgl. in dieser Ausgabe S. 200f.

95 Genaue Angabe in Anm. 33.

96 Vgl. in diesem Zusammenhang auch in dieser Ausgabe S. 127f.

97 Darauf, daß Arendt die Philosophen für die Vorherrschaft dieses Prinzips in der Tradition abendländischen politischen Denkens verantwortlich macht, konnte weiter oben hingewiesen werden, siehe S. 144, 163f.

98 Der Hinweis auf die Bedeutung des »law giving« (womit die Tätigkeit des Gesetze-Gebens, der Mensch als sein eigener Gesetzgeber gemeint ist) als Handlungsprinzip findet sich bereits in Vorlesungsaufzeichnungen aus dem Jahre 1953. Siehe Hannah Arendt, »The Great Traditions and the Nature of Totalitarianism«, a.a.O. (Anm. 73), S. 12.

99 Arendt, »Karl Marx...« (Princeton, 1953), Teil III, S. 23: »...the experience of doing and forgiving in one, that is the knowledge that whoever does must be ready to forgive and that whoever forgives actually does...« – Vgl. auch das Kapitel »Die Unwiderruflichkeit des Getanen und die Macht zu verzeihen«, in: Arendt, *Vita activa...*, S. 231ff.

100 Michael T. Greven spricht von einem »künstlichen« Recht bei Arendt, vgl. sein Referat »Hannah Arendt: Pluralität und die Gründung der Freiheit« auf dem Marburger internationalen [Arendt-]Symposion, 15./16. Nov. 1991, demnächst im S. Fischer Verlag, Frankfurt a. M.

101 Arendt, »Karl Marx...« (Princeton, 1953), Teil III, S. 32: »...guiding criteria by which all actions in the public realm are judged beyond the merely negative yardstick of lawfulness and which inspire the action of both rulers and ruled«. – Für die Chicagoer Vorlesung (wie Anm. 93) notiert sie in diesem Zusammenhang: »A whole way of life. As Montesquieu understood it:

The form of government is only a structure within which certain principles of action are enacted.«

102 A.a.O., Teil IV, S. 13: »It is the greatness of this concept of rule [i.e., Marx's concept] that it enlightens one of the origins from which the notion of rulership in the beginning had found its way into the definition of bodies politic.«

103 Der Marxsche Arbeitsbegriff hat bekanntlich für Hannah Arendts Philosophie ähnlich aufschließende Bedeutung gehabt. In der Vorlesung von 1953 heißt es dazu (Teil V, S. 22): »It indicates the rank of Marx's thought that, in a time when this fundamental connection [i.e., the connection of labor and birth] was all but forgotten, he re-established it by understanding labor and begetting as the two forms of ›production of life, one's own life through labor (i.e., through the production of the means of subsistence) and foreign life through begetting‹.« – Auch bei Arendts Konzeptualisierung des Revolutionsthemas hat Marx Pate gestanden. Mit ihm ist sie sich darin einig, daß die Französische Revolution an der Gründung der Freiheit gescheitert ist, »weil sie die soziale Frage nicht hatte lösen können«, siehe Arendt, *Über die Revolution*, a.a.O., S. 76. – Ähnliches gilt für so gut wie alle seinerzeit entstandenen »Übungen im politischen Denken«, die in der deutschen gegenüber der amerikanischen erweiterten Ausgabe von *Between Past and Future* (siehe oben Anm. 8, 24, 26) zusammengestellt werden. – Vgl. auch oben den Abschnitt über die Stellung der »Einführung in die Politik« in Arendts Gesamtwerk, S. 143ff.

104 Vgl. hierzu Hannah Arendts Interpretation der (staatlichen) Gesetze unter dem Gesichtspunkt der Pluralität in einem Exkurs in ihrer Schrift *Macht und Gewalt*, aus dem Englischen von Gisela Uellenberg, München-Zürich: Piper (SP 1), 5. Aufl. 1985, S. 96. In der vorliegenden Ausgabe (S. 110) ist u.a. vom Gesetz als von »etwas, was Bezüge zwischen Menschen neu stiftet,« die Rede.

105 Er war erstmals 1953 in: *Offener Horizont: Festschrift für Karl Jaspers*, München: Piper, 1953, S. 229–254, erschienen und wurde dann, erweitert und mit dem Untertitel »Eine neue Staatsform« versehen, zum Schlußkapitel von *Elemente und Ursprünge totaler Herrschaft*, a.a.O. (Anm. 89), nach dem er im folgenden zitiert wird.

106 A.a.O., S. 708.
107 Oligarchie und Aristokratie werden in dem Essay übergangen, vgl. aber weiter oben im Kommentar, S. 171f.
108 Arendts diesbezügliche Aussagen in der überarbeiteten Fassung von »Ideologie und Terror« sind nicht ohne Widersprüche. Zum Teil wurden sie in der englischen Fassung, die erst ab der zweiten Auflage von 1958 als Schlußkapitel in *The Origins of Totalitarianism* eingegangen ist, beseitigt, siehe dort (new ed. with added prefaces, New York: A Harvest/HBJ Book, 1979, S. 460–479), S. 467ff., im Unterschied zur deutschen Fassung, S. 715ff.
109 Arendt, »Ideologie und Terror...«, S. 716.
110 A.a.O., S. 723.
111 Über die Rolle der Ideologie in totalitären Staatsformen siehe auch in dieser Ausgabe S. 42f.
112 In der Tat hatte Hannah Arendt, angeregt durch Eric Voegelins Buch von 1952: *The New Science of Politics*, zu jener Zeit so etwas wie eine »neue politische Theorie« oder Philosophie im Blick. In dem Vortrag, den sie 1954 beim Jahrestreffen der American Political Science Association (APSA) hielt, postuliert sie für diese den plural begriffenen Menschen als grundlegend. Die entsprechende Stelle lautet: »Crucial for a new political philosophy will be an inquiry into the political significance of thought, i.e., into the meaningfulness and the conditions of thinking for a being that never exists in the singular and whose plurality is far from explored when an I-Thou-relationship is added to the traditional understanding of man and human nature.« Siehe Hannah Arendt, »Concern with Politics in Recent European Thought«, in: LC-Cont. 62, S. 13 (= 023260); bisher nur in französischer Sprache veröffentlicht, in: *Les Cahier de Philosophie*, Heft 4, 1987, S. 7–28 (Zitat dort auf S. 25).
113 Zur Ausführung dieses Gedankens über das in den Einleitungsfragmenten (in dieser Ausgabe S. 28–80) hinaus Gesagte siehe Arendt, »Freiheit und Politik«, a.a.O. (Anm. 45).
114 Vgl. oben im Kommentar S. 152ff.
115 Genaue Angaben hierzu unter »Fragment 4« unten S. 231.
116 Hannah Arendt an Karl Jaspers, 6. Februar 1955, in: *Arendt-Jaspers-Briefwechsel*, S. 288, und 26. März 1955, in: *Arendt-Jaspers-Briefwechsel*, S. 294f.

117 In der handschriftlichen Outline werden »Kunst« und »Oasen« sogar gleichgesetzt, siehe im Anhang S. 194.
118 Später wird Hannah Arendt in ihrem Buch *Das Wollen* in die inzwischen unter Kennern berühmte »Sackgasse« (engl.: »impasse«) gelangen, in der sie sich fragt, ob wir »kraft unseres Geborenseins, dazu *verurteilt* [engl.: *doomed*] sind, frei zu sein...«. Hannah Arendt, *The Life of the Mind*, One-Volume Edition, New York-London: HBJ, 1978, *Willing*, S. 217 (Hervorhebung im Original!); dt.: *Vom Leben des Geistes, Band II: Das Wollen*, München-Zürich: Piper, 1979, S. 207. – Der Gedanke des Zur-Freiheit-verurteilt-Seins ist Arendt möglicherweise bereits seit den zwanziger Jahren geläufig. Die Formulierung soll Günther Stern/Anders im Jahre 1929 erstmals in einem Vortrag gebraucht haben, vgl. den Nachruf (von Werner Fuld) auf Stern/Anders, in: *Frankfurter Allgemeine Zeitung*, 19. Dezember 1992, S. 25. Im September 1929 hatten Stern und Arendt geheiratet (nach Young-Bruehl, *Hannah Arendt: For Love of the World*, a.a.O., S. 78).

4. Editorische Angaben

Nachweise für die abgedruckten Fragmente und Dokumente*

Fragment 1	Was ist Politik? (August 1950)
	aus: »Denktagebuch« Nr. 1, S. 23–29, in: LC-Cont. 79 [= 72 alt]; 7 Seiten handschriftlich; in dieser Ausgabe S. 9–12
Fragment 2 a	Das Vorurteil gegen Politik und was Politik in der Tat heute ist
	aus: LC-Cont. 79 [= 72 alt], Folder »Miscellaneous Loose Pages«, S. 022859–022862; Seiten 1 bis 4 maschinenschriftlich; in dieser Ausgabe S. 13–16
Fragment 2 b	Vorurteil und Urteil
	aus: LC-Cont. 79 [= 72 alt], Folder »Miscellaneous Loose Pages«, S. 022863–022871; Seiten 1 bis 8 maschinenschriftlich; in dieser Ausgabe S. 17–27

* LC = Library of Congress, Washington, DC, USA; Cont. = Container, das ist eine Aktenschachtel, in der mehrere Aktendeckel (»folders«) aufbewahrt werden. Der Nachlaß »The Papers of Hannah Arendt« umfaßt nach der neuen Zählung 92 Container.

Fragment 3 a Einleitung: Hat Politik überhaupt noch einen Sinn?

aus: LC-Cont. 67 [= 60 alt], S. 022304–022309, S. 022377;
Seiten 001 bis 006, Seite 1 maschinenschriftlich;
in dieser Ausgabe S. 28–35, S. 203 in Anmerkung 4

Dieses Fragment ist bereits in französischer Sprache (übersetzt von Patrick Lévy) unter dem Titel »La politique a-t-elle encore un sens?« erschienen, in: *Ontologie et Politique: Actes du Colloque Hannah Arendt*, hrsg. von Miguel Abensour et al., Paris: Ed. Tierce (Littérales, 2), 1989, S. 163–168.

Fragment 3 b Erstes Kapitel: Der Sinn von Politik

aus: LC-Cont. 67 [= 60 alt]
Seiten 01 bis 28 maschinenschriftlich;
in dieser Ausgabe S. 35–80

Fragment 3 c Zweites Kapitel: Die Kriegsfrage

aus: LC-Cont. 67 [= 60 alt], S. 022345–022376;
Seiten 1 bis 29 maschinenschriftlich;
in dieser Ausgabe S. 80–123

Fragment 3 d Einleitung: Der Sinn von Politik

aus: LC-Cont. 67 [= 60 alt];
Seiten 1 bis 10 maschinenschriftlich;
in dieser Ausgabe S. 123–133

Fragment 4 »Conclusion« der Vorlesung »History of Political Theory«, University of California at Berkeley, Spring Term 1955

aus: LC-Cont. 46 [= 41 alt];
Seiten 1 bis 3 maschinenschriftlich (in engl. Sprache, übersetzt von Ursula Ludz);
in dieser Ausgabe S. 181–185

Dokument 1 Einführung in die Politik [Handschriftliche Notizen]

aus: LC-Cont. 67 [= 60 alt], S. 022380–022389;
10 Blätter handschriftlich;
in dieser Ausgabe S. 191–197

Dokument 2 Hannah Arendt an Klaus Piper, 7. April 1959

aus: LC-Cont. 30 [= 26 alt], S. 003770–003771;
2 Blätter maschinenschriftliche Durchschrift;
in dieser Ausgabe S. 197–200

Dokument 3 Description of Proposal

aus: LC-Cont. 23 [= 20 alt], Folder »Rockefeller Foundation«, S. 013872;
1 Blatt maschinenschriftliche Durchschrift;
in dieser Ausgabe S. 200–201

Technische Bemerkungen zu den Fragmenten und Dokumenten

Zum Fragment 1

Der Text ist dem »Denktagebuch« von Hannah Arendt, das Eintragungen von 1942 bis 1950 enthält, entnommen. Es handelt sich um ein liniertes Schreibheft im Format von ca. DIN A 5, das ohne Umschlag erhalten geblieben ist. Es wird in LC-Cont. 79, Folder »Miscellaneous Poems and Stories, 1925–42 and undated«, aufbewahrt. Die Seitennumerierung wurde von H. A. selbst in Blei vorgenommen, die Eintragungen erfolgten in Tinte. – Die Übertragung des handschriftlichen Originals hat die Herausgeberin besorgt und die Arendt-Nachlaßverwalterin Dr. Lotte Köhler durchgesehen, die Fußnoten stammen von der Herausgeberin.

Zu den Fragmenten 2a und 2b

Wahrscheinlich sind beide zur gleichen Zeit verfaßt worden. 2a ist durchweg zweizeilig, vermutlich von Arendt selbst getippt auf einer Schreibmaschine ohne Umlaute. 2b beginnt ebenfalls zweizeilig, auf derselben Maschine, wechselt auf S. 3 zum eineinhalbzeiligen Schreibmodus auf einer Maschine mit Umlauten. Die Schrifttype ist bei beiden dieselbe (wahrscheinlich Olympia), gleiche Seiteneinteilung und gleiche Papierqualität. – Das Papier (amerikanisches Seitenformat 8½ x 11) stammt von einem Schreibblock, was ein zusätzlicher Beweis dafür ist, daß H. A. die Manuskripte selbst getippt hat, und die Vermutung nahelegt, daß dies geschehen ist, während sie auf Reisen war. – Beide Texte enthalten handschriftliche Verbesserungen in Blei. – Aufgrund des Wechsels von der zweizeiligen zur eineinhalbzeiligen Schreibweise in 2b ist anzunehmen, daß 2a vor 2b niedergeschrieben wurde.

Zu den Fragmenten 3a bis 3d

Die Fragmente 3a bis 3d sind wahrscheinlich zur gleichen Zeit geschrieben: Maschine, die Umlaut besitzt (wahrscheinlich Arendts eigene Olympia), eineinhalbzeilig, Papier und Seiteneinteilung wie bei 2a und 2b. – Verbesserungen in 3b teilweise mit neuem Farbband, ähnliche Farbbandqualität bei 3a (das ansonsten mit 3b und 3c übereinstimmt).– 3d ist auf einer anderen Schreibmaschine (ohne Umlaute) geschrieben, im übrigen: dasselbe amerikanische Seitenformat, zweizeilig, anderes (dünneres) Papier, aber ebenfalls von einem Schreibblock, schmalerer Rand. Dies sieht wie eine Fassung aus, die zum Versand an den Verlag vorgesehen war (wahrscheinlich wurde auch sie von Arendt selbst getippt).

Zum Fragment 4

In Arendts Vorlesungsmodus, das heißt mit breitem linken Rand, auf einer Schreibmaschine mit kleiner Type zweizeilig auf Schreibmaschinenpapier im amerikanischen Format (8½ × 11) getippt. Die Seiten wurden von Arendt nicht numeriert.

Zum Dokument 1

Die Notizen wurden auf amerikanischem liniertem »yellow-pad paper« mit Kugelschreiber oder Bleistift, wahrscheinlich zu verschiedenen Zeitpunkten, niedergeschrieben. Es wurden verschiedene Kugelschreiber oder Schreibunterlagen benutzt. Die Blätter sind lose, so daß die Reihenfolge, die hier der Numerierung folgt, welche vor Einlieferung des Nachlasses in die Library of Congress vorgenommen wurde, nicht als verbindlich angesehen werden kann. Der jeweilige Seitenbeginn ist durch Angabe der Nummern 022380 bis 022389 kenntlich gemacht. Auf Seite 022387 sind die beiden letzten Zeilen mit Blei geschrieben, ebenso die ganze Seite 022389. – Die Übertragung des handschriftlichen Originals hat die Herausgeberin besorgt und die Arendt-Nachlaßverwalterin Dr. Lotte Köhler durchgesehen, die Fußnoten stammen von der Herausgeberin.

Zum Dokument 2
Die Durchschrift des von Arendt wahrscheinlich selbst getippten Briefes entspricht dem im Archiv des Piper Verlages aufbewahrten Original. Die Fußnoten stammen von der Herausgeberin.

Zum Dokument 3
Ein Anschreiben zu der einseitigen Durchschrift der »Description of Proposal«, die Arendt vermutlich selbst getippt hat, ist im Nachlaß nicht erhalten. Der Eingang des Antrags wurde von der Stiftung mit Datum 15. Dezember 1959 bestätigt. Die Fußnoten stammen von der Herausgeberin.

Allgemeine Editionsprinzipien

Kleinere redaktionelle Korrekturen und Änderungen im Sinne einer einheitlichen Gestaltung der Texte wurden stillschweigend vorgenommen. Eindeutig erkennbare Anglizismen (Stellung des Verbs) wurden ebenso verbessert wie offensichtliche Flüchtigkeitsfehler (Beispiel: »die Frage *von* dem Sinn von Politik« verändert zu »die Frage *nach* dem Sinn von Politik«, wie es an den meisten Stellen heißt) und inzwischen ungebräuchliche Ausdrücke (Beispiel: »atomar« statt »atomisch«).

Keine Veränderungen erfolgten, wenn ein Wort in ungewöhnlicher Bedeutung oder gar falsch gebraucht, der Sinn aber verständlich ist (Beispiel: die einzelnen Faktoren..., die uns durch die doppelte Bedrohung totalitärer Staatsformen und atomarer Waffen ... erstellt sind).

Abgekürzte Worte, die eindeutig aufzulösen waren, sind ohne besonderen Hinweis ausgeschrieben worden; bei allen anderen wurde die vermutliche Lesart in eckige Klammern gesetzt.

Kursiva im Druck sind in den Originalen Unterstreichungen; Hinzufügungen in eckigen Klammern stammen von der Herausgeberin.

Personenregister